Mahr / Eisen
Allgemeine Volkswirtschaftslehre

Schriftenreihe
„Die Versicherung"

Herausgeber
Prof. Dr. rer. pol. Heinz Leo Müller-Lutz, München
Prof. Dr. jur. Dr.-Ing. E. h. Reimer Schmidt, Aachen

Die Veröffentlichung ist in gestraffter Form unter dem Titel „Allgemeine Volkswirtschaftslehre" auch im Rahmen des *Versicherungswirtschaftlichen Studienwerks,* herausgegeben von Prof. Dr. rer. pol. Heinz Leo Müller-Lutz, Prof. Dr. jur. Dr.-Ing. E. h. Reimer Schmidt, im Betriebswirtschaftlichen Verlag Dr. Th. Gabler GmbH, Wiesbaden, erschienen.

Professor Dr. Werner Mahr
Professor Dr. Roland Eisen

Allgemeine Volkswirtschaftslehre

— Grundlagen für die Versicherungswirtschaft —

Dritte, vollständig überarbeitete Auflage

GABLER

CIP-Kurztitelaufnahme der Deutschen Bibliothek

Mahr, Werner:
Allgemeine Volkswirtschaftslehre: Grundlagen
für d. Versicherungswirtschaft / Werner Mahr;
Roland Eisen. — 3., vollst. überarb. Aufl. —
Wiesbaden: Gabler, 1986.
(Schriftenreihe Die Versicherung)
2. Aufl. als: Schriftenreihe Die Versicherung; Bd. 7
Bis 2. Aufl. u. d. T.: Mahr, Werner: Einführung
in die allgemeine Volkswirtschaftslehre
ISBN 3-409-85479-7

NE: Eisen, Roland:

1. Auflage 1966
2., neu bearbeitete und ergänzte Auflage 1971
3., vollständig überarbeitete Auflage 1986

Satz: Fotosatz A.E. Fitz, Heusenstamm
Druck: Lengericher Handelsdruckerei, Lengerich/Westf.
Buchbinder: Großbuchbinderei Langelüddecke, Braunschweig

Printed in Germany

ISBN 3-409-85479-7

Vorwort zur dritten Auflage

Im großen und ganzen basiert die Anlage dieses Buches auf der Veröffentlichung „Mahr, Einführung in die Allgemeine Volkswirtschaftslehre", 2. Auflage, Wiesbaden 1971 und ist daher inhaltlich eine Folgeauflage dieses Titels. Neben einigen kleineren Ergänzungen, aber auch Streichungen und Straffungen sowie der Aktualisierung der statistischen Angaben wurde ein völlig neues Kapital zur gesamtwirtschaftlichen Entwicklung (Wachstum und Konjunktur) aufgenommen. Dies ließ es dann auch geraten sein, das Kapitel über den wirtschaftlichen Kreislauf mit dem Kapitel zum Sozialprodukt in einem Kapitel über die Erfassung des gesamtwirtschaftlichen Ablaufs zu vereinen.

Gestrichen wurde dafür das Kapitel über Wirtschaftspolitik. Es wurde versucht, die wirtschaftspolitischen Probleme (Ordnungs- und Wettbewerbspolitik, Stabilisierungspolitik) jeweils im Zusammenhang mit den theoretischen Fragen aufzuzeigen.

Gestrafft wurden auch die Literaturangaben zu den einzelnen Kapiteln.

Entgegen der sonst üblichen Praxis, daß die Studienhefte des Versicherungswirtschaftlichen Studienwerks, auf denen dieses Buch basiert, inhaltsgleich sind, trifft dies hier nicht zu. In den Studienheften wurden wesentliche Teile der theoretischen Ausführungen (Haushaltsnachfrage, Produktion) gestrichen, die in dieser Neuauflage wieder aufgenommen wurden — allerdings neu verfaßt.

Für alle diese Änderungen, Streichungen und Ergänzungen zeichnet der zweitgenannte Autor verantwortlich. Allerdings will er die Last eventuell noch verbliebener Fehler im gesamten Text nicht alleine tragen.

Tutzing und Frankfurt, im April 1985 — *Werner Mahr, Roland Eisen*

Professor Dr. Werner Mahr verstarb am 14. 5. 1985 nach Fertigstellung des Manuskripts.

Frankfurt, im Mai 1986 — *Roland Eisen*

Inhalt

A. Die Wirtschaftsordnungen

I. Die vier Komponenten des Wirtschaftslebens

Wovon leben die Menschen? Diese Frage umschließt das Kernproblem des Wirtschaftslebens. Früher war die Antwort einfach. Sofern die einzelne Familie oder eine gemeinschaftlich lebende Gruppe von Familien mit einem Stück Land ausgestattet war oder ihr die Nutzung eines solchen zustand, konnte sie sich aus den erarbeiteten Erträgen selbst ernähren und kleiden. Das Maß des Wohlstandes hing jeweils von der Größe der aus natürlichen Gründen schwankenden Erträge ab. Heute ist das Wirtschaftsleben zu einem vielseitig verfilzten Geflecht von Leistungen und Gegenleistungen, zu einem Gewirr von millionenfältigen Tätigkeiten verschiedenartiger Produktionen, Konsumvorgängen, Handelsbeziehungen, Transport- und Vermittlungsaufgaben geworden; ein Geflecht, in das sich neben den Menschen der Staat und seine Organe, verschiedene Interessenverbände und Organisationen einschalten und das sich über den Umkreis der näheren Umgebung und des eigenen Staatsraumes hinaus über die ganze Erde erstreckt.

Wie ehedem leben die Menschen von dem Ergebnis ihrer Arbeit und ihrer Anstrengungen. Noch immer gilt der Satz, mit dem *Adam Smith* (1723 bis 1790) seine berühmte *„Untersuchung über Wesen und Ursachen des Volkswohlstandes“* (erschienen 1776) einleitet:

„Die jährliche Arbeit eines Volkes ist der Fonds, der es ursprünglich mit allen Lebensbedarfs- und Genußgütern versorgt, die es jährlich konsumiert und die immer aus dem unmittelbaren Erzeugnis dieser Arbeit oder aus dem bestehen, was für dieses Erzeugnis von anderen Völkern gekauft wird. Je nach dem Verhältnis, in dem dieses Erzeugnis, oder das, was damit gekauft wird, zur Zahl derjenigen steht, welche es konsumieren sollen, wird daher auch das Volk mit allen Lebensbedarfs- und Genußgütern, die es braucht, besser oder schlechter versorgt sein.“

Aber in dem heutigen Wirtschaftsleben vollbringt jeder einzelne mit seiner Arbeit eine Leistung, die er selbst in dieser Form nicht oder nicht in dem erstellten Umfange benötigt; er stellt Dinge her, die andere benötigen und die er an andere absetzt, um mit dem Erlös dann die Dinge kaufen zu können, die er eigentlich haben möchte. Jeder verbraucht Güter, die er selbst nicht erzeugt hat, die zu erzeugen er gar nicht in der Lage ist. Der Wohlstand eines jeden von uns und damit der Wohlstand der

Gesamtheit hängt nicht allein von unserem Fleiß und davon ab, ob die Natur unseren Bemühungen günstig ist, sondern entscheidend davon, ob und in welchem Ausmaß andere unsere Leistung benötigen und was andere uns zu bieten bereit sind. Der Wohlstand des einzelnen ist in viel höherem Maße gesellschaftlich als individuell bedingt. Das Ergebnis der individuellen Anstrengung hängt davon ab, mit welchem Fleiß, Geschick, ja Glück sich jeder einzelne in das Leistungsgefüge der modernen Wirtschaft einzugliedern vermag. Im heutigen Wirtschaftsleben ist der einzelne in hohem Maße abhängig geworden von einem anonymen gesellschaftlichen Leistungsgefüge, dessen Zusammenhang schwer zu durchschauen ist und das zu erklären Aufgabe der Wirtschaftswissenschaften ist.

Allgemeines Charakteristikum solcher moderner Wirtschaften ist die **Arbeitsteilung,** die einen komplizierten Austausch von Gütern und Leistungen mit sich bringt. Dieser Tausch wird wesentlich erleichtert durch **Geld.**

Das komplizierte Wirtschaftsleben, wie wir es heute um uns sehen, ist die Resultante des Zusammenspiels von vier Komponenten, ist das sich unablässig erneuernde Ergebnis von vier ineinander fließenden Vorgängen, die die Wissenschaft als **Komponenten des Wirtschaftsprozesses** untersucht:

1. Rechtliche, juristische Vorgänge

Das Wirtschaftsleben vollzieht sich zunächst über den Abschluß einer Unmenge verschiedenartiger Verträge und deren Erfüllung: Kauf-, Miet-, Pacht-, Leih-, Arbeits- und Dienstleistungsverträge, Versicherungs- und Vermittlungsverträge. Zu den hierfür geltenden privatrechtlichen Normen treten strafrechtliche und öffentlichrechtliche Normen (Verbote und Gebote) sowie zwischenstaatlich vereinbarte Normen (Handels- und Niederlassungsbefugnisse, Schutzrechte und dergleichen). Allgemein gesprochen können wir neben rechtlichen Regelungen, die der **Abwicklung ökonomischer Transaktionen** dienen (Vorschriften des Bürgerlichen und des Handels-Gesetzbuchs u. a.), solche Regelungen unterscheiden, die der **Verhinderung von Übervorteilungen** dienen (arbeitsrechtliche Vorschriften, Wettbewerbsrecht u. a.), und Rechtsvorschriften, die den **Rahmen der staatlichen Aktivität** abstecken (wie Steuergesetze, Haushaltsgesetze, Sozialversicherungsgesetze, Bundesbankgesetz). Soweit der Gang des Wirtschaftslebens vom Recht geordnet und abhängig ist, führt jede Verbesserung der Rechtssetzung und Rechtspflege zu einer Verbesserung der wirtschaftlichen Verhältnisse. Mit dieser rechtlichen Komponente des Wirtschaftslebens beschäftigt sich das private und öffentliche Wirtschaftsrecht im weitesten Umfang. Einseitig und daher unvollständig wäre es, das Wirtschaftsleben ausschließlich oder vorwiegend als Auswirkung der Rechtsordnung anzusehen.

2. Natürliche, technische Vorgänge

durch die die im Wirtschaftsleben bewegten Güter physisch hervorgebracht, geschaffen, geformt und verteilt werden: Produzieren lebender und toter Materie, chemische und biologische Umwandlung und physikalische Umformung der Güter, deren Ortsveränderung mit Hilfe der Verkehrseinrichtungen, Vorgänge der Konsumtion (Nahrungsbereitung und Nahrungsaufnahme) und dergleichen. Das Wissen um diese Zusammenhänge und damit die Möglichkeit, sie zu gestalten, stützt sich auf die Naturwissenschaften und auf die technischen Wissenschaften. Alles, was wir im Wirtschaftsleben körperlich sehen, sind derartige technische Anlagen, geschaffen, um nach dem Stande des jeweiligen Wissens das in ihnen erstrebte Tun praktisch zu vollziehen. Soweit das im Wirtschaftsleben Erstrebte von der Wirksamkeit derartiger naturwissenschaftlich-technischer Prozesse und Anlagen abhängt — und das ist augenscheinlich sehr viel —, führt jeder Fortschritt in diesen Wissenschaften auch zu einem möglichen Fortschritt im Wirtschaftsleben. Mit dieser naturwissenschaftlich-technischen Komponente des Wirtschaftsprozesses beschäftigen sich die Naturwissenschaften und die technischen Wissenschaften. Einseitig und übertreibend wäre es, den Gang des Wirtschaftslebens nur auf seine technische Komponente allein zurückzuführen.

3. Gesellschaftliche, soziale, soziologische Vorgänge

die das Zusammenleben und Zusammenwirken der Menschen, das Wesen ihrer Gemeinschaften, Gruppen und Verbände bestimmen. Da das Wirtschaftsleben sich in einem engen Zusammenhang der Menschen untereinander abspielt, sind die sich daraus ergebenden sozialen Gebilde (Familie, Nachbarschaft, Betrieb, Kundschaft, Staat, Organisation usw.) und die sozialen Prozesse des Sich-Einens und Sich-Trennens der Menschen von großer Bedeutung. Das Wirtschaftsleben ist keine sachliche Tauschapparatur, die losgelöst von Menschen zu existieren vermöchte, kein naturgesetzlich bestimmter Größenzusammenhang objektiver Fakten; es ist vielmehr ein durch den Verkehr der Menschen untereinander bedingter Kosmos zwischenmenschlicher Beziehungen. Wie sich die Menschen einen und trennen, sich zu dauernden oder vorübergehenden Bindungen treffen, wie sich diese Verbindungen festigen oder lockern, ob sie diese Verbindungen als verpflichtend empfinden oder nicht, wie sie als einzelne oder als Gruppe bzw. Masse reagieren, all dies ist für den Ablauf des Wirtschaftsprozesses von Wichtigkeit. Da unser Wirtschaftsleben auch eine gesellschaftliche, soziale Erscheinung ist, vermindert jede Verbesserung der zwischenmenschlichen Beziehungen die Reibungen des Wirtschaftsprozesses und vervollkommnet ihn. Diese soziale Komponente des Wirtschaftslebens ist das Arbeitsgebiet der Soziologie, speziell der Wirtschaftssoziologie. Einseitige Übertreibung ist es gleichfalls, die ausschließliche Bedingtheit des Wirtschaftsprozesses von soziologischen Vorgängen und Gesetzmäßigkeiten zu behaupten.

4. Spezifisch wirtschaftliche, ökonomische Vorgänge

Die Untersuchung der bisher aufgezeigten Komponenten sagt uns nur, wie sich das Wirtschaftsleben unter dem Einfluß der juristischen, naturwissenschaftlich-technischen und sozialen Faktoren abspielt; sie sagt uns noch nicht, warum sich die Menschen am Wirtschaftsleben beteiligen, warum aus der Fülle der technischen und juristischen Möglichkeiten jeweils ganz bestimmte gewählt werden, warum gerade diese oder jene soziale Gruppierung zustande kommt.

Warum beteiligen sich die Menschen am Wirtschaftsleben?

In der Regel doch nicht aus Vergnügen an juristischen Verträgen und Gesetz, normalerweise auch nicht, um technische Wunderwerke zu vollbringen oder um alle Möglichkeiten gesellschaftlichen Zusammenlebens zu erproben.

Die Menschen beteiligen sich am Wirtschaftsleben und bringen es zu einem stetig fließenden Wirtschaftsprozeß, weil sie dadurch ihre Ziele und Zwecke vorteilhafter zu erreichen hoffen. Jeder arbeitet im Wirtschaftsprozeß mit, vollbringt eine von anderen begehrte Leistung, um auf diese Weise ein Einkommen zu erlangen, das ihn instand setzt, im Wirtschaftsverkehr jene Güter zu kaufen, die er für die Erfüllung seiner Zwecke benötigt.

Hinter den technischen Plänen, den juristischen Verträgen und Gesetzen, den sozialen Bindungen stehen Motive der Menschen, gerichtet auf die Erfüllung bestimmter, von ihnen gesetzter Zwecke (Ziele). Was wir im Wirtschaftsleben neben den bisher analysierten Zusammenhängen beobachten, ist: Überall setzen die Menschen ihre Mittel (Arbeitskraft, Intelligenz und andere Fähigkeiten, Güter, Boden, Maschinen, Gebäude und sonstige Anlagen) ein, um ihren Wohlstand zu sichern und zu vermehren. Die Menschen verfügen, disponieren über ihnen zugängliche Mittel in der Absicht, von ihnen gesetzte Zwecke besser und leichter erreichen zu können.

Das **Wirtschaftsleben als Auswirkung des Zweck-Mittel-Disponierens** der Menschen zu begreifen und verstehbar zu machen, ist die eigentliche Aufgabe der Wirtschaftswissenschaften: der sich gegenseitig ergänzenden Betriebswirtschaftslehre und Volkswirtschaftslehre.

Diese spezifisch wirtschaftliche Komponente des Wirtschaftslebens gilt es hier zu untersuchen: die Aufdeckung der über die körperlich in Erscheinung tretenden Fakten des Wirtschaftslebens, die objektiv konstatierbaren rechtlichen Vorgänge und die erlebbaren sozialen Verknüpfungen gebreiteten „unsichtbaren“, sich aus der Zweck-Mittel-Disposition ergebenden Zusammenhänge des Wirtschaftsprozesses.

Aber auch hier gilt es, einer einseitigen Übertreibung vorzubeugen, nämlich der Auffassung, im Leben der Menschen, in ihren Handlungen und in ihrem Verhalten nur jenes strenge Zweck-Mittel-Verhältnis am Werke zu sehen, das das Wirtschaftsleben weithin beherrscht. Die Tendenz zur Verwirtschaftlichung aller Erscheinungen, auch der Kunst, Wissenschaft, Erholung, ja sogar der Religion, ist eine Krankheit unserer Zeit, die um so stärker auftritt, je notwendiger die Beteiligung der Menschen am Wirtschaftsleben wird, je mehr die sich ausweitenden Zwecke einer wachsenden Menschenzahl mit nur in beschränktem Maße verfügbaren Mitteln befriedigt werden sollen. Um die Unterlagen für ein immer anspruchsvolleres Leben zu erjagen, vergessen die Menschen manchmal allzu sehr den Blick nach den Sternen des zwecklos ewig Schönen, Wahren und Guten zu richten, dem zu dienen die höhere Würde des Menschen ausmacht.

II. Inhalt des Wirtschaftens

Die das Leben der Hausgemeinschaft ordnende Tätigkeit des Hausherrn ist der ursprüngliche Sinn des Wortes „Wirtschaften". Das Wort „Ökonomie" kommt aus dem Griechischen und bedeutet Hauswirtschaft. Im Alt- und Mittelhochdeutschen ist „Wirt" der Hausherr, Eheherr, Schutzherr, der gastlich aufnimmt, das Hauswesen ordnet, die Tätigkeit jedes Hausgenossen bestimmt und die Mittel zum Unterhalt zuweist. Obwohl sich das Wirtschaften nicht mehr auf die Hausgemeinschaft beschränkt, ist sein Inhalt im Wesentlichen noch derselbe.

Die Elemente des Wirtschaftens

Ohne auf die Besonderheiten des jeweiligen Einzelfalles einzugehen, beobachten wir, daß die Menschen bei ihren wirtschaftlichen Überlegungen, Vorhaben, Planungen und Entscheidungen

1. bestimmte **Zwecke** zu erreichen suchen,
2. die ihnen verfügbaren **Mittel** dafür einsetzen,
3. **Zwecke und Mittel** in bestimmter Weise aufeinander abzustimmen versuchen.

Diese Grundbestandteile (Elemente) des Wirtschaftslebens sind zunächst zu erläutern.

1. Zwecke der Menschen und Menschengemeinschaften

Gewirtschaftet wird, um die Zwecke der Menschen und ihrer Gemeinschaften zu erfüllen, deren Bedarf nach Gütern zur Erhaltung, Verbesserung, Verschönerung des Daseins zu befriedigen.

Dabei handelt es sich um

1. Zwecke der einzelnen Menschen: **Individualzwecke**, unverbundene Einzelzwecke. Es sind jene Zwecke, die sich der einzelne Mensch, seine kleinste Wirtschaftseinheit,

die Familie setzt und die er in seinem eigenen Verfügungsbereich zu erfüllen strebt: Nahrung, Kleidung, Wohnung, Erholung, Vergnügen.

2. Zwecke der Menschengemeinschaften: **Kollektivzwecke.** Alle jene Zwecke, die ungeachtet, ob sie jeder einzelne sich setzt und erfüllt sehen will, von den organisierten Menschengemeinschaften (Staat, Gemeinde) erstrebt werden. Dabei sind, allerdings ohne scharfe Abgrenzung gegeneinander, zu unterscheiden: **absolute Gemeinschaftszwecke, echte Kollektivzwecke,** die sich aus dem Wesen der überindividuellen Gemeinschaften selbst ergeben, wie Landesverteidigung, Polizei, Unterhalt von hygienischen und sanitären Anlagen, Kulturpflege, Straßenbau usw. sowie **relative Gemeinschaftszwecke, unechte Kollektivzwecke, verbundene Einzelzwecke,** die an sich Zwecke der einzelnen sind, aber vorteilhafter von diesen den staatlichen Organen übertragen werden, wie Straßenbeleuchtung, Wasser-, Gas- und Energieversorgung, Post und dgl.

Die Zwecke, die die Menschen als Einzelne oder als Träger der staatlichen Willensbildung setzen, sind in der Regel für die Wirtschaftstheorie Ausgangsdaten zur Erklärung des Wirtschaftsprozesses; sie unterliegen nur dann einer Kritik, wenn sie das wirtschaftliche Leben zerstören oder gefährden (Bedrohung der Volksgesundheit, der Sittlichkeit, des gesellschaftlichen Leistungsgefüges). Für die Volkswirtschaftspolitik erhebt sich indessen grundsätzlich die Frage, ob und wieweit die Wissenschaft in der Lage ist, bestimmte Zwecke als Ziele wirtschaftspolitischen Wollens zu fordern.

Das Wirtschaften bezieht sich also nicht nur auf Individualzwecke, sondern auch auf die echten und unechten Kollektivzwecke.

Seit langem läßt sich die Tendenz einer fast stetigen Zunahme der Staatszwecke an Inhalt und Umfang beobachten, was *Adolph Wagner* schon 1892 veranlaßte, von einem *„Gesetz der wachsenden Ausdehnung der öffentlichen, insbesondere der Staatstätigkeiten“* zu sprechen. Dieses „Gesetz“ wurde von den einen als eine unentrinnbare Naturnotwendigkeit, als schicksalhafte Entwicklung zum Kollektivismus (Kommunismus) angesehen; andere leugneten zwar nicht die faktische Richtigkeit dieser Entwicklung für die letzten Jahrzehnte, bestritten jedoch eine derartige Zwangsläufigkeit mit dem Hinweis, daß die Menschen sich ja jederzeit für eine Verminderung der Staatstätigkeit entscheiden könnten. Sofern die Ursachen für die Steigerung des staatlichen Finanzbedarfs in Kriegen und politischen Umwälzungen mit ihren Folgelasten liegen, ist kein hinreichender Grund für die Behauptung einer Gesetzmäßigkeit gegeben. Andere Ursachen wie technischer Fortschritt, namentlich auf militärischem Gebiet, Wachstum und Verstädterung der Bevölkerung, steigende sozialpolitische Ansprüche der Menschen, vermehrte und verfeinerte *„Präventivtätigkeit des Staates“ (A. Wagner)* infolge der dichteren Zusammenballung großer Menschenmassen, Übergang zu aktiver Konjunkturpolitik und dergleichen, die eine kontinuierliche Steigerung der Staatsausgaben — Anzeichen der Ausdehnung der Staatstätigkeit! — hervorrufen, hängen überwiegend vom Verhalten der Menschen ab und sind somit wandelbar; eine entgegengesetzte Entwicklung wäre — zumindest grundsätzlich — nicht undenkbar.

2. Knappheit der Mittel

Zur Erfüllung der verschiedenen Zwecke werden bestimmte Mittel (Güter) benötigt. Nur wenige dieser Mittel sind im Verhältnis zu dem sich aus den gesetzten Zwecken ergebenden Bedarf an Mitteln ausreichend, ja im Überschuß vorhanden **(freie Güter)**, wie Licht, Sonnenschein, Luft, Wind, manchmal Wasser. Die meisten der erforderlichen Güter sind nur in einem mehr oder minder beschränkten Umfange vorhanden oder erreichbar **(knappe Güter)**, so daß mit der Verwendung derartiger Mittel für einen Zweck auf die gleichzeitige Verwendung der Mittel für andere Zwecke verzichtet werden muß. Die Knappheit der Mittel zwingt uns, die Zahl der zu erreichenden Zwecke zu begrenzen.

Das Gesetz der Knappheit

Der verfügbare Vorrat an einem Mittel im Verhältnis zu der Zahl der mit ihm erreichbaren Zwecke bestimmt seinen Knappheitsgrad.

Ohne Mengenminderung der Mittel, ja sogar bei ihrer Vermehrung, kann sich die Knappheit steigern, wenn sich die Anzahl der Menschen vergrößert und wenn mit diesen Mitteln neue bisher unbekannte Zwecke als erstrebenswert erachtet werden. Obwohl die Technik laufend neue Zugriffsmöglichkeiten zu Mitteln bietet, wurde prinzipiell die Knappheit der meisten Güter dieser Erde nicht aufgehoben. Die Bedürfnisse der Menschen und damit ihre Zwecke steigen, je höher ihr Lebensstandard bereits ist, immer neue und verfeinerte Bedürfnisse treten auf (Zentralheizung, Bad, Ausbildung, Auto, Fernsehapparat, Kühlschrank, modische Kleidung, Urlaub usw.). Mit der Einbeziehung bisher abgeschieden lebender Völker (sogenannte „unterentwickelte Länder") in die Weltwirtschaft steigen die Nachfrage nach Gütern eines gegenüber früher gehobenen Lebensbedarfs und zumindest für absehbare Zeit auch die Zahl der dort höhere Ansprüche stellenden Menschen. Die vermehrte Herstellung von Gütern erfordert einen vermehrten Einsatz von nicht unbegrenzt vorhandenen Produktionsmitteln (Arbeitskraft, Boden, Kapital). Schließlich zwingt die drohende Erschöpfung einiger von der Natur dargebotener Rohstoffe und Energien (Holz, Wasser, Leder, Erdöl) zur Herstellung von Ersatz- und Ausweichstoffen, wofür ebenfalls zusätzliche Produktionsmittel benötigt werden. Mag sich auch dank technischer, wirtschaftlicher und organisatorischer Fortschritte die Knappheit mancher Güter in letzter Zeit gemindert haben, im ganzen gesehen steht die menschliche Existenz weiterhin unter dem *„Gesetz der Knappheit"*.

3. Abstimmung der Zwecke und Mittel aufeinander

Das Prinzip der Wirtschaftlichkeit

Da der für die Erfüllung der individuellen und kollektiven Zwecke benötigte Vorrat an Mitteln in der Regel größer ist als deren jeweils verfügbare Menge, ist angesichts dieser Knappheit der Mittel eine Begrenzung der zu erfüllenden Zwecke notwendig. Eine Reihe von Zwecken scheiden als unerfüllbar aus; von den verbleibenden Zwecken müssen die vordringlicheren vor den weniger dringlichen und jene in stärkerem Maße als diese erfüllt werden. Der Wirtschafter stellt eine sachliche Rangordnung der gleichzeitig zu erfüllenden Zwecke und eine zeitliche Rangordnung der augenblicklichen und zukünftigen Zwecke auf, um zu verhindern, daß ein weniger dringlicher Zweck vor einem dringlicheren, ein weniger wichtiger Zweck der Gegenwart vor einem wichtigeren Zweck der Zukunft erfüllt wird. Aus der Gegenüberstellung der sachlich und zeitlich geordneten Zwecke bzw. der dafür erforderlichen Mittel und der verfügbaren Mittel ergibt sich die Grenze, bis zu der die Zwecke erfüllt werden können.

Der Wirtschafter stellt einen **Wirtschaftsplan** auf, in dem er die verfügbaren knappen Mittel den verschiedenen Zwecken zuordnet.

Wie lautet das ökonomische Prinzip?

Die im Wirtschaftsplan vorzusehende Hinordnung der Mittel auf die verschiedenen Zwecke geht so vor sich, daß mit den vorhandenen Mitteln die Zwecke in der nach Meinung des Wirtschafters bestmöglichen Weise bedacht werden, anders ausgedrückt, daß der Wirtschafter aus den knappen Mitteln das höchstmögliche Maß an Nutzen für sich herausholt. Verführe der Wirtschafter anders, so würden knappe Mittel vergeudet und die das ganze Wirtschaftsleben durchziehende Knappheit der Mittel würde nicht gemindert, sondern gesteigert werden.

Erstrebung des höchstmöglichen Nutzens, Erfüllung des weitestmöglichen Umkreises an Zwecken aus den verfügbaren oder erreichbaren knappen Mitteln ist die allgemeine Maxime des Wirtschaftens (Prinzip der Wirtschaftlichkeit, ökonomisches Prinzip, Rationalprinzip, Optimumprinzip, Prinzip des kleinsten Mittels, Sparprinzip).

In der Denkbarkeit, die in der Ordnung der Mittelverwendung nach dem Prinzip der Wirtschaftlichkeit liegt und deren Ergebnis der Wirtschaftsplan ist, liegt das Wesen des Wirtschaftens.

Was ist Wirtschaften?

„Wirtschaften ist geordnetes Entscheiden über die Verwendung von Mitteln, es ist Widmen von knappen Mitteln für menschliche Zwecke nach dem Rationalprinzip,

d. h. nach dem Grundsatz, mit den eingesetzten Mitteln das höchste Maß von Nutzen zu erreichen" (v. Zwiedineck-Südenhorst).

Wirtschaften ist nicht der technische Vollzug eines Wirtschaftsplanes, nicht der physische Vorgang des Konsums oder der Produktion; auch nicht die juristische Technik der Vertragsschließung und Vertragslösung, nicht die Unterwerfung der Menschen unter ein Gesetz; auch nicht das persönliche Spannungsfeld sozialer Beziehungen in Menschengruppen. Wirtschaften ist das geistige Disponieren, die bewußte, verstandesmäßige Entscheidung über die zweckmäßige Verwendung knapper Mittel. Das spezifisch Wirtschaftliche liegt in den Überlegungen und Planungen, Berechnungen, Entwürfen und Vergleichen der verschiedenen Möglichkeiten der Mittelverwendung, die zu den Entschlüssen führen, technische Anlagen zu errichten, Verträge einzugehen und soziale Gruppen zu bilden.

Wahrung des Prinzips der Wirtschaftlichkeit in der Mittelverwendung ist nicht gleichbedeutend mit Egoismus oder Selbstsucht. Auch die Caritasschwester muß die ihr verfügbaren Mittel (Spenden) so auf die verschiedenen Fälle der Hilfsbedürftigkeit (Zweck) verteilen, daß sie das größtmögliche Maß an Not beheben kann; sie darf sich keine Verschwendung der viel zu knappen Mittel leisten. Die menschliche Wertung eines Erwerbswirtschafters, der seine Mittel zum Erwerb eines bestmöglichen Einkommens einsetzt, hängt davon ab, was er mit dem Ertrage seiner Wirtschaftstätigkeit anfängt.

III. Der Wirtschaftsplan

Um überlegte Entscheidungen treffen zu können, müssen die Wirtschafter planvoll vorgehen, d. h. sie müssen einen Wirtschaftsplan aufstellen.

Im Wirtschaftsplan hält der Wirtschaftende seine Entscheidungen und Handlungen fest, in welcher Weise er seine knappen Mittel für die von ihm gewünschten Zwecke zu verwenden beabsichtigt.

Neben den **Zwecken** (Zielvariablen) und deren Prioritäten und den ihm offenstehenden **Handlungsalternativen,** d. h. jenen Größen, die der Wirtschafter durch seine Entscheidungen beeinflussen und kontrollieren kann, muß der Wirtschafter in seinen Planungen von Gegebenheiten ausgehen, die er selbst nicht verändern kann. Diese **Daten** sind einerseits **gesellschaftliche** Rahmendaten (Bevölkerungsgröße und -struktur, Größe des Wirtschaftsraumes, rechtliche und institutionelle Ordnung und soziale Bedingungen), andererseits **ökonomische** Daten, die im und durch den Wirtschaftsprozeß selbst bestimmt werden.

Der Wirtschaftsplan kann schriftlich fixiert sein, wie z. B. der Haushaltsplan des Staates, er kann — namentlich bei kleinen Wirtschaftseinheiten — nur als gedankliches Substrat der angestellten Überlegungen zu erfassen sein. D. h. je nach Art und Organisation der Wirtschaftseinheit und den zu treffenden Entscheidungen weist der Wirtschaftsplan einen **unterschiedlichen Grad der Präzisierung** auf. Immer enthält ein Wirtschaftsplan die Richtlinien für die Führung einer Wirtschaft während einer gewissen Periode.

1. Pläne für Mittelbeschaffung und Mittelverwendung

Der Wirtschaftsplan ist entweder ein Plan der Mittelbeschaffung oder ein Plan der Mittelverwendung, er kann auch beides enthalten. Als Plan der Mittelbeschaffung **(Plan einer Erwerbswirtschaft)** sieht er vor, wie der Wirtschaftende die ihm zur Verfügung stehenden Mittel (z. B. seine körperlichen und geistigen Fähigkeiten, ihm gehörende materielle und immaterielle Güter, wie z. B. Bodenstücke und andere Vermögenswerte, Erfindungen, Rechte und dgl.) zur Erzielung eines Einkommens verwendet.

Der Erwerbswirtschaftsplan ist ein Plan der Einkommenserzielung.

In der Wahl seines Berufes hat jeder die oft sein ganzes Leben bestimmende Entscheidung über die Richtung seiner künftigen Erwerbswirtschaft getroffen. Im Plan der Mittelverwendung **(Plan der Konsum- oder Verbrauchswirtschaft)** hat der Wirtschaftende die Entscheidung darüber getroffen, wie das erzielte Einkommen für die Erfüllung gegenwärtiger und zukünftiger Zwecke verwendet werden soll.

Der Plan der Mittelverwendung ist heute in der Regel ein Plan der Einkommensverwendung.

Von der Betriebswirtschaftslehre beeinflußt, tritt neuerdings die Gliederung nach funktionellen Gesichtspunkten immer mehr in den Vordergrund. Damit sind Teilaufgaben oder Haupttätigkeitsgebiete im Rahmen eines zusammenhängenden Aufgabengesamts zur Erfüllung der Wirtschaftszwecke gemeint. Hieraus ergibt sich dann eine Unterscheidung der Wirtschaftspläne in

Erwerbswirtschaftsplan (Leistungsverwertungs- oder auch Absatzplan),
Einkommensverwendungsplan (Beschaffungsplan),
Leistungserstellungsplan (Produktionsplan).

Die Pläne sind naturgemäß voneinander abhängig. Aus dem Erwerbswirtschafts- oder Absatzplan ergeben sich für jede Wirtschaft die Mittel, über die im Verbrauchswirtschafts- oder Beschaffungsplan disponiert werden kann. Die im Verbrauchswirtschafts- oder auch Leistungserstellungsplan vorgesehenen oder erstrebten Zwecke bzw. die dafür erforderlichen Mittel beeinflussen ihrerseits Richtung und Umfang des Erwerbswirtschaftsplanes. Die gegenseitige Verschränkung der Erwerbs- und Verbrauchswirtschaftspläne offenbart sich deutlich darin, wie der Wirtschaftende seine Ziele zwischen Erwerbstätigkeit und Erholung (Muße) aufteilt. Bei einem überlegt Wirtschaftenden darf man unterstellen, daß er die für sich günstigste Kombination zwischen Verdienst (Einkommen) und Muße sucht. Je höher das Einkommen der Menschen steigt, desto mehr wünschen sie in der Regel auch die nötige Freizeit, um es zu genießen.

Die meisten materiellen Ein- und Ausgänge führen zu entgegenlaufenden Geldströmen in Form von Zahlungen. Allerdings fallen die mit dem Wirtschaftsgeschehen verbundenen Zahlungsströme zeitlich auseinander. Die Gestaltung der Zahlungsströme — festgehalten im **Finanzplan** — sollte so erfolgen, daß das finanzielle Gleichgewicht zwischen den Einnahmen und Ausgaben aufrechterhalten wird.

2. Die Wirtschaftseinheiten

Den von einem Wirtschaftsplan erfaßten Mittel- und Zweckkomplex bezeichnet man als Wirtschaftseinheit.

In ihm ist ein Subjekt als Planträger vorhanden, das den Plan aufstellt und verfolgt. Obwohl die Bildung von verschiedenen Gruppen von Wirtschaftseinheiten nach unterschiedlichen Gesichtspunkten erfolgen kann, hat sich die grundlegende Unterscheidung in private Haushalte (Einzel-, Familien- und Anstaltshaushalte bzw. private Organisationen ohne Erwerbscharakter wie Parteien, Kirchen, Vereine), Unternehmen (Firmen, Betriebe) und öffentliche Haushalte (staatliche Instanzen) durchgesetzt. Für einige Überlegungen ist es günstig, von der Gruppe der Unternehmen den Bereich der Banken und Versicherungen auszuklammern und weitere Unterteilungen vorzunehmen, etwa die privaten Haushalte in Unternehmer- und Nichtunternehmerhaushalte und die Gruppe der Unternehmen nach Wirtschaftssektoren aufzuspalten.

Die wirtschaftlichen Aktivitäten der privaten Haushalte sind überwiegend **konsumorientiert,** die der Unternehmen auf die **Güterproduktion** ausgerichtet.

Wirtschafter im Staat ist das Organ (Parlament, Kabinett, Finanzminister, Kämmerer), das faktisch die Abstimmung der Mittel auf die verschiedenen **Kollektivzwecke** vornimmt. Wirtschaftseinheit ist der Staat nur als der Bewirtschafter von Mitteln für kollektive Zwecke, also praktisch durch Aufstellung seiner Haushaltspläne, nicht aber in seiner anderen Funktion als politischer Gestalter oder Mitgestalter des sich aus den vielen Einzelplänen der Haushalte und Unternehmungen ergebenden Gesamthandlungsgefüges der Volkswirtschaft, also nicht in seiner Funktion als Gestalter der Wirtschaftspolitik. Der Wirtschaftsprozeß ergibt sich — vor allem im Bereich der sogenannten westlichen Welt — aus dem Zusammenspiel der eben genannten drei Gruppen von Wirtschaftseinheiten, von denen jedoch der Staat immer mehr an Bedeutung und Umfang gewinnt.

3. Die Wirtschaftsperiode

Die **Wirtschaftsperiode** ist der **Zeitraum, für den der Wirtschaftsplan aufgestellt wird.**

Dieser Zeitraum wird von den verschiedenen Wirtschaftseinheiten und innerhalb dieser wieder für gewisse Zwecke verschieden lang gewählt. In den Haushalten erstrecken sich die Planungen in der Hauptsache über die Zeitspanne, für die das Einkommen jeweils reichen soll, d. h. bis zum voraussichtlichen Bezug des nächsten Einkommens (Woche, Monat, Jahr). Daneben gibt es aber auch mehrere Einkommensperioden überspannende Sparpläne für größere Anschaffungen, für die Altersversorgung usw. In den Unternehmungen erfolgen die Planungen in der Regel für das Wirtschaftsjahr, nach dem die Erträge errechnet werden; für Investitionsplanungen hingegen ergeben sich längere Planungszeiträume. Auch in den öffentlichen Körperschaften finden wir neben den jährlichen Haushaltsplänen für bestimmte, nur langfristig zu bewältigende Zwecke sogenannte Mehrjahrespläne, z. B. zur Steuerung des Konjunkturverlaufs, für Straßenbau, Rüstung, Wohnungsbau u. dgl. Jede Wirtschaftseinheit verfolgt sowohl kurzfristige Pläne (Zeitraum bis zu einem Jahr) und langfristige Pläne, die eine Mehrheit von Jahren erfassen sollen. Die kurzfristigen und langfristigen Pläne einer Wirtschaftseinheit müssen so ineinandergreifen, daß sowohl die aktuellen als auch die zukünftigen Zwecke entsprechend ihrer Dringlichkeit zum Zuge kommen.

4. Kurzfristige und langfristige Pläne

Dem Wesen eines Planes entsprechend ist der Wirtschaftsplan am Beginn der Wirtschaftsperiode aufzustellen, für die er gedacht ist. Jeder Wirtschaftsplan, der kurzfristige ebenso wie der langfristige, reicht in die Zukunft. Wenn sich der Wirtschafter vor der Frage sieht, wie weit seine Planungsüberlegungen in die Zukunft reichen sollen, hat er zwei einander kontradiktorisch gegenüberstehende Umstände zu beachten:

1. Je langfristiger die Wirtschaftspläne angelegt werden, desto mehr treten in ihnen künftige Aufwendungen und künftige Mitteleingänge hervor, desto eher kann zwischen dem gegenwärtigen und zukünftigen Status einer Wirtschaft ein den größten Nutzen ermöglichender Ausgleich erreicht werden.

2. Je langfristiger die Wirtschaftspläne aufgestellt werden, desto unsicherer werden — von einigen Ausnahmen abgesehen — die der Planung zugrunde zu legenden Annahmen (Plandaten).

Mit der Länge des Planungszeitraumes wächst das Risiko, daß die während der Ausführung des Wirtschaftsplanes sich einstellenden faktischen Daten wie Preise, Absatz- oder Bedarfsmengen von den der Planung zugrunde gelegten sogenannten „Plandaten“ mehr oder weniger weit abweichen. Je weiter ein Wirtschaftsplan in die Zukunft reicht, desto mehr verlieren die in ihm gemachten Ausnahmen an Verläßlichkeit, desto weniger Handhabe bietet der Plan für die Wirtschaftsführung. Der Wirtschafter muß den optimalen Schnitt zwischen den beiden Gegensätzen eines zu kurzen und eines zu langen Planungszeitraumes suchen. Je nachdem, welches Vertrauen der Wirtschafter in die Zuverlässigkeit seiner für die Zukunft gemachten Schätzungen setzt, wird er sich für einen längeren oder kürzeren Zeitraum entscheiden und eine laufende Korrektur der längerfristigen Planungen aufgrund neuer Daten vornehmen (gleitende Planung). Die Planungszeiträume der verschiedenen Wirtschafter sind demnach sehr unterschiedlich.

Die Richtigkeit des für eine bestimmte Periode aufgestellten Wirtschaftsplanes kann zu verschiedenen Zeitpunkten verschieden beurteilt werden.

Im Zeitpunkt der Aufstellung des Wirtschaftsplanes, d. h. am Anfang der betreffenden Wirtschaftsperiode **(ex ante-Betrachtung),** blickt der Wirtschafter in die unbekannte Zukunft, über deren Verhältnisse (Einkommen, Preise, Bedarf usw.) er nur mehr oder minder ungewisse Annahmen machen kann. Der Wirtschaftsplan ist so gestaltet, wie der Wirtschafter die Zukunft sieht; die Annahmen, die zwei Wirtschafter über die gleiche Zukunft machen, brauchen nicht übereinzustimmen. Am Ende der abgelaufenen Wirtschaftsperiode **(ex post-Betrachtung)** kann der vollzogene Wirtschaftsplan nach seinem tatsächlichen Ergebnis beurteilt werden. Aus den ex ante nur angenommenen Daten (Plandaten) sind in der Zwischenzeit Realitäten (faktische Daten) geworden: Erzielte Einkommen, geltend gewesene Preise und aufgekommener Bedarf liegen in eindeutigen Größen vor.

Zwischen den Plandaten und den faktischen Daten können sich erhebliche Unterschiede einstellen; einmal, weil das Leben nie von unvorhergesehenen Zufällen frei ist, zum anderen, weil der Plan ja nur nach wahrscheinlichen Annahmen über Umfang und Art der künftig eintretenden Zwecke und Mittel aufgestellt werden konnte. Das tatsächlich erzielte Einkommen kann größer oder kleiner sein als das geplante; vorgesehene Zwecke können weggefallen sein; nicht oder nicht genügend bedachte Zwecke können zusätzliche Mittel erfordert haben; die tatsächlichen Preise und Kosten können sich anders als vorgesehen gestaltet haben. Eine ernste Situation ergibt sich für jede Wirtschaftseinheit, wenn die Abweichungen der faktischen Daten von den Plandaten sich in ungünstiger Richtung einstellen, wenn z. B. weniger Mittel als erwartet eingehen und die Erfüllung vordringlicher Zwecke mehr Mittel als erwartet beansprucht. In der Gefahr solcher ungünstiger Distanzen zwischen faktischen und geplanten Daten und deren Auswirkungen auf die Existenz der betreffenden Wirtschaft macht sich das **Risiko** der Wirtschaftsführung geltend. Den Gefährdungen durch ein Fehlschlagen wirtschaftlicher Entscheidungen kann eine Wirtschaft durch eine Reihe von Maßnahmen begegnen: Vermeidung besonders riskanter Geschäfte,

Einplanung von das Risiko mindernden Aktionen, laufende Anpassung der Wirtschaftspläne an die sich einstellenden faktischen Daten, Abschluß von Versicherungsverträgen. Trotzdem bleibt das Wirtschaften noch in erheblichem Grade der Unsicherheit unterworfen. Jede wirtschaftliche Entscheidung beinhaltet ein Wagnis und erfordert Mut, Vertrauen in die eigenen Fähigkeiten und — Glück.

5. Die Koordination der Wirtschaftspläne

Die Millionen von Wirtschaftern stellen ihre Wirtschaftspläne unabhängig voneinander auf. Dabei geht jeder einzelne von bestimmten Erwartungen über zukünftige Datenkonstellationen (Plandaten) aus. Es ist jedoch keineswegs sichergestellt, daß die aufgrund von Erwartungen oder Schätzungen getroffenen Entscheidungen miteinander vereinbar sind. Wie kann nun sichergestellt werden, daß die von den Unternehmen her- und bereitgestellten Produktionsmengen (Angebot) den von den Haushalten nachgefragten Mengen entsprechen und daß die von den Haushalten angebotenen Faktorleistungen den von den Unternehmen nachgefragten Faktoreinsatzmengen entsprechen? Wie kann eine gegenseitige Abstimmung der Pläne in einer arbeitsteiligen Wirtschaft erfolgen? Mit anderen Worten, wie wird das volkswirtschaftliche **Allokations-** und **Koordinationsproblem** gelöst?

In einer arbeitsteiligen Wirtschaft erfolgt die gegenseitige Abstimmung von Entscheidungsprozessen durch einen **Koordinationsmechanismus,** der eines wirksamen „Informations- und Sanktionssystems" bedarf.

Die Planungen der Wirtschafter bauen auf Informationen auf, und jede Entscheidung gibt bewußt oder unbewußt Informationen an andere Wirtschafter weiter. Aber Informationen über Konsumentenwünsche, technische Möglichkeiten, Preise, Gesetze usw. allein genügen nicht, es muß auch sichergestellt sein, daß sich der Wirtschafter entsprechend („erwartungsgemäß") verhält. Diese Funktion erfüllt das Anreiz- oder Sanktionssystem durch „Belohnungen" (Gewinne, Prämien) oder „Strafen" (Verluste, Bankrott, Prämienentzug).

Zwei Koordinationsmechanismen stehen zur Verfügung: **zentrale Planung** und **Entscheidung** des Wirtschaftsprozesses wie im Modell der **Zentralverwaltungswirtschaft** und **dezentrale Steuerung** und **Koordinierung** der Wirtschaftsprozesse wie im Modell der reinen Verkehrswirtschaft **(Marktmodell).** Neben die **Plansysteme** muß aber auch die **Eigentumsordnung** gestellt werden, denn im Eigentum liegt speziell die Verteilung von Entscheidungsbefugnissen begründet.

Die Eigentumsordnung bietet eine Antwort auf die Frage, wer aufgrund welcher Bedingungen in einem zentralen oder dezentralen Planungssystem über ökonomische Entscheidungsrechte hinsichtlich Produktion und Verteilung verfügt. Je nach Personenkreis, dem die Produktionsmittel und damit die genannten Rechte zugeordnet sind, können folgende Eigentumsformen unterschieden werden: privates, staatliches und gesellschaftliches Eigentum an den Produktionsmitteln, eine Zwischenform kommt dem genossenschaftlichen Eigentum zu.

Aber nicht nur das Eigentum regelt den Zugang zu ökonomischen Entscheidungsprozessen. Zu nennen sind hier insbesondere Mitbestimmungsregelungen und Tarifvertragsregelungen, die eine Partizipation der Arbeitnehmervertreter an betrieblichen Produktions- bzw. überbetrieblichen Verteilungsentscheidungen vorsehen.

Aus der Kombination der Lenkungs- und Planungssysteme mit den Eigentumsverhältnissen ergibt sich folgendes Schema real existierender Wirtschaftsordnungen.

Eigentums-ordnung / Planung	Privateigentum	Genossenschaftliches Eigentum	Staatseigentum
dezentral	Marktwirtschaft (Verkehrswirtschaft)	„Jugoslawisches Modell"	„Ungarisches Reform-Modell"
zentral	„Kriegswirtschaftliches Modell" (mit meist stark eingeschränkten Eigentumsrechten)	„Rätedemokratisches Modell"	„Sowjetisches Modell" (Zentralverwaltungswirtschaft)

Im folgenden werden nur die **zwei Extreme** diskutiert, das „sowjetische Modell" der reinen Zentralverwaltungswirtschaft und die reine Verkehrswirtschaft mit Privateigentum.

IV. Zentralverwaltungswirtschaft und Verkehrswirtschaft

Je nachdem, ob der Wirtschaftsprozeß in einem Gemeinwesen nach einem oder vielen Wirtschaftsplänen abläuft, unterscheidet man verschiedene **Wirtschaftsordnungen** oder **Wirtschaftssysteme**.

Nach *Walter Eucken* lassen sich zwei reine konstitutive Grundformen von Wirtschaftsordnungen einander gegenüberstellen: die Zentralverwaltungswirtschaft und die Verkehrswirtschaft.

1. Zentralverwaltungswirtschaft

Die **Zentralverwaltungswirtschaft** ist dadurch gekennzeichnet, daß **der gesamte Wirtschaftsprozeß eines Gemeinwesens im Prinzip nach einem Plan** abläuft (**zentralgesteuerte Wirtschaft**).

Die Lenkung eines wirtschaftlichen Gemeinwesens erfolgt auf Grund eines alle Wirtschaftsvorgänge erfassenden Gesamtplanes, der sich in eine Reihe von aufeinander abgestimmten Teilplänen für die verschiedenen Wirtschaftsbereiche aufspalten kann. In dem einen Plan der Zentralstelle wird der Einsatz aller dem Gemeinwesen verfügbaren Mittel (Arbeitskräfte und andere Hilfsmittel) zur Gütererzeugung ebenso geregelt und kontrolliert wie die Zuteilung der erzeugten Güter an alle Beteiligten (zentralisierte Planwirtschaft). Folglich erfordert diese Aufgabe ein umfangreiches, zentralisiertes Informationssystem zwischen den Instanzen, von der zentralen Planungsbehörde bis hinab zu den Betrieben. Dabei verlaufen die Informationen in beiden Richtungen; grundsätzlich unterscheiden sie sich aber, da die von unten nach oben fließenden Informationen nur Daten für den Plan, die von oben nach unten geleiteten Informationen aber Anweisungen oder Befehle darstellen. Die wirtschaftlichen Entscheidungen fallen primär nach den Zwecken und Vorstellungen der Zentralstelle, nicht nach den Zwecken und Vorstellungen der einzelnen Glieder des Gemeinwesens. Hier wird auch ein Grundproblem der Zentralverwaltungswirtschaft offenbar: Je mehr sich die Ziele und Zwecke der Zentrale von den Interessen der einzelnen Glieder unterscheiden, um so schwieriger gestaltet sich das Lenkungs- und Planungssystem (etwa durch Weitergabe falscher Informationen oder Unterschlagung von Informationen) und um so effektiver muß das Sanktionssystem sein.

Die strenge Form der Zentralverwaltungswirtschaft kann aufgelockert werden, indem den Angehörigen des Gemeinwesens freie Wahl unter den verfügbaren Konsumgütern, freie Wahl des Berufes und Arbeitsplatzes und freie Sparmöglichkeitkeit eingeräumt werden. Je mehr solche Freiheiten in einer Zentralverwaltungswirtschaft zugestanden werden, desto mehr wächst die Gefahr, daß die einzelnen sich nicht entsprechend den Richtlinien des Gesamtplanes verhalten. Um den daraus drohenden Gefahren für das Funktionieren der zentralen Planung zu begegnen, wird die Freiheit des einzelnen zu eigenen Entscheidungen in der Regel durch besondere Maßnahmen eingeschränkt. Als einzige Verkäuferin der Konsumgüter kann die Zentralstelle die Preise so setzen, daß die von ihr produzierten Güter gekauft werden; wo die Variation der Löhne und Arbeitsbedingungen nicht ausreicht, die Menschen in die im Zentralplan vorgesehenen Arbeitsstellen zu locken, kann Zwang nachhelfen; Propaganda und sogenannte „freiwillige“ Selbstverpflichtungen zu Mehrleistungen, Konsumeinschränkungen (Zeichnung von Anleihen) sind weitere Mittel zur Disziplinierung der einzelnen im Sinne des Gesamtplanes.

Zentralverwaltungswirtschaften oder ihr angenäherte Wirtschaftsordnungen sind in der Geschichte wiederholt aufgetreten: im alten Babylon und Ägypten, im römischen Kaiserreich des 3. Jahrhunderts n. Chr., im Reich der Inka im 14. und 15. Jahrhundert, im Jesuitenstaat von Paraguay und Uruguay im 17. und 18. Jahrhundert, seit 1917 in der Sowjetunion, seit 1945 in den russischen Satellitenstaaten einschließlich der Deutschen Demokratischen Republik, in China, Indien und auch sonst in Kriegszeiten und Notzeiten. Immer fußt sie auf einer starken Zentralgewalt, die die wirtschaftlichen Verhältnisse machtmäßig ordnen will und nur ordnen kann, so lange und so weit diese Macht reicht.

2. Verkehrswirtschaft (Marktwirtschaft)

Jede Wirtschaftseinheit (Haushalt, Unternehmung, Staat) stellt ihren eigenen Wirtschaftsplan auf und verfolgt ihn. Der Wirtschaftsprozeß ergibt sich aus dem Zusammenspiel einer Unmenge autonom aufgestellter Wirtschaftspläne (pluralgesteuerte Wirtschaft). Es besteht kein die gesamte Wirtschaftsgesellschaft umfassender Gesamtplan. Die Koordination der Einzelpläne erfolgt über Märkte und die sich auf ihnen vollziehende Preisbildung.

Ist der eine Zentralverwaltungswirtschaft regulierende Gesamtplan vollständig und richtig aufgestellt und wird seine Durchführung mit der nötigen Sorgfalt überwacht, so ist die gesamte Wirtschaftstätigkeit eines solchen Gemeinwesens im Prinzip geordnet. In einem verkehrswirtschaftlichen Gemeinwesen, wo jede Wirtschaftseinheit als Konsumwirtschaft oder Erwerbswirtschaft ihre eigenen Zwecke und Absichten verfolgt, keine Zentralstelle das Zusammenwirken der Haushalte und Betriebe organisiert, ist dagegen das Problem gegeben, wie die autonom aufgestellten Wirtschaftspläne der vielen Wirtschaftseinheiten so aufeinander abgestimmt, aufeinander bezogen werden, daß der Wirtschaftsprozeß sich nicht in einem Chaos, sondern ebenfalls in einer sinnvollen Ordnung vollzieht. Während in einer Zentralverwaltungswirtschaft die Zentrale die im Wirtschaftsprozeß zu befriedigenden Kollektiv- und Individualzwecke autoritär festlegt und die verfügbaren Produktivkräfte dementsprechend einsetzt, sind in einer Verkehrswirtschaft Art und Umfang der von den einzelnen Wirtschaftseinheiten erstrebten Ziele weitgehend unbekannt, mannigfachen unvorhergesehenen Änderungen unterworfen, und die produzierenden Wirtschaftseinheiten entscheiden nach ihrem Gutdünken über Art, Umfang der herzustellenden Güter, die Technik und den Ort ihrer Herstellung sowie ihrer Bereitstellung. Wie wird es trotz Fehlens eines Gesamtplanes in der Verkehrswirtschaft erreicht, daß die Wünsche der Konsumenten und die Absichten der Produzenten — wie die Erfahrung beweist — doch verhältnismäßig gut harmonisieren?

Dieses Ergebnis, eine Geordnetheit des Wirtschaftsprozesses, wird in der Verkehrswirtschaft erzielt, weil die einzelnen Wirtschaftspläne zwar autonom, von den vielen Wirtschaftseinheiten selbständig aufgestellt sind, aber doch nicht ohne Bezugnahme aufeinander. Die verkehrswirtschaftliche Ordnung zwingt jeden Wirtschafter, sich auf die vermuteten Absichten und Wünsche der anderen Wirtschafter einzustellen, seinen Wirtschaftsplan auf die Wirtschaftspläne einer Vielzahl anderer Wirtschaftseinheiten abzustimmen. Zwei grundlegende Umstände bewirken diese andauernde Abstimmung der vielen Wirtschaftspläne aufeinander: die **Existenz einer gesell-**

schaftlichen Rechnungsskala und die Orientierung an den Marktergebnissen (Umsatzmengen und Preise).

Die individuellen, höchst subjektiven und daher verschiedenartigen Bewertungen der Güter und Produktionsmittel durch die einzelnen Wirtschafter werden in einer Verkehrswirtschaft durch eine für alle gleichartige Rechnungsskala in Geldeinheiten ausgedrückt und damit objektiviert. Jede Wirtschaftseinheit bewertet den für ihre Zwecke erforderlichen Güterbedarf und ihren Mittelvorrat nach den gesellschaftlichen Tauschwerten, die ja selbst das Ergebnis des Wirtschaftsprozesses, d. h. des Zusammenwirkens aller Wirtschaftseinheiten, sind. Indem die knapperen Güter höhere Preise (gesellschaftliche Tauschwerte) aufweisen, bringen sie die im Wirtschaftsprozeß fühlbare Unzulänglichkeit der Güter zum Ausdruck **(Preise als Knappheitsanzeiger)** und veranlassen jeden Wirtschafter, sich bei der Aufstellung seines Wirtschaftsplanes an diesen, auch von anderen anerkannten und befolgten gesellschaftlichen Wertmaßstab zu halten. Die in den Geldwerten gegebene allgemeine Rechnungsskala, mit der alle Güter und Leistungen gemessen und verglichen werden, stellt alle Wirtschaftseinheiten auf eine gemeinsame „Koordinationsbasis".

Jede in eine Verkehrswirtschaft verflochtene Wirtschaftseinheit ist gezwungen, die Koordination ihres Wirtschaftsplanes mit den Wirtschaftsplänen der anderer Wirtschaftseinheiten so gut wie nur möglich zu suchen, weil sie als Konsumwirtschaft nur jene Zwecke befriedigen kann, für die es die Produzenten lohnend genug gefunden haben, die erforderlichen Güter herzustellen, und weil sie als Erwerbswirtschaft nur jene Güter und Leistungen lukrativ absetzen kann, für die andere Wirtschaftseinheiten einen Bedarf zeigen, der sie veranlaßt, entsprechende Opfer zu bringen. Da alle Teilnehmer einer Verkehrswirtschaft darauf angewiesen sind, ihre Güter und Dienstleistungen untereinander als Anbieter und Nachfrager auszutauschen, da jeder gehalten ist, einen fremden Bedarf in seinem Wirtschaftsplan zu berücksichtigen, vollzieht sich laufend und schrittweise eine Anpassung der individuellen Wirtschaftspläne aneinander. Dabei vermitteln die Preise den dezentralen Planungsträgern die Knappheitsgrade der verschiedenen Güter. Preisänderungen signalisieren Verhaltensänderungen der Anbieter und Nachfrager, sie weisen auf geänderte Mengendifferenzen hin, die nun ihrerseits zu Änderungen der Haushalts- und Unternehmenspläne führen. Durch die Anpassung der Pläne an Preise und umgekehrt der Preise an Pläne findet jener Anpassungs- und Korrekturprozeß statt, der die gegenseitige Abstimmung der Pläne herbeiführt und so die für die Entscheidungen der Wirtschafter wichtigen Informationen übermittelt.

Dies geschieht im Einzelfalle nicht immer reibungslos und vollkommen, wie es die Tatsache anzeigt, daß gelegentlich gewisse Güter und Leistungen unabsetzbar sind, Wirtschaftseinheiten liquidiert werden (Konkurse) und sich nach anderen Betätigungen umsehen müssen (Sanktionsmechanismus des Marktes). Die Notwendigkeit, sich auf die jeweilige Marktlage, d. h. die gesellschaftlichen Austauschbeziehungen, einzustellen, bewirkt die Koordination der vielen autonomen Einzelpläne und verleiht der Verkehrswirtschaft die ihr eigene Beweglichkeit und Anpassungsfähigkeit an wechselnde Situationen, beinhaltet aber auch die im Einzelfall tragische Gefahr falscher Planung.

3. Vergleich beider Wirtschaftssysteme

Unterwirft die Zentralverwaltungswirtschaft den einzelnen der persönlichen Willkür der Zentralstelle, so überläßt ihn die Verkehrswirtschaft den anonymen Kräften des Marktes. Steht dort hinter dem Versager der „Scharfrichter", so ist es hier der „Gerichtsvollzieher" *(Röpke)*. Kann in der Zentralverwaltungswirtschaft jeder an sich berechtigte Bedarf eingeplant werden, so findet in der Verkehrswirtschaft nur jener Bedarf Deckung, für den eine entsprechende Gegenleistung geboten werden kann. Wo diese fehlt, klaffen in einer Verkehrswirtschaft „Bedarfsdeckungslücken", die anderweitig (z. B. durch staatliche Mittel, Unterstützungen) ausgefüllt werden müssen. Wenn in der Zentralverwaltungswirtschaft der einzelne auf die Anweisung seines Tuns und Lassens aus dem Zentralplan wartet, kann und muß er in der Verkehrswirtschaft eigene Entschlüsse fassen und Initiative entfalten. Höchstmögliche Freiheit bietet jedem die Verkehrswirtschaft, läßt ihm aber auch das Risiko falscher Planung und darauf bauend falscher Wirtschaftsführung. Da mit jeder Planung, wenn sich aus ihr Folgerungen für das Tun und Wohlergehen anderer (Familien- und Betriebsangehörige) ergeben, eine zumindest auf den Planungsbereich sich erstreckende Macht verbunden ist, ballt sich in der Planungsstelle einer Zentralverwaltungswirtschaft eine ungeheuere und unbeschränkte Macht, der gegenüber dem einzelnen keine Ausweichmöglichkeiten offenstehen. In der Verkehrswirtschaft hingegen ist der Planungsbereich in jeder Wirtschaftseinheit beschränkt und findet an den Planungen der anderen Wirtschaftseinheiten seinen Widerpart. Die Macht des einzelnen Wirtschafters beschränkt sich auf wenige Anweisungsbefugnisse innerhalb des Haushalts oder Betriebs, und wer sich innerhalb einer Wirtschaftseinheit nicht wohlfühlt, hat — von rechtsstaatlichen Garantien abgesehen — zumeist die Möglichkeit, in eine andere Wirtschaftseinheit auszuweichen.

Findet in der Verkehrswirtschaft nicht immer der gewissenhafte, ehrlich strebende Wirtschafter seine Anerkennung, sondern mitunter auch der gerissene, von weniger Skrupeln geplagte, so verteilt in der Zentralverwaltungswirtschaft der zentrale Planer Lob und Tadel nach seiner Einsicht in die Zweckmäßigkeit oder nach seiner jeweiligen Laune.

Sind nach dem bisher Gesagten Licht und Schatten, Vorzüge und Nachteile auf die beiden Wirtschaftssysteme verschieden verteilt, in einer Hinsicht scheint nach den Erfahrungen die Verkehrswirtschaft eindeutig den Vorrang zu verdienen, nämlich hinsichtlich der Größe und Zusammensetzung des im Wirtschaftsprozeß erstellten Gesamtprodukts (Sozialprodukts). Die Verkehrswirtschaft verlangt Regsamkeit, Tatkraft und Initiative des einzelnen; auf sich selbst gestellt, muß jeder den bestmöglichen Erfolg in dem Gesamtgeflecht der wirtschaftlichen Beziehungen suchen, und sein eigener Vorteil treibt ihn, etwas von anderen Begehrtes dem Wirtschaftsprozeß beizusteuern. Indem jeder in seinem Bereich seine Leistung zu steigern und den Wünschen seiner Abnehmer angemessener zu machen sucht, wirken in der Verkehrswirtschaft täglich, ja stündlich millionenfach die Energien zu einer quantitativen und qualitativen Verbesserung der Lage aller. In Millionen von Wirtschaftsplänen, die unter Bedachtnahme auf die konkreten Möglichkeiten und Aussichten die wechselseitige Bezugnahme und Anpassung in jedem Augenblick suchen müssen, in denen sich individuelle Falschdispositionen nach unten und oben gegenseitig zu einem erheblichen Teil kompensieren, in denen die relative Kleinheit des eigenen Planungsbereiches eine raschere und exaktere Korrektur erlaubt, wird mehr und Besseres erreicht als in einem Zentralplan, der wegen der Größe der gestellten Aufgaben doch immer nur in groben Zügen regulieren kann, den umzustellen eine schwierige und zeitraubende Arbeit erfordert, der die konkreten Einzelheiten in den Wünschen und Möglichkeiten der Menschen und Betriebe doch nur in schematischen Größen erfassen und der Planungsfehler in gigantischen Ausmaßen auftreten lassen kann. Mag auch auf einzelnen, besonders hervorgehobenen Gebieten eine Zentralverwaltungswirtschaft Überragendes leisten, weil sie ja alle Kräfte auf diese eine Aufgabe konzentrieren kann, in der Gesamtheit aller Leistungen, in der ausreichenden Bedachtnahme auf alle Bedürfnisse aller ihrer Mitglieder bleibt sie hinter der Verkehrswirtschaft zurück.

V. Wirtschaftssysteme und Wirklichkeit

Die beiden Wirtschaftssysteme: Zentralverwaltungswirtschaft und Verkehrswirtschaft unterscheiden sich danach, ob die Koordination der Einzelhandlungen und damit der Ablauf des Wirtschaftsprozesses der bewußten Lenkung durch eine zentrale Planungsstelle oder dem Spiel der Marktkräfte, an denen sich viele Wirtschaftspläne orientieren, überlassen bleibt. In dieser reinen Form, in dieser durch *„pointierende Abstraktion“ (Eucken)* gefundenen Kunstform, finden sich die beiden Wirtschaftssysteme kaum in der Wirklichkeit. Hier lassen sich nur **Mischformen** feststellen, die zwar den einen Typ als vorherrschende Ordnungsform aufweisen, aber doch auch Züge der entgegengesetzten Ordnungsform enthalten. Die *faktische Gesamtordnung eines wirtschaftlichen Gemeinwesens setzt sich in der Regel aus verschiedenen Teilordnungen (v. Mühlenfels) zusammen, von denen eine als dominierend angesehen wird oder sich als die dominierende entwickelt.*

So finden wir in grundsätzlich zentralverwaltungswirtschaftlich geordneten Volkswirtschaften, wie derjenigen der Sowjetunion, einige marktwirtschaftlich geordnete Bereiche (z. B. die sogenannten Kolchosmärkte, auf denen die landwirtschaftlichen Kolchosen ihre überschüssigen Produkte absetzen können); ebenso weisen auch die prinzipiell verkehrswirtschaftlich geordneten Volkswirtschaften gewisse Bereiche zentraler Planung und Einflußnahme auf den Ablauf des Wirtschaftsprozesses auf, wie z. B. das Zentralbankwesen.

Welchem Wirtschaftssystem die jeweils dominierende Rolle zukommt, beruht auf der historischen Entwicklung der betreffenden Volkswirtschaft oder auf einer wirtschaftspolitischen Grundentscheidung, die wie jede politische Entscheidung zeitweise das eine System mit dem anderen vertauschen kann. Die Vorzüge und Nachteile der beiden Grundsysteme werden nicht immer gleich eingeschätzt, und der Versuch, die Nachteile des einen Systems durch die echten oder vermeintlichen Vorteile des anderen Systems auszugleichen, schafft dann die existierenden Mischformen. Hieraus ergibt sich dann als Aufgabe der Wirtschaftspolitik, für ein möglichst reibungsloses Zusammenwirken der Elemente zu sorgen. Neben der Frage der Verträglichkeit erhebt sich die weitere Frage, ob jede der beiden Grundformen in sich genügend stabil ist, um sich zu behaupten, oder ob sie im Laufe der Zeit einer Zersetzungstendenz unterliegt.

Das Problem einer **Verträglichkeit der beiden Wirtschaftsordnungen miteinander** derart, daß gewisse Bereiche der Volkswirtschaft verkehrswirtschaftlich, andere zentralverwaltungswirtschaftlich geordnet werden, tauchte, ohne es in seiner grundsätzlichen Bedeutung zu ermessen, auf, als sich in den Verkehrswirtschaften in der zweiten Hälfte des vorigen Jahrhunderts der Staat anschickte, zur Behebung von Notlagen in den Wirtschaftsprozeß regulierend einzugreifen (Staatsintervention). Das Problem tauchte auch in einer Zentralverwaltungswirtschaft auf, als zwischen 1921 und 1928 die sogenannte Neue Ökonomische Politik (NEP) in Rußland in der Gefahr einer verheerenden Hungersnot den marktwirtschaftlichen Kräften breiteren Raum gewährte. Während in Rußland nach Beseitigung des aktuellen Notstandes die zentralverwaltungswirtschaftliche Ordnung sich wieder verstärkt durchsetzte und damit das Problem beseitigte bis auf die Frage, in welchem Ausmaße die Konsumentenwünsche in der zentralen Planung jeweils berücksichtigt werden sollen, ist für die Verkehrswirtschaften das Problem der Möglichkeit oder Unmöglichkeit einer Beimischung zentralverwaltungswirtschaftlicher Elemente nach wie vor aktuell und umstritten.

Zu diesem Problem gibt es drei Ansichten: Nach der einen Ansicht, die *Ludwig Mises, Walter Eucken* und *Franz Böhm* vertreten, ist eine partiell zentrale Leitung des Wirtschaftsprozesses mit dem System der Verkehrswirtschaft grundsätzlich unvereinbar. Es sei, als ob zwei Dirigenten mit zwei Kapellen in einem Raum spielten, bis die eine sich der anderen unterordnet *(Eucken)*. Da nach dieser Ansicht das eine System für das andere System Tod und Siechtum bedeutet, muß man sich für das eine oder andere System entscheiden und *„sodann die ganze Sorgfalt darauf verwenden, die gewählte Ordnung in ihrer Reinheit zu verwirklichen und sie vor dem Eindringen der anderen zu schützen" (Böhm).*

Andere Forscher wie z. B. *Walter Adolf Jöhr* und *Wilhelm Röpke* halten bis zu einem gewissen kritischen Punkt die Durchsetzung der Verkehrswirtschaft mit dirigistischen, d. h. zentralverwaltungswirtschaftlichen Maßnahmen für möglich. Wo der kritische Punkt liegt, hängt nach *Röpke* davon ab, wie lange die Menschen die Doppelbelastung eines Zweifrontenkrieges gegen den Markt und gegen die Behörden mit seiner Nervenanspannung, seinem Zeit- und Kraftaufwand, seinem Formularkrieg und dergleichen aushalten. Wenn in einer solchen *„Mischmasch-Marktwirtschaft“* die Menschen von diesem Kampf mit den Behörden zu resignieren beginnen, erlahmt ihre Initiative, ihr Wagemut, ihr Streben nach Ausnützung jeder gebotenen Marktchance, und der Schritt in die zentralverwaltungswirtschaftliche Ordnung erscheint ihnen als unvermeidbar.

F. A. v. Hayek, um einen Vertreter der dritten Ansicht zu nennen, hält die Mischung verkehrswirtschaftlicher und zentralverwaltungswirtschaftlicher Methoden für möglich: aber *„eine Mischung aus beiden Systemen bedeutet, daß keines von beiden wirklich funktionieren und das Ergebnis schlechter sein wird, als wenn man sich konsequent auf eines von beiden verlassen hätte“.*

Die oft betonte Tatsache, daß keines der beiden Systeme, und damit auch nicht das der Verkehrswirtschaft, in voller Reinheit je verwirklicht wurde, widerlegt die erste Ansicht. Wer die Verkehrswirtschaft nicht glorifiziert, muß zugeben, daß sie gewisse Schwächen aufweist oder aufweisen kann, die eine Korrektur mit zentralverwaltungswirtschaftlichen Maßnahmen erforderlich machen können, und zwar gerade dann, wenn man die Verkehrswirtschaft wegen anderer unbestreitbarer Vorzüge behaupten will. Die Erfahrung beweist es täglich, daß das ungeheure Reservoir individueller Energien, aus dem die Verkehrswirtschaft lebt, auch deren Anpassung an dirigistische Maßnahmen bewirkt, sofern diese, wie die zweite Ansicht mit Recht behauptet, die verkehrswirtschaftliche Ordnung nicht zu weit zurückdrängen oder gar auslöschen. Die von Interessentengruppen gerne gepflegte Dramatisierung der angeblichen Schäden staatlicher Interventionen ist doch durch die Entwicklung in nicht wenigen Fällen Lügen gestraft worden.

Ob und inwieweit sich zentralverwaltungswirtschaftliches Eingreifen mit der verkehrswirtschaftlichen Ordnung verträgt, hängt allerdings von Art und Ausmaß derartiger Eingriffe ab.

Notwendige Eingriffe können so gestaltet werden, daß sie — wie Zölle, Steuern, Schaffung gleichartiger Start- und Arbeitsbedingungen, Sicherung der Marktfreiheit und des Marktzutritts, Beihilfen (Subventionen) für Bedürftige — mit der verkehrswirtschaftlichen Ordnung weitgehend **„konform“** gehen, daß sie diese nicht aufheben, vielmehr von der Verkehrswirtschaft ohne größere Schwierigkeiten assimiliert werden; daß sie insbesondere den Preismechanismus nicht ausschalten, sondern nur modifizieren. Wo allerdings den Grundprinzipien der Marktwirtschaft **„inkonforme“** Eingriffe gewählt werden, die besonders den Preismechanismen in wesentlichen und wichtigen Bereichen der Wirtschaft lahmlegen (Devisenzwangswirtschaft, Investitionsverbote, Regulierung des Außenhandels durch Kontingentierungen und Clearingabkommen, Höchstpreisvorschriften, Zinsfixierungen, Mietstopp), ist die Gefahr einer Aushöhlung der verkehrswirtschaftlichen Ordnung groß. Dabei darf nicht verschwiegen werden, daß nicht nur staatliche Eingriffe die wohlstandsfördernde Funktion der Verkehrswirtschaft zu unterbinden vermögen, sondern auch Einrichtungen und Maßnahmen der Wirtschafter selbst (Monopol- und Kartellbindungen, private Preisbindungen, Ausschließlichkeitsverträge und dergleichen).

Was das **Ausmaß** zentraler Eingriffe in das verkehrswirtschaftliche Getriebe anbelangt, scheint es eine kritische Zone zu geben, bei deren Durchschreiten infolge der Überfülle dirigistischer Maßnahmen die Antriebskräfte der Verkehrswirtschaft bedenklich zu erlahmen beginnen. Neben den von *Röpke* hervorgehobenen psychologischen Hemmnissen kann noch verwiesen werden auf zu hohe Steuern, das mit der Zahl behördlicher Vorschriften wachsende Risiko eines Verstoßes, zunehmende Unsicherheit in den Kalkulationsgrundlagen wegen immer aufs neue drohender Eingriffe, Behinderung und Erschwerung des wirtschaftlichen Verkehrs, Gewöhnung der Wirtschafter an Staatshilfe, Behinderung und Verzögerung des technischen und organisatorischen Fortschritts mit möglichem Verlust der Konkurrenzfähigkeit im Ausland und als Folge aller derartiger Eingriffe steigende Abkapselung der nationalen Volkswirtschaften mit ihren nachteiligen Auswirkungen auf Sozialprodukt, Einkommen und Beschäftigung. Zu zahlreiche und zu weit getriebene Eingriffe des Staates können zu einer Erschlaffung der der Verkehrswirtschaft innewohnenden Kräfte selbständiger Initiative führen, Notstände und Krisensituationen künstlich verlängern und, weil die Verkehrswirtschaft nicht mehr genügend Kraft aufbringt, jene zu überwinden, die Anlaß zu weiteren staatlichen Eingriffen werden. *„Der Weg zur Knechtschaft" (Hayek)* hat begonnen. Wo staatliche Eingriffe anfangen, ein für die Verkehrswirtschaft bedenkliches Ausmaß anzunehmen, vermag niemand exakt zu sagen. Vielleicht liegt die Grenze regional, geschichtlich, je nach dem Volkscharakter und von Wirtschaftszweig zu Wirtschaftszweig an verschiedenen Punkten. Es mag davon abhängen, wieweit staatliche Maßnahmen beachtet oder umgangen werden, wie stark Exekutive und Jurisdiktion durchgreifen und welche Ausweichmöglichkeiten offenstehen.

VI. Entwicklungstendenzen der beiden Wirtschaftssysteme

Es erhebt sich die Frage, ob das gewählte Wirtschaftssystem — ohne Änderung durch einen Willensakt der zuständigen Gremien (Gesetzgeber, Parlament) — in der Wirklichkeit einer Entwicklung unterliegt, die in das entgegengesetzte System hinüberführt. **Sind die beiden Ordnungen stabil, oder entwickelt sich die Zentralverwaltungswirtschaft in Richtung auf die Verkehrswirtschaft und die Verkehrswirtschaft**

in Richtung auf die Zentralverwaltungswirtschaft? Vermögen sich die beiden Systeme zu behaupten, oder zersetzen sie sich im Laufe der Zeit zwangsläufig?

1. Stabilität der Zentralverwaltungswirtschaft

In ihrer kleinen Form und unter einfachen Verhältnissen hat die zentralgeleitete Wirtschaft eine verhältnismäßig hohe Stabilität gezeigt, wie die lange Existenz nahezu autarker Bauernhöfe, Klosterwirtschaften und dergleichen beweist. Hinsichtlich der wiederholt in der Geschichte aufgetretenen großen Form der Zentralverwaltungswirtschaft sind zwei Typen derselben zu unterscheiden:

1. Prinzipielle Zentralverwaltungswirtschaften, die zur Verwirklichung einer neuen Gesellschafts- und Wirtschaftsordnung exakt, von der Wurzel her konstruiert werden (Sumer, Ägypten, Sparta, Inkareich, Jesuitenstaat, Sowjetunion, China) erweisen sich in der Regel als lang dauernde stabile Gebilde, deren unverkennbare Opfer und Nachteile, deren Zwang und Beschränkungen auf Grund der gemeinsamen Weltanschauung getragen werden.

2. Behelfsmäßige Zentralverwaltungswirtschaften hingegen, die aus einem Verfall oder Versagen der Verkehrswirtschaft als Notbehelf geboren sind (ausgehendes Römerreich, sonst in Kriegs- oder Notzeiten), entwickeln sich nicht als in sich geschlossene Systeme, sondern als Folge einer Reihe sich steigernder punktueller Eingriffe in die Verkehrswirtschaft. Ihnen fehlt die einheitliche Weltanschauung, die die Individualziele in Richtung des gemeinsamen Ganzen diszipliniert; die Planungsmaßnahmen müssen gegen steigende Widerstände durchgesetzt werden und gelangen nie zu voller Wirkung. Das Ergebnis ist eine instabile Situation, ein fortwährendes Suchen nach Notbehelfen, halbe Maßnahmen, ein schleppender Verlauf des Wirtschaftsprozesses, letzten Endes eine stete Minderung des Wohlstandes. Infolge der von ihr verursachten Unordnung und Demoralisierung des Wirtschaftslebens (Bildung schwarzer Märkte) zeigt die behelfsmäßige Zentralverwaltungswirtschaft keine Beständigkeit.

Voraussetzung für das Funktionieren einer prinzipiellen Zentralverwaltungswirtschaft sind auf der **technischen** Seite eingehende Kenntnis der Zentrale über die kollektiven und individuellen Zwecke, die verfügbaren Produktionsgrundlagen und die erreichbaren Produktivkräfte, sowie ein umfassend ausgebauter Planungs- und Kontrollapparat. Der Umstand, daß die Zentrale nur über statistische Informationen verfügt, wirkt sich dahin aus, daß der Gesamtplan schematisch, wenig detailliert ausfällt. Wenngleich fortschreitende Erfahrung und verfeinerte technische Methoden eine Aufgliederung der in den Plan einbezogenen Größen nach Zahl und Detailliertheit ermöglichen, erhöhen sich gerade dadurch die Schwierigkeiten, im Plan die Produktionsgrundlagen und die differenzierten Zwecke sinnvoll zu verknüpfen, sind Variationen der Plangrößen umständlicher und langwieriger durchzuführen. Auf der

menschlichen Seite ist eine weitgehende Identifizierung der Einzelwillen mit dem im Plan dokumentierten Gesamtwillen erforderlich. In der großen Masse setzt das den Glauben an die Rechtschaffenheit, Lauterkeit und Güte der zentralen Planer voraus, ferner die Bereitschaft der einzelnen, sich im Sinne des Planes zu verhalten und das Bewußtsein, daß erhöhte individuelle Anstrengung in der Richtung der Planerfüllung eine bessere Befriedigung auch der individuellen Zwecke ermöglicht. Da sich nach den bisherigen Erfahrungen das „sozialistische Bewußtsein" des „neuen Menschen" mit der Ausrichtung der Einzelwillen auf den Gesamtwillen noch nicht in dem erforderlichen Maße eingestellt hat, bleibt die Disziplinierung der Einzelwillen im Hinblick auf den Gesamtplan mit Machtmitteln des Staates eine unerläßliche Bedingung für das Funktionieren der Zentralverwaltungswirtschaft.

Diese für das Funktionieren der Zentralverwaltungswirtschaft aufgezählten Voraussetzungen mögen in der Wirklichkeit nur unvollkommen erfüllt oder erfüllbar sein; aber auch die Zentralverwaltungswirtschaft zeigt, wenn keine politischen Störungen eingreifen, eine Tendenz zur Vervollkommnung ihres Systems. Das Beispiel Sowjetunion beweist dies. In der prinzipiellen Zentralverwaltungswirtschaft, der man das regelmäßige Versagen der behelfsmäßigen Zentralverwaltungswirtschaft nicht entgegenhalten darf, wächst mit der Schwierigkeit der Aufgabe auch das Können, das Wissen und die Erfahrung der Planer, vervollkommnen sich die Methoden und Werkzeuge der Planung, ergibt das steigende Sozialprodukt die Möglichkeit besserer Versorgung der einzelnen. Jedoch sind Zweifel berechtigt, ob im gleichen Schritt und im gleichen Umfang mit den auftretenden Schwierigkeiten auch die Fähigkeiten der Planer wachsen; ob mit steigendem Sozialprodukt nicht die Begehrlichkeit der Einzelwillen, ihre Differenzierung stärker wächst, als mit der vervollkommneten Zentralverwaltungswirtschaft zu vereinbaren ist; ob das der Enge der Not entwachsene, selbstbewußter werdende Individuum ein immer schwerer für die Planung zu handhabendes Element wird. Mit diesen sich auftürmenden Schwierigkeiten haben die Leiter der Zentralverwaltungswirtschaften zu ringen.

Anders als die auf der Initiative der vielen Wirtschaftseinheiten beruhenden Verkehrswirtschaften, mit ihren sich selbst steuernden Mechanismen der Preise, der gegenseitigen Anpassung von Produkten und Verbrauch, des Fortschritts sind die Zentralverwaltungswirtschaften rational bis ins einzelne konstruierte, künstliche Gebilde. Dem menschlichen Stolz in der restlosen Planung alles wirtschaftlichen Geschehens schmeicheln sie, aber sie werden nur durch die Macht der Zentralbehörde in Gang gehalten und zerfallen in dem Moment, wo die Direktiven der Zentrale ausfallen oder nicht mehr befolgt werden.

Die Zentralverwaltungswirtschaften sind durch immer erneute Anordnungen der Zentrale mühsam am Leben erhaltene Gebilde, niemals selbst wachsend und funktionierend wie weitgehend die Verkehrswirtschaften.

Wo eine langdauernde Zentralverwaltungswirtschaft verfällt, sind die der eigenen Initiative entwöhnten Menschen dem Chaos preisgegeben. In einem verkehrswirtschaftlichen System, das sie überwältigt, können sie sich nicht bewegen. Sie verfallen der Ausbeutung, wie das Beispiel des Inkareiches und des Jesuitenstaates beweist. Als die römische Zentralverwaltungswirtschaft der Auflösung verfiel, bildete sich der arbeitsteilig und geldwirtschaftlich organisierte Wirtschaftskörper in einen naturalwirtschaftlichen zurück, der übergreifende Zusammenhang der Wirtschaftseinheiten löste sich und die primitive Form möglichst autarken Wirtschaftens setzte sich durch. Ohne geduldige und stete Hilfe von außen dauerte es lange, bis sich aus den Trümmern der zusammengebrochenen Zentralverwaltungswirtschaft von selbst eine geordnete Verkehrswirtschaft entwickelt.

2. Stabilität der Verkehrswirtschaft

Die verkehrswirtschaftliche Leistungskooperation scheint auf den ersten Blick eine beständige, stabile Wirtschaftsordnung zu ergeben. Jede Wirtschaftseinheit ist in Verfolg ihres eigenen Vorteils gehalten, eine von anderen Wirtschaftseinheiten geschätzte Leistung zu erstellen. Die Verkehrswirtschaft entfaltet sich ohne autoritäre Anweisung von oben, sie tendiert in die Richtung der von den einzelnen verfolgten Ziele und führt erfahrungsgemäß zu einem größeren und wertvoller zusammengesetzten Sozialprodukt; letztlich hat sich die Verkehrswirtschaft in der Geschichte der Menschheit immer wieder durchgesetzt. Dem Aufklärungszeitalter und der klassischen Nationalökonomie erschien sie als die „natürliche“ Wirtschaftsordnung, entspricht sie doch dem Hange des Menschen zum Tauschen *(Adam Smith).* Noch heute neigen viele dazu, an eine selbstverständliche Stabilität der Verkehrswirtschaft zu glauben.

Die düstere Prognose, die *Karl Marx* (1818—1883) der von ihm „kapitalistisch“ genannten Verkehrswirtschaft gestellt hatte, und die heute noch Dogma der sowjetischen Theorie ist, hat sich nicht bestätigt. Nach ihm führte die kapitalistische Produktionsweise infolge des herrschenden Konkurrenzkampfes zu einem laufenden Fall der Profitrate, zu fortgesetzter technischer Erneuerung des Produktionsapparates unter Verdrängung der Arbeitskraft durch Maschinenarbeit (Verelendung der Arbeiterklasse, Bildung einer *„industriellen Reservearmee“),* steter Akkumulation und Konzentration der Kapitalien; die ungeheure Entwicklung der Produktivkräfte gerate in Widerspruch zu der wegen der Verelendung der Arbeitermassen zu schmalen Aufnahmefähigkeit für die erzeugten Güter. Das Ende sei der Zusammenbruch der kapitalistischen, d. h. verkehrswirtschaftlichen Ordnung und der Übergang zu sozialistischer, d. h. zentralverwaltungswirtschaftlicher Produktionsweise.

Ähnlich, nur mit anderer Begründung, behauptet *Joseph Schumpeter* (1883—1950) eine der Verkehrswirtschaft innewohnende Zersetzungstendenz. In der kapitalistischen Verkehrswirtschaft stelle sich zunehmende Feindseligkeit gegen Unternehmer und Kapitalisten ein, die Institutionen des Eigentums und der Vertragsfreiheit träten in den Hintergrund, wirtschaftlicher Fortschritt werde entpersönlicht und automatisiert, unzufriedene Intellektuelle (ein Stehkragen-Proletariat) vergifteten die soziale Atmosphäre, mit der Auflösung der bürgerlichen Familie schrumpfe der Zeithorizont der Geschäftsleute zusammen *(„Anti-Spar-Gesinnung“)*. *„Die Faktoren, die auf die Zerstörung der kapitalistischen Ordnung hinwirken, wirken auch auf die Entstehung einer sozialistischen Zivilisation hin.“*

Schließlich macht *Otto von Zwiedineck-Südenhorst* (1871—1957) auf die drohende Gefahr aufmerksam, daß das stete Wachstum der Bevölkerung und ihrer Ansprüche die Konkurrenz um die knapper werdenden Unterhaltsmittel, Rohstoffe und Energien bis zu einem Grade verschärfe, wo deren Aufteilung nicht mehr dem Wettbewerbskampf überlassen werden könne *(„Gesetz abnehmender Wirtschaftsfreiheit“)*.

Die Schumpetersche Analyse deckt ohne Zweifel eine Reihe technischer, psychologischer und sozialer Faktoren auf, die für die Entfaltung der Verkehrswirtschaft bislang von Bedeutung gewesen sind und die es auch in der Zukunft sein können. Aber man wird *Alfred Amonn* recht geben müssen mit der Kritik, daß *Schumpeter,* ebenso wie vor ihm *Marx,* die Entstehung und das Stärkerwerden von Gegenkräften nicht in Betracht zieht, durch welche die Entwicklung in andere Bahnen gelenkt werden kann. Erwachen eines Dranges nach mehr Freiheit, aufkommendes Widerstreben gegen autoritäre Gängelung, gegen Überwuchern der Staatstätigkeit und der Steuerlasten, gegen Bürokratisierung und Bevormundung können für die Zukunft doch nicht ganz ausgeschlossen werden. Ansätze zu einer überindividuellen Ordnung bestimmter Sektoren der Wirtschaft, wie sie schon in der Vergangenheit zu beobachten waren (Verkehrswesen, Geldwesen, Versicherungswesen), und neuere Tendenzen zu öffentlicher Kontrolle der Grundstoffindustrien und Monopolunternehmen (public utilities), ja sogar nationale und übernationale Verteilungen besondes knapper Wirtschaftsgüter wurden doch vielfach in der Absicht eingeführt, mit ihrer Hilfe das Aufkommen von störenden Machtpositionen innerhalb der Verkehrswirtschaft zu verhindern, deren Grundlagen zu festigen, allen einen Zutritt zu den wichtigsten Wirtschaftsgütern zu verschaffen und so die Funktionsfähigkeit der Verkehrswirtschaft zu sichern. Wenn auf der einen Seite gesellschaftlicher Zwang in Form autoritärer Regelung gewisser Bereiche der Wirtschaft auftritt, so eröffnet die Verkehrswirtschaft dem einzelnen andererseits laufend neue Möglichkeiten individueller Entscheidungen dank technischen Fortschritts und steigender Geld- und Realeinkommen. Die befürchtete Verknappung gewisser Materialien und dergleichen ist doch schon mehrfach durch die Entwicklung neuer Stoffe und Verfahren (z. B. Kunststoffe, Atomenergie) gemildert oder behoben worden. Angesichts der vielen ungeahnten Wendungen, die die kommende Entwicklung einschlagen kann, sind Gesetze einer Zwangsläufigkeit der Entwicklung in der Regel ein Mythos *(Eucken)*.

Die heraufziehende Automatisierung der Produktions-, Absatz- und Verwaltungstätigkeiten kann — was nicht übersehen werden darf — eine der Verkehrswirtschaft tödliche Gefahr mit sich bringen. Wenn die Automation einen breiten Raum erfaßt haben wird, werden sich die Einkommen nicht mehr nach marktwirtschaftlichen Gesetzen einspielen können, autoritäre Einkommensverteilung kann unabweisbar werden. Ebenso kann das heute schon zu beobachtende Eindringen immer mächtiger und durchschlagskräftiger werdender Organisationen in die Verkehrswirtschaft diese zugunsten mehrfacher Steuerung durch eine Reihe rivalisierender Zentralen aushöhlen.

Die Erfahrung hat gelehrt, daß in der sich selbst überlassene Verkehrswirtschaft ihr höchst gefährliche Tendenzen zur Ausschaltung des Wettbewerbs in Gestalt zentraler Lenkungen seitens des Staates, der Verbände und einzelner Unternehmungskomplexe auftreten können.

Es war ein Irrtum der klassischen Schule und ihrer liberalen Anhänger, die Verkehrswirtschaft als eine „Naturform" anzusehen, die „keiner besonderen Pflege bedarf"; die Verkehrswirtschaft hat sich statt dessen als eine „organisatorische Kunstform" erwiesen, deren Daseinsbedingungen sorgfältig zu beobachten sind (Alfred-Müller-Armack).

Die Verkehrswirtschaft mag zwar der Natur und Würde des Menschen besser entsprechen als die den menschlichen Willen vergewaltigende, von oben konstruierte Zentralverwaltungswirtschaft; aber, wie die Menschen einmal sind, empfinden sie zwar die Chance des individuellen Gewinn- und Nutzenstrebens als eine Annehmlichkeit, den Wettbewerb und das Auftreten von Konkurrenten, die die mühsam errungenen Gewinnpositionen schmälern, als eine Last und Beschwer. Da diese Beschwer allen Wirtschaftern in der Verkehrswirtschaft begegnet, ist es nur zu verständlich, daß sie darauf sinnen, wie dieser Wettbewerb gemildert oder ausgeschaltet und der Staat zu Interventionen gewonnen werden kann. Die neoliberalen Verfechter der Verkehrswirtschaft sehen es deswegen als die **Aufgabe des Staates** an:

1. durch eine gesetzliche Rahmenordnung, die Verkehrswirtschaft mit ihren gegenseitigen Regulatoren, Gewinnstreben und freiem Wettbewerb, verfassungsmäßig zu garantieren;

2. zu unterbinden, daß diese beiden Regulatoren ausgeschaltet werden und

3. wo es notwendig ist, nur Eingriffe vorzunehmen, die der Verkehrswirtschaft konform sind, ihr nicht zuwiderlaufen.

Die Verkehrswirtschaft verlangt also eine ihre Existenz, Funktion und Ordnung erhaltende Wirtschaftspolitik.

Die Bedachtsamkeit und die Anstrengung, die die neoliberalen Verfechter der marktwirtschaftlichen Ordnung darauf verwenden, sie ungestört zu erhalten, ist die Folge der durch die Erfahrung gewonnenen Erkenntnis, daß eine sich selbst überlassene Verkehrswirtschaft wegen der in ihr auftretenden ökonomischen, politischen und soziologischen Tendenzen sich schrittweise aufzulösen vermag. *„Die positive Wirkung des Marktes kann nicht, wie der alte Liberalismus meinte, durch Quietismus, durch Laufenlassen nach der Maxime ‚laissez passer' herbeigeführt werden. Dazu bedarf es vielmehr eines starken und neutralen Staates, der die Marktpolizei in die Hand nimmt, der jenen Bereich der Leistungskonkurrenz, innerhalb dessen allein die Koinzidenz zwischen Einzelinteresse und Gesamtinteresse statthat, abgrenzt und dafür sorgt, daß die private Wirtschaft sich nur innerhalb dieses Bereiches bewegt und jede Grenzüberschreitung verhindert wird." (Alexander Rüstow).*

Gefährlich werden einer Verkehrswirtschaft vor allem die Extremsituationen jahrelanger Überbeschäftigung einerseits, aber auch, wie die jüngste Erfahrung zeigt, der Unterbeschäftigung (Arbeitslosigkeit) andererseits. Im ersten Falle bewirken Nachfrageüberschüsse, zu lange Lieferfristen, Arbeitermangel und rasche Absatzausdehnung eine weitgehende Lahmlegung der durch den Markt gegebenen Grenzen des Lohn- und Preisauftriebs mit der Folge einer inflationären Entwicklung (Geldentwertung), die aufzuhalten möglicherweise drastische Eingriffe seitens des Staates, der Notenbank und anderer Stellen notwendig machen kann.

Im zweiten Falle kann die allgemeine Lethargie des Wirtschaftslebens Hoffnungslosigkeit und Radikalismus in den Massen entstehen lassen. Das kann wiederum in die Forderung auslaufen, durch einen politischen Willensakt das entstandene wirtschaftliche Chaos durch eine zentralverwaltungswirtschaftliche Lenkung des Wirtschaftsprozesses („Investitionslenkung") zu überwinden.

Oswald von Nell-Breuning bezweifelt deswegen die Fähigkeit der Marktwirtschaft, *„wirtschaftliches Sturmwetter zu meistern"*, die Marktwirtschaft sei nur eine *„Schönwetterwirtschaft"*. In jenen Extremsituationen, in denen die Selbstheilungskräfte der Verkehrswirtschaft blockiert sind oder zu langsam wirken, können zentralverwaltungswirtschaftliche Eingriffe unvermeidbar sein; aber man wird der These widersprechen müssen, wenn sie die Forderung der bedrängten Wirtschafter nach einem Staatseingriff stützen soll, wenn *„nur ein Wölkchen am wirtschaftlichen Himmel heraufzieht"*.

Die Erfahrung hat doch erwiesen, daß die verkehrswirtschaftliche Ordnung wohl in der Lage ist, gewisse kritische Situationen (Krisen, Konjunktureinbrüche, Rezessionen) zu überstehen, ja daß sie sogar Anhänger der zentralverwaltungswirtschaftlichen Ordnung für befähigt hielten, Krisen der Zentralverwaltungswirtschaft zu meistern (wie z. B. zur Zeit der sogenannten „Neuen Ökonomischen Politik" in der Sowjetunion 1921 bis 1928 oder neuerdings in China).

Es wird jeweils auf die besonderen Umstände ankommen, etwa auf Art und Bedeutung des Krisenherdes und seiner Folgewirkungen, ob man seine Überwindung der Verkehrswirtschaft überlassen, ob marktkonforme Maßnahmen ausreichen oder ob sich der Staat zu mehr zentralverwaltungswirtschaftlichen Eingriffen, also zu nicht marktkonformen Maßnahmen, entschließen muß.

VII. Wirtschaftsordnungen und Versicherungswesen

Je nach der geltenden Wirtschaftsordnung entfaltet und gestaltet sich das Versicherungswesen sehr verschieden.

In der **Zentralverwaltungswirtschaft** ist der Bereich der Versicherungswirtschaft innerhalb des Zentralplanes mitgeordnet. Da die Produktionsmittel im Eigentum der Gesellschaft bzw. des Staates stehen, erübrigt sich für sie eine Versicherung; für die Beseitigung der eintretenden Sachschäden werden im Gesamtplan Mittel naturaler Art vorgesehen. Ein staatlich geregeltes Versicherungswesen ist — meist nur in beschränktem Rahmen — für das den einzelnen belassene Konsumvermögen (Eigenhaus, Auto, Wohnungseinrichtung usw.) vorgesehen. Wo — wie neuerdings in der Sowjetunion — den einzelnen die Möglichkeit geboten wird, sich für den Abschluß einer Lebensversicherung zu entscheiden, kann die im Versicherungsfall ausbezahlte Summe nur zur Anschaffung von Konsumvermögen, zur Anlage eines Sparkontos oder zur Zeichnung von Staatsanleihen, aber nicht zur Schaffung einer selbständigen Existenz (eines eigenen Geschäfts etwa) verwendet werden. Die Kapitalbildungsfunktion der Lebensversicherung ist eingeengt. Ein ausgebautes System der Sozialversicherung dient neben der sozialen Sicherung der einzelnen auch ihrer Disziplinierung im Sinne der Planerfüllung, indem die Rückwirkungen der Art und des Ausmaßes der Sozialversicherungsleistungen auf den Gesamtwirtschaftsplan (Arbeitswille des einzelnen!) sorgfältig berücksichtigt werden.

In den **Verkehrswirtschaften** finden wir ein auf die Bedürfnisse der einzelnen Wirtschaftssubjekte abgestelltes und reich gegliedertes Individualversicherungswesen, in dem der einzelne die ihm notwendig erscheinenden Versicherungsabschlüsse nach Belieben tätigen und zumeist unter einer Mehrheit von Versicherern verschiedener Organisationsform (Aktiengesellschaft, Gegenseitigkeitsverein, öffentlich-rechtliche Anstalt) wählen kann. Gewinnstreben und Wettbewerb zwingen die Versicherer, sich in ihren Angeboten immer besser auf die besonderen Verhältnisse und Wünsche der großen Masse der Wirtschafter, der Konsumtivvermögen- und der Produktivvermögenbesitzer, einzustellen. Ein nahezu unüberschaubares und breit differenziertes Angebot von Versicherungsmöglichkeiten ist die Folge. Die ursprünglich für eine „Bedarfsdeckungslücke“ (zu geringe Kaufkraft der breiten Arbeiterschichten!) eingeführte Sozialversicherung stellt — namentlich nach ihrer zwischenzeitlichen Ausbreitung — innerhalb der Verkehrswirtschaft eine zentralverwaltungswirtschaftlich orientierte Teilordnung dar, die, je nachdem welche Entscheidungsmöglichkeiten (Wahlmöglichkeiten) den einzelnen belassen sind, der Verkehrswirtschaft mehr oder weniger konform gestaltet sein kann. Die den entgegengesetzten Ordnungsprinzipien folgenden Individualversicherung und Sozialversicherung können sich gegenseitig ausschließen, sich gegenseitig ergänzen, aber auch an ihren Berührungspunkten zu schweren Reibungen und Unzuträglichkeiten führen.

Im ganzen gesehen bietet nur die verkehrswirtschaftliche Ordnung den weit gespannten Rahmen für eine von immer neuen Initiativen getragene Entwicklung des Versicherungswesens.

B. Die Haushaltswirtschaft

I. Begriff und Arten der Haushalte

In der Zentralverwaltungswirtschaft ebenso wie in der Verkehrswirtschaft haben wir einen äußerst verwickelten, vielfältig verschlungenen und in seiner Gesamtheit nur schwer durchschaubaren Prozeß wechselseitiger Leistungen vor uns, der das eine Mal durch eine Vielfalt von Einzelwirtschaftsplänen, das andere Mal durch einen allumfassenden Gesamtwirtschaftsplan gesteuert wird. Obgleich heute die Theorie der Zentralverwaltungswirtschaft zunehmendes Interesse der Wissenschaft und Politik findet, beschränken wir uns in der Hauptsache auf die Theorie der Verkehrswirtschaft. Wir verweisen nur gelegentlich zur Konfrontation auf die Andersartigkeit der Zentralverwaltungswirtschaft. Eine derartige Beschränkung ist gerechtfertigt, weil die Verkehrswirtschaft uns vertrauter ist und weil die im praktischen Großversuch ziemlich junge Zentralverwaltungswirtschaft noch nicht eine ebenso gefestigte Theorie gefunden hat wie die Verkehrswirtschaft. Unverkennbar stellt sich eine Reihe von Problemen in beiden Wirtschaftsordnungen in gleicher oder ähnlicher Weise, nur die Lösungswege sind entsprechend den unterschiedlichen Grundkonzeptionen verschieden.

Bei der Klassifizierung der Wirtschaftseinheiten stellten wir die Haushalte (Verbrauchswirtschaften) den Unternehmungen (Produktionsbetrieben) gegenüber. Beide waren ursprünglich nicht getrennt und sind es heute nicht in allen Fällen. In der **vorindustriellen** Zeit erfolgte die Güterbereitstellung, von der Nahrungsmittelproduktion über die Kindererziehung, die Gesundheitspflege, die Bekleidung und Behausung bis hin zur Alterssicherung weitgehend durch den Haushalt selbst. Die Haushaltstätigkeit bestand also im wesentlichen in der (Eigen-)Produktion und (Selbst-)Verwendung der benötigtigen Güter; Erwerb und Beschaffung spielten in der Regel keine (große) Rolle. Diesem Umstand trägt auch die wissenschaftliche Beschäftigung mit dem Haushalt Rechnung. So ist für die antike „Ökonomik" (von *oikos* = Haushalt) die **Einheit von Haushalt und Unternehmung** charakteristisch. Dies gilt auch noch für die römischen Agrarschriftsteller und die sogenannte *Hausväterliteratur* in Deutschland bis hin ins 18. Jahrhundert.

Je mehr sich jedoch die Wirtschaftseinheiten in eine volkswirtschaftlich organisierte Wirtschaftsgesellschaft eingliederten, desto mehr waren sie auf eine marktmäßige Verwertung ihrer Leistungen zwecks Erzielung eines Geldeinkommens und auf eine marktmäßige Verwertung ihres Geldeinkommens zwecks Befriedigung ihrer Bedürfnisse angewiesen.

Mit *Erich Egner* kann man hier von einer *Marktabhängigkeit* im doppelten Sinne sprechen: Zum einen die Abhängigkeit von den Märkten, auf denen der Haushalt seine Leistungen (insbesondere Arbeit, aber auch selbsterstellte Güter) absetzen muß, zum anderen die Abhängigkeit von den Märkten, auf denen der Haushalt die von ihm begehrten Güter beschaffen muß.

Es ergab sich eine Aufgliederung der Wirtschaftseinheiten in solche, die der Erzeugung von Gütern und der Gewinnung eines Geldeinkommens dienen (Unternehmungen, Betriebe, Firmen), und in solche, die sich hauptsächlich auf konsumtive Verwendung der Güter bzw. Einkommen beschränken (Haushalte).

1. Der Haushalt als Verbrauchswirtschaft

Im Rahmen der menschlichen Gesellschaft üben die Haushalte „reproduktive" Funktionen aus. Sie sichern die Versorgung der Menschen mit Gütern und Leistungen und ermöglichen so die Befriedigung der Bedürfnisse und die Erhaltung der Arbeitskraft. Dieser Aufgabe der Versorgung seiner Mitglieder kann der Haushalt grundsätzlich auf zweierlei Weise nachkommen:

— durch haushaltseigene Erstellung von Gütern und Leistungen („Selbstversorgung") oder

— durch außerhäusliche Erwerbstätigkeit und Beschaffung der Güter und Leistungen über die Märkte („Leistungsaustausch").

Im Normalfall des gegenwärtigen Haushalts ergänzen sich die beiden Versorgungsarten gegenseitig, allerdings mit unterschiedlichen Anteilen. Dementsprechend lassen sich verschiedene **Haushaltstypen** unterscheiden: Der Selbstversorgerhaushalt, der Dienstleistungshaushalt und der Vergabehaushalt.

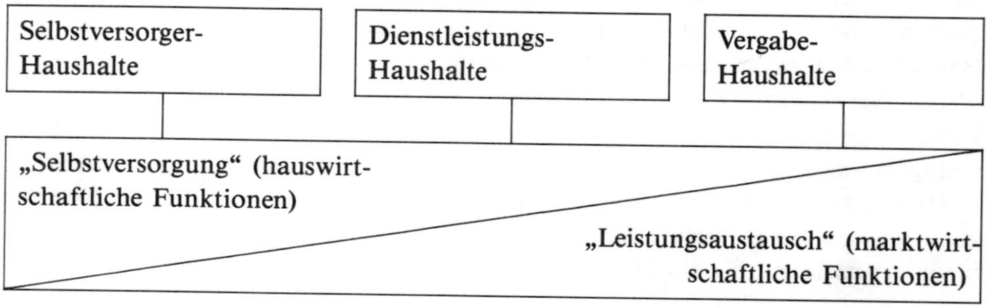

Wenn die **volkswirtschaftliche Theorie** die **Haushalte als die Wirtschaftseinheiten der Konsumtion** auffaßt, so ist dies gerechtfertigt durch zwei deutlich zu beobachtende Entwicklungstendenzen:

a) Die fortschreitende organisatorische, räumliche und wirtschaftliche Abtrennung namentlich der städtischen Haushalte von den Produktionsbetrieben

Gemeinsame produktive und konsumtive Tätigkeit findet sich nur noch in kleinen und mittleren Bauernwirtschaften, in einigen Handwerksbetrieben (Bäcker, Metzger, Gastwirt) und in kleineren Handelsgeschäften. In der großen Masse der städtischen Haushalte der Arbeiter, Angestellten, Beamten und der selbständig Tätigen vollzieht sich die produktive Tätigkeit, die Einkommenserzielung, außerhalb der Haushalte in eigenen Betrieben und Arbeitsstätten. Familiensoziologisch kann dies als eine Entlastung der Hausfrau vom Einkommenserwerb gesehen werden, als Konzentration der Tätigkeit der Frau auf den häuslichen Pflichtenkreis. Die Steigerung der Lebensgenüsse, die Verkleinerung der Familie, das Streben vieler Frauen nach größerer Selbständigkeit (Gleichberechtigung!) scheinen in letzter Zeit diese Bewegungen rückgängig zu machen; Frauen schalten sich verstärkt wieder in das Erwerbsleben ein.

b) Die fortschreitende Entleerung des Haushalts von produktiven Funktionen

Vieles, was ehedem in den Tätigkeitsbereich der Hausfrau fiel (Waschen, Backen, Schneidern, Einkochen, Vorratshaltung, Ausbessern, Spinnen, Weben, Stricken usw.), wurde zunehmend an selbständige, zum Teil neu entstandene Erwerbsbetriebe (z. B. Waschsalons) abgegeben. Die Haushalte erwerben immer mehr die bereits verarbeiteten, fertigen Verbrauchsgüter. Der Haushalt reduziert sich auf die bloße Konsum- und Wohngemeinschaft. Die Tendenz der *„Freistellung des Haushalts für seine zentralen konsumregulierenden Aufgaben" (Egner)* wird durch die Berufstätigkeit der Frauen unterstützt. In der Do-it-yourself-Bewegung, gefördert durch das freie Wochenende und die hohen Handwerkerpreise, zeigen sich gewisse Ansätze zu einer gegenläufigen Bewegung.

2. Der Haushalt als Entscheidungszentrum

Den Begriff des Haushalts auf die Verbrauchswirtschaft allein abzustellen, ist jedoch unvollständig. In den Haushalten wird zwar über die letzte Verwendung der Güter, über den Verbrauch bzw. über die Einkommensverwendung entschieden; um dies jedoch zu können, muß der Haushalt über Güter und Einkommen verfügen, d. h. sich diese beschaffen können. Sofern ihm nicht andere Wirtschaftseinheiten Mittel freiwillig oder zwangsweise abtreten, muß der Haushalt gewisse Güter und Dienstleistungen (vorwiegend Arbeitsleistungen und Sparbeträge) in den Wirtschaftsprozeß hineingeben, um ihm Güter und Leistungen für seine Zwecke entnehmen zu können. Im Haushalt wird nicht nur über den Verbrauch, sondern auch über den **Erwerb von Einkommen** entschieden.

Innerhalb des Wirtschaftsprozesses sind die Haushalte jene Entscheidungszentren, die darüber befinden, welchen letzten Zwecken die Güter bzw. Einkommen zuge-

führt, in welcher Weise und in welchem Umfang diese Mittel erworben werden sollen.

Die **Dispositionsaufgabe** des — im Grenzfall aus einer, in der Regel aus einer Mehrheit von Personen bestehenden — Haushalts umfaßt:

1. die Entscheidung über die dem Haushalt zuzuführenden Mittel (**Erwerbsplan** des Haushalts).

Dazu gehört die Entscheidung über Art und Umfang der Erwerbstätigkeit der Haushaltsmitglieder und über die Mittel, die mehrere Einkommenbezieher des Haushalts zum Zwecke gemeinsamer Haushaltsführung zusammenlegen wollen.

Dementsprechend unterscheidet man zwischen

Individualeinkommen als dem Einkommen des einzelnen Einkommensbeziehers,

Haushaltseinkommen als dem Gesamteinkommen aller Einkommensbezieher in einem Haushalt (Mann, Frau, Kinder). Ist im Haushalt nur ein Verdiener vorhanden, so ist das Haushaltseinkommen gleich dessen Individualeinkommen.

Die **Einkommensstatistik** gibt im allgemeinen nur Aufschluß über Höhe und Verteilung der Individualeinkommen (Löhne und Gehälter), manchmal auch der Haushaltseinkommen. Allerdings bietet die Verteilung der Haushaltseinkommen ein anderes Bild als die Verteilung der Individualeinkommen, denn eine Reihe niedrigster Einkommen (z. B. von Auszubildenden) sollen gar nicht den vollen Lebensunterhalt decken; ferner ist die Zahl der Verdiener innerhalb der Haushalte verschieden. Bei allen Schlüssen, die sich auf die Verteilung der Individualeinkommen stützen, ist dies zu beachten. Die Tabelle auf Seite 49 zeigt die Verteilung des verfügbaren Einkommens der Privathaushalte nach Haushaltsgruppen, je Haushalt und je Haushaltsmitglied für 1972 und 1982.

2. die Entscheidung über die Verwendung der dem Haushalt zugeführten Mittel (**Verbrauchsplan** des Haushalts).

In den Haushalten — der wichtigsten Käufergruppe einer Volkswirtschaft — wird die Endnachfrage nach jenen Gütern und Diensten bestimmt, nach der sich die produzierenden Einheiten (Unternehmungen) richten. Mit ihrer Entscheidung über die Aufteilung ihres Einkommens für Konsum und Ersparnis wirken die Haushalte indirekt auf das Beschäftigungsniveau und die Wachstumsrate der Volkswirtschaft ein.

3. die Entscheidung über die Anlage des dem Haushalt zur Verfügung stehenden Vermögens (**Vermögensplan** des Haushalts).

Bei ihrer Entscheidung, ob und wieviel gespart wird, müssen die Haushalte gleichzeitig entscheiden, wie sie das Vermögen (oder einfacher: die Finanzierungsüberschüsse) anlegen wollen, als **Geldvermögen** (zum Beispiel in Wertpapieren oder Sparbü-

Gegenstand der Nachweisung	Privat-haushalte insgesamt	Selbständigenhaush.		Arbeitnehmerhaushalte			Nichterwerbstätigenhaushalte		
							Haushalte von		
							Empfänger von		
		Land-wirte-haushalte	übrige Selbst.-haushalte	Beamten-haus-halte	Ange-stellten-haushalte	Arbeiter-haus-halte	Arbeits-losen-geld/-hilfe	Rente/ Pension	sonstigen Nichter-werbs-tätigen
				1972					
Mio. DM	510 646	15 853	95 049	37 589	113 004	135 953	1 334	99 539	12 323
Anteil in %	100	3,1	18,6	7,4	22,1	26,6	0,3	19,5	2,4
DM je Haushalt	22 548	29 687	62 235	26 951	25 701	19 637	13 076	14 394	14 439
Privathaushalte insgesamt = 100	100	132	276	120	114	87	58	64	64
DM je Haushaltsmitglied	8 487	6 418	19 071	8 481	9 129	6 161	4 553	8 345	7 611
Privathaushalte insgesamt = 100	100	76	225	100	108	73	54	98	90
				1982[2]					
Mio. DM	973 009	19 376	156 308	77 085	244 555	204 157	13 119	228 907	29 503
Anteil in %	100	2,0	16,1	7,9	25,1	21,0	1,3	23,5	3,0
1972 = 100	191	122	164	205	216	150	983	230	239
DM je Haushalt	39 355	47 502	106 633	49 711	45 622	36 394	20 790	27 003	24 148
Privathaushalte insgesamt = 100	100	121	271	126	116	92	53	69	61
1972 = 100	175	160	171	184	178	185	159	188	167
DM je Haushaltsmitglied	16 044	10 898	34 278	16 415	17 102	11 825	8 324	16 176	12 700
Privathaushalte insgesamt = 100	100	68	214	102	107	74	52	101	79
1972 = 100	189	170	180	194	187	192	183	194	167

[1]) Einschl. nichtentnommener Gewinne der Unternehmen ohne eigene Rechtspersönlichkeit — [2]) Vorläufiges Ergebnis

Quelle: Wirtschaft und Statistik, Heft 7, 1984, S. 568.

chern) oder als **Sachvermögen** (wie Häuser, Grundstücke, dauerhafte Güter). Diese Entscheidung wird im wesentlichen durch die unterschiedlichen Preise, Verzinsung und Wertsteigerung, aber auch durch die Fristigkeit und Sicherheit der Anlagen bestimmt. Wichtig ist auch die Unterscheidung zwischen **Erwerbsvermögen** („Produktionsgütereigentum") und **Gebrauchsvermögen** („Konsumgütereigentum"). Dient dieses dem alltäglichen Gebrauch wie Hausrat, dauerhafte Gebrauchsgüter einschließlich Pkw, so jenes dem Einkommenserwerb, wie vermietete Wohnhäuser, Ländereien, Betriebsstätten und Anteile an Firmen.

Die Probleme der empirischen **Ermittlung** der Vermögensverteilung sind sehr groß; Ausgangspunkt ist deshalb häufig die Vermögenssteuerstatistik. Die aktuellsten Zahlen zur Vermögensverteilung in der Bundesrepublik gibt die folgende Tabelle. Sie zeigt, daß die einzelnen Vermögensarten sehr ungleichmäßig auf die sozialen Gruppen verteilt sind.

Soziale Gruppe	Bevölkerung[1]) ärmere Hälfte[2]) Mio.	%	wohlhabendere Hälfte[3]) Mio.	%	insgesamt Mio.	%
Arbeiter	12,0	19,5	7,4	12,0	19,4	31,5
Rentner und Versorgungsempfänger	11,8	19,2	6,7	10,9	18,5	30,0
Angestellte	4,2	6,8	7,8	12,7	12,0	19,5
Beamte	1,3	2,1	3,0	4,9	4,3	7,0
Landwirte	0,5	0,8	1,2	1,9	2,8	
Selbständige	—	—	5,0	8,1	5,0	8,1
Insgesamt	29,8	48,4	31,1	50,5	60,9	98,9
Vermögensart	**Mrd. DM**	**%**	**Mrd. DM**	**%**	**Mrd. DM**	**%**
Haus- und Grundvermögen[4])	724,74	26,8	1 976,67	73,2	2 701,41	100,0
Sachvermögen[5])	142,67	23,7	458,87	76,3	601,54	100,0
Betriebsvermögen[6])	12,36	2,4	498,58	97,6	510,94	100,0
Geldvermögen[7])	71,33	4,6	1 478,09	95,4	1 549,42	100,0
Insgesamt	951,10	17,7	4 412,21	82,3	5 363,31	100,0
Versorgungsansprüche[8])	1 158,44	38,2	1 870,77	61,8	3 029,21	100,00

[1]) Ohne Personen in Anstalten (0,7 Mio. = 1,1%). — [2]) Haushalte mit einem monatlichen Nettoeinkommen bis 1 660 DM im Einpersonenhaushalt, bis 2 490 DM im Zweipersonenhaushalt, bis 3 320 DM im Dreipersonenhaushalt, bis 4 150 DM im Vierpersonenhaushalt und bis 5 115 DM im Haushalt mit fünf und mehr Personen. — [3]) Haushalte, die die unter [2]) genannten Einkommenshöhen überschreiten. — [4]) Bebaute und nicht-bebaute Grundstücke, land- und forstwirtschaftlich genutzte Flächen. — [5]) Langlebige Gebrauchsgüter einschl. Pkw zu Marktpreisen, Kunst- und Wertgegenstände. — [6]) Verkehrswert des Produktivvermögens ohne Wertpapiere und ohne landwirtschaftlich und gewerblich genutztes Haus- und Grundvermögen. — [7]) Nettogeldvermögen: Bargeld, Sichteinlagen, Termingelder, Spareinlagen, -briefe, Inhaberschuldverschreibungen, Bausparguthaben, Lebensversicherungen, Wertpapiere, speziell Aktien. — [8]) Kapitalisierte Ansprüche gegen die Träger der gesetzlichen Rentenversicherungen, die Zusatzversorgung des öffentlichen Dienstes, die Altershilfe für Landwirte, die Beamtenversorgung, die berufsständische Altersversorgung und die gesetzliche Unfallversicherung.

Quelle: M. Miegel. Die verkannte Revolution (1). Einkommen und Vermögen der privaten Haushalte. Schriften des Instituts für Wirtschafts- und Gesellschaftspolitik, Bd. 5, Stuttgart 1983.
Entnommen aus: H. Adam, Betriebliche Vermögensbeteiligung — ein Irrweg? in: aus politik und zeitgeschichte, B 28/84 vom 14. 7. 84, S. 17.

3. Haushaltsarten

Haushalte lassen sich nach unterschiedlichen Gesichtspunkten (soziale, rechtliche, soziologische) gliedern. Allgemein kann man unterscheiden:

a) Privat- oder Individual-Haushalte

die Ein- oder Mehrpersonenhaushalte mit Familiencharakter sein können. Man nennt sie auch originäre oder **ursprüngliche** Haushalte, weil sie ursprüngliche Sozialgebilde sind, die den einzelnen Menschen oder primären sozialen Gruppen zur Befriedigung ihrer Grundbedürfnisse (Nahrung, Wohnung usw.) dienen. Es handelt sich um Kleinhaushalte, die die Sicherung der Bedarfsdeckung der Haushaltsangehörigen in wirtschaftlicher Selbstverwaltung und Selbstverantwortung übernehmen.

b) Verbands-Haushalte

sind subsidiäre, abgeleitete Haushaltsformen, die sowohl Ergänzungs- als auch Integrationsfunktionen zur Erfüllung spezieller Versorgungsaufgaben oder zur Deckung von umfassendem Gemeinschaftsbedarf haben. Hier finden sich Menschen entweder aus bestimmten Interessen oder aus Notsituationen heraus zusammen, um jene Bedarfe zu decken, die die Privathaushalte offen lassen oder nicht (mehr) selbst bewältigen können. Sie zerfallen in

1. **Anstalts-** und **Vereinshaushalte,** in denen die Menschen für eine kürzere oder längere Periode aus verschiedenen Gründen und für bestimmte Zwecke wie zur Krankenpflege, Erziehung, Erholung, Wehrdienst und Altenpflege zur vollen oder teilweisen Versorgung zusammenleben. Sie sind **Großhaushalte** ohne familiäre Bindung.

2. **Kollektiv-Haushalte,** bei denen es sich um Teilhaushalte zur Erfüllung echter und unechter Kollektivzwecke handelt, wie Staats- oder öffentliche Haushalte (Gemeinde-, Landes-, Bundeshaushalt sowie Sozialversicherungshaushalte) und Kirchenhaushalte (Pfarrei-, Kirchenprovinz-, Diözesanhaushalte).

Die Unterscheidung dieser Haushaltsarten ist wichtig, weil sie in unterschiedlicher Zahl und Größe auftreten, einen unterschiedlichen Versorgungsbereich decken, weil sie sich in verschiedener Weise in den Wirtschaftsprozeß einschalten und weil in ihnen die Entscheidungen nach unterschiedlichen Gesichtspunkten fallen. Während die Privathaushalte — teilweise auch die Anstaltshaushalte — auf freien Leistungstausch angewiesen sind, haben die Kollektivhaushalte in der Regel ein Besteuerungsrecht gegenüber der Wirtschaftsgesellschaft. Die Haushaltsführung der Individualhaushalte erklärt sich aus dem allgemeinen Konsumentenverhalten; dies gilt nicht oder nur beschränkt für den seiner Natur und Größenordnung nach ganz andersartigen Haushalt der öffentlichen Hand. Innerhalb der Volkswirtschaftslehre werden die öffentlichen Haushalte als eigene Entscheidungszentren behandelt. Die Kirchenhaushalte haben vorwiegend ideelle Aufgaben. Innerhalb des Wirtschaftsprozesses spielen sie jedoch nur eine geringe Rolle.

Für die **ökonomische Betrachtung** rechnen demnach zur Gruppe der Haushalte nur die Privathaushalte und Anstalten (man spricht vielfach auch von privaten Organisationen ohne Erwerbscharakter). Umfang und Gliederung der Privathaushalte in der Bundesrepublik Deutschland im April 1982 zeigt die folgende Tabelle:

Art	Zahl der Haushalte		Personen		Personen je Haushalt
	in 1000	in %	in 1000	in %	
Privathaushalte mit 1 Person	7926	31,3	7926	12,9	1,0
mehr Personen	17410	68,7	53634	87,1	3,1
zusammen	25336	100	61560	100	2,43

Quelle: Statistisches Jahrbuch 1984, S. 66.

Der weitaus größte Teil der Bevölkerung (88 %) lebt in Mehrpersonenhaushalten, die zumeist Familienhaushalte sind. Jedoch hat sich aufgrund unterschiedlicher Ursachen (Beschränkung der Kinderzahl, Verlängerung der Lebensdauer, zunehmende Individualisierung im Zusammenhang mit Verstädterung und Industrialisierung) die durchschnittliche Personenzahl je Haushalt in Deutschland bzw. in der Bundesrepublik von 4,63 Personen (1871) auf 2,7 Personen (1973) und auf 2,4 Personen (1982) vermindert. Der Anteil der Einpersonenhaushalte zeigt steigende Tendenz, er stieg von 6 % (1871) auf über 31 % 1982. Die tendenzmäßige Schrumpfung der Familienzusammenhänge steht in schwer durchschaubarer Wechselwirkung zu der Erwerbstätigkeit der Frauen und zu der allgemeinen Erhöhung des Lebensstandards.

Neben dieser allgemeinen Gliederung der Haushalte trifft man noch auf eine Reihe weiterer Gliederungen. Wichtig ist dabei die Unterteilung der Haushalte nach ihrer Stellung im Wirtschaftsleben: **Arbeitnehmer**-Haushalte, häufig weiter untergliedert in Arbeiter-, Angestellten- und Beamten-Haushalte; die **Selbständigen**-Haushalte, wobei häufig die Haushalte der Landwirte ausgegliedert werden; und schließlich die Haushalte der **Rentner und Versorgungsempfänger.**

II. Der Verbrauch

Die Volkswirtschaftslehre versteht unter Verbrauch (Konsum) den Verkauf der Güter und Dienste an die Haushalte.

Die Manipulationen, die an den Gütern noch innerhalb der Haushalte vorgenommen werden, und damit die — für den Gesamtwohlstand keineswegs unwichtige — Tätigkeit der Hausfrauen werden volkswirtschaftlich nicht beachtet.

Die Größe des Verbrauchs erscheint als der Wert mit dem die Güter und Dienste von den Haushalten erworben werden.

Die Güter und Dienste, die von den Haushalten erworben werden, zerfallen in:

1. **Verbrauchsgüter im engeren Sinne** (perishable, nondurable goods), wie Nahrungs- und Genußmittel, Heizung und Beleuchtung, die in einem einzigen Konsumakt verbraucht werden;

2. **dauerhafte Gebrauchsgüter, langlebige Nutzungsgüter** (durable goods), wie Wohnhäuser, Möbel, Haushaltsmaschinen, Kraftwagen, die sich in einer Vielheit von Wirtschaftsperioden nutzen lassen. Bei ihrem Erwerb spricht man auch von **Haushaltsinvestitionen; und halbdauerhafte Gebrauchsgüter** (semidurable goods), wie Kleidung, Wäsche, die sich in einer beschränkten Anzahl von Wirtschaftsperioden nutzen lassen. Die Abgrenzung gegenüber den dauerhaften Gütern ist nicht scharf;

3. **konsumtive Dienstleistungen** (services), wie Unterhaltung, Erholung, Dienste zur Körperpflege (Friseur), ärztliche und andere persönliche Dienstleistungen, Hotel- und Gaststättendienste, Dienste zur Ausbildung und Erziehung sowie Versicherungen.

Von diesen Arten der Verbrauchsgüter gehen sehr verschiedene Impulse auf den Wirtschaftsprozeß aus. Nach den Verbrauchsgütern im engeren Sinne (Gruppe 1) besteht in der Masse ein stetiger Bedarf. Nach halbdauerhaften und dauerhaften Gebrauchsgütern (Gruppe 2) tritt der Bedarf unstetig, in mehr oder weniger langen Intervallen auf; die Schwankungen des Bedarfs nach diesen Gütern wirken sich um so mehr auf den gesamten Wirtschaftsprozeß aus, je größer der betreffende Produktionszweig ist (z. B. beim Automobilabsatz zu beobachten). Der Bedarf nach konsumtiven Dienstleistungen (Gruppe 3) schwankt zum Teil unter dem Einfluß der allgemeinen Wirtschaftslage. Zunehmender Wohlstand ist in der Regel begleitet von einem stärkeren Wachstum der Nachfrage nach dauerhaften und halbdauerhaften Gebrauchsgütern sowie Dienstleistungen als nach eigentlichen Verbrauchsgütern. In den reichen, hochindustrialisierten Volkswirtschaften tritt die Nachfrage nach solchen langdauernden Nutzungsgütern stark hervor. Die Produktionsbetriebe machen hier erhebliche Anstrengungen (Reklame, Kundendienst), um ihren Absatz zu fördern. Bei den eigentlichen Verbrauchsgütern, namentlich bei den Grundnahrungsmitteln, scheint in den reichen Volkswirtschaften die Sättigung nahezu erreicht, wohingegen sich der Bedarf nach immer neuen langlebigen Nutzungsgütern noch erheblich ausdehnen läßt.

Daneben muß man noch andere Beschaffungsobjekte berücksichtigen:

4. **Chancen,** z. B. Flugscheine, Briefmarken, Aktien, Eintrittskarten und

5. **Objektsysteme,** d. h. Systeme von Gütern, Dienstleistungen und Chancen, die nur insgesamt beschafft werden können. Beispiele sind: Auto mit Kundendienst und Garantieanspruch, Fertighaus mit Planung, Nähmaschine mit Nähkurs.

Durch die Aufteilung seines Einkommens in Verbrauchsausgaben (Konsumsumme) und Ersparnis legt der Haushalt den **Gesamtbetrag** fest, mit dem er **insgesamt** Güter und Dienste für seine Zwecke in der betreffenden Periode nachfragt. Dabei sind verschiedene Regelmäßigkeiten beobachtet worden.

Nimmt das Einkommen zu, dann nehmen auch die Verbrauchsausgaben zu, ihre Zunahme bleibt aber hinter der Einkommenszunahme zurück.

Dieses *„grundlegende psychologische Gesetz"* wurde von *John Maynard Keynes* (1883—1946) zu einem der wichtigsten Erkenntnisinstrumente der modernen (makroökonomischen) Theorie erhoben. Es ist offensichtlich, daß dieser Zusammenhang zwischen Verbrauchsausgaben und Einkommen (die sogenannte *Konsumfunktion)* wirtschaftspolitisch wichtig ist. Er erlaubt in Grenzen eine Beurteilung darüber, wie eine aus irgendeinem Grunde (etwa durch erhöhte Investitionsgüternachfrage oder Staatsausgaben) veranlaßte Erhöhung des Volkseinkommens die Konsumausgaben insgesamt und damit das Produktionsniveau und die Beschäftigung in einer Volkswirtschaft hebt, und wie sich gleichzeitig der für weitere Investitionen bereitstehende Rest des zusätzlichen Volkseinkommens (Zunahme der Ersparnisse) erhöht (vgl. auch G. IV).

III. Die Güternachfrage der Haushalte

Der Haushalt kann bei seinen Verbrauchsdispositionen zugrunde legen:

1. sein **laufendes** Einkommen (bzw. das in der unmittelbar vorangegangenen Periode verdiente oder verfügbare Einkommen, d. h. abzüglich Steuern und Sozialabgaben einschließlich eventueller Transfers oder Zuwendungen).

In der Regel ist der ausschlaggebende Teil der Haushaltsnachfrage vom laufenden Einkommen abhängig; der Lebensstandard ist weitgehend durch das gegenwärtige Einkommen geprägt.

2. ein **vorangegangenes**, höheres oder geringeres Einkommen. Bei steigenden Einkommen dehnen die Haushalte ihre Nachfrage manchmal nur mit einer gewissen Verzögerung aus. Bei sinkenden Einkommen können die Menschen die Verbrauchsausgaben nicht immer im Ausmaß des Einkommensrückganges sofort ermäßigen, manchmal wollen sie es auch nicht (**Modigliani**-Effekt).

3. ein **erwartetes**, künftiges Einkommen. Befürchten die Wirtschafter einen Einkommensrückgang, dann schränken sie bereits in der Gegenwart ihren Verbrauch ein oder stellen eine Reihe von Ausgaben zurück, bis sie über das künftige Einkommen genauer Bescheid wissen. Erwarten sie hingegen einen Einkommensanstieg, dann planen sie unter Umständen eine Reihe von Anschaffungen bereits heute im Hinblick auf

das später höhere Einkommen. Selbstverständlich spielen die immer mit Zukunftsannahmen (Erwartungen) verbundenen Unsicherheiten hierbei eine wesentliche Rolle.

Die Entscheidung, wie der Haushalt seine Konsumsumme auf die Beschaffung der **verschiedenen** Güter und Dienste verteilt, welche Güter und Dienste er nachfragt, hängt im wesentlichen ab von der **Bedarfsstruktur** des Haushalts, dem **verfügbaren Einkommen** und den **Güterpreisen.** Der Haushalt steht hier vor der Frage, wie er sein Einkommen (bei für ihn gegebenen Güterpreisen) auf die einzelnen in seiner Bedarfsstruktur enthaltenen Güter aufteilen soll, so daß sich (bei gegebener Bedarfsstruktur) ein möglichst hoher Grad an Bedürfnisbefriedigung (oder **„Nutzenmaximum“**) ergibt.

Eine allgemeine, wenn auch formale Lösung dieses Problems der Einkommensverwendung stammt von Herrmann Heinrich *Gossen* (1810—1858). Ausgangspunkt ist das **„Erste Gossensche Gesetz“.** Es besagt, daß bei zunehmender Versorgung eines Individuums mit einem bestimmten Gut der durch eine zusätzliche Einheit des Gutes gestiftete Nutzenzuwachs („Grenznutzen“) sinkt, Null wird oder sogar „umschlägt“, also Unlust oder gar Ekel erzeugt. Verteilt nun das Individuum sein Einkommen gemäß seiner individuellen Bedarfsstruktur so auf verschiedene Güter und Quantitäten dieser Güter, daß kein kleinerer Nutzen auf Kosten eines größeren erzielt wird bzw. daß der Grenznutzen je Geldeinheit bei allen Gütern gleich groß ist, dann wird ein Maximum an Nutzen erreicht. Dies ist das **„Zweite Gossensche Gesetz“** oder auch als *„Gesetz vom Ausgleich des Grenznutzenniveaus“* bezeichnet. Einfach und anschaulich formuliert geht es um folgendes: Wenn man die Möglichkeit hat, sich an einem reichhaltigen Kalten Buffet zu bedienen, aber nur einen Teller zur Verfügung hat, wird man klugerweise von allem Gebotenen — soweit einen danach gelüstet — jeweils so viel nehmen, und ein Mehr an Kaviar gegen ein Weniger an Lachs derart abwägen, daß das Niveau des Grenznutzens bei allen gewählten Speisen gleich groß ist und höher als der Nutzen der nicht gewählten Speisen.

Maßgebend für die Bedarfsstruktur sind physiologische und biologische Notwendigkeiten, ferner landschaftlich, zivilisatorisch und religiös bedingte Umstände; nicht zu unterschätzen sind auch soziale und sozialpsychologische Beweggründe. Wegen der Fülle der Faktoren, Umstände und Motive, die auch eine Änderung der Bedarfsstruktur im Zeitablauf bedingen, läßt man die Frage, wie der Haushalt aus der Fülle der vorhandenen Güter und Dienste eine Auswahl trifft, meist offen und hält sich an die von ihm bei seiner Güterwahl **bekundeten Präferenzen** *(revealed preferences).* Untersucht wird dann, wie sich die mengenmäßige Nachfrage nach einzelnen Gütern oder nach bestimmten Güterarten verändert, wenn sich das Einkommen des Haushalts oder die Güterpreise ändern.

Zahlenmäßige Unterlagen über den Verbrauch der Haushalte erhält man, wenn man — durch Stichproben — eine ausgewählte Zahl von Haushalten durch Interviews befragt oder veranlaßt, über ein Jahr freiwillig ihre Einnahmen und Ausgaben zu notieren *(Wirtschaftsrechnungen).* Im Auftrag des Statistischen Bundesamtes führen rund 1000 Haushalte solche Wirtschaftsrechnungen. Dabei werden drei eng abgegrenzte Haushaltstypen unterschieden: Typ 1 ist ein 2-Personen-Haushalt von Renten- und Sozialhilfeempfängern mit geringem Einkommen, Typ 2 ist ein 4-Personen-Haushalt von Beamten und Angestellten mit höherem Einkommen, und Typ 3 ist ein 4-Personen-Arbeitnehmer-Haushalt mit mittlerem Einkommen des Haushaltsvorstandes.

Die Tabelle auf Seite 57 zeigt, wie sich die Ausgaben für den privaten Verbrauch je Haushalt und Monat auf verschiedene Verwendungszwecke aufteilen und wie sich diese Aufteilung im Laufe der Zeit verändert hat.

Ein sehr plastisches Bild dieser Veränderung zeigt das folgende Schaubild. Verwendete Haushaltstyp 2 von seinen 294 DM pro Monat im Jahre 1950 noch die Hälfte für Nahrungs- und Genußmittel, so ist dieser Anteil im Jahre 1983 auf gut ein Viertel gesunken. Dagegen ist der Anteil des „freien Bedarfs" von 22 Prozent auf 42 Prozent in diesen etwas mehr als drei Jahrzehnten gestiegen.

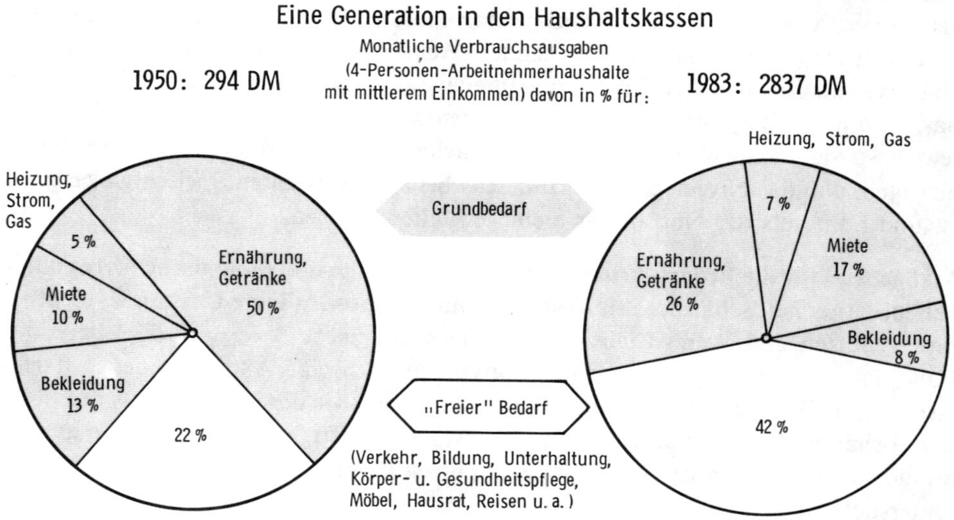

Quelle: SZ vom 31. 12. / 1. 1. 1985

Verwendungszweck¹)	Haushaltstyp 1						Haushaltstyp 2						Haushaltstyp 3					
	1965	1970	1975	1980	1982	1983	1965	1970	1975	1980	1982	1983	1965	1970	1975	1980	1982	1983
	DM																	
Ausgaben für den privaten Verbrauch	384	518	818	1171	1300	1401	881	1069	1801	2443	2691	2837	1572	1867	2849	3799	4085	4294
Nahrungs- und Genußmittel	193	223	312	392	429	450	352	385	537	686	724	740	447	488	654	834	894	922
Nahrungsmittel ²)	164	183	262	329	362	380	299	327	460	586	623	634	377	414	564	721	782	808
Genußmittel³)	29	k40	50	63	67	69	53	58	77	100	102	106	70	74	90	114	112	114
Kleidung, Schuhe	28	37	57	79	73	91	105	118	178	227	228	229	173	199	283	352	366	382
Wohnungsmieten u. ä.⁴)	62	106	182	262	298	325	98	168	280	401	445	492	190	262	421	587	647	689
Elektrizität, Gas, Brennstoffe u. ä.	27	40	62	103	129	132	40	51	91	159	189	189	60	71	118	204	240	233
dar.: Flüssige Brennstoffe (ohne Kraftstoffe)	1	3	5	11	11	13	2	5	14	35	34	27	9	10	21	59	53	43
Übrige Güter für die Haushaltsführung	33	41	76	102	101	112	88	98	178	230	256	289	170	192	302	410	366	398
Güter für Verkehrszwecke, Nachrichtenübermittlung	11	20	40	84	98	110	85	118	248	341	409	450	255	283	469	579	675	755
Güter für die Körper- und Gesundheitspflege	12	19	33	57	64	63	30	39	54	73	89	97	83	122	177	233	269	252
Güter für Bildungs- und Unterhaltungszwecke	13	23	36	54	66	65	58	79	160	211	238	247	125	157	273	375	392	415
Persönliche Ausstattung, sonstige Güter⁵)	5	9	21	37	42	53	25	32	76	116	114	105	68	94	152	224	237	247
	Prozent																	
Ausgaben für den privaten Verbrauch	*100*	*100*	*100*	*100*	*100*	*100*	*100*	*100*	*100*	*100*	*100*	*100*	*100*	*100*	*100*	*100*	*100*	*100*
Nahrungs- und Genußmittel	*50,2*	*43,0*	*38,2*	*33,5*	*33,0*	*32,1*	*40,0*	*35,3*	*29,8*	*28,1*	*26,9*	*26,1*	*28,5*	*26,1*	*23,0*	*22,0*	*21,9*	*21,5*
Nahrungsmittel²)	*42,6*	*35,3*	*32,1*	*28,1*	*27,8*	*27,2*	*34,0*	*30,0*	*25,5*	*24,0*	*23,1*	*22,4*	*24,0*	*22,1*	*19,8*	*19,0*	*19,1*	*18,8*
Genußmittel³)	*7,6*	*7,7*	*6,1*	*5,4*	*5,2*	*4,9*	*6,0*	*5,3*	*4,3*	*4,1*	*3,8*	*3,7*	*4,5*	*4,0*	*3,2*	*3,0*	*2,7*	*2,7*
Kleidung, Schuhe	*7,3*	*7,2*	*6,9*	*6,8*	*5,6*	*6,5*	*11,9*	*10,8*	*9,9*	*9,3*	*8,5*	*8,1*	*11,0*	*10,7*	*9,9*	*9,3*	*9,0*	*8,9*
Wohnungsmieten u. ä.⁴)	*16,2*	*20,5*	*22,2*	*22,4*	*22,9*	*23,2*	*11,2*	*15,5*	*15,5*	*16,4*	*16,5*	*17,3*	*12,1*	*14,0*	*14,8*	*15,5*	*15,8*	*16,0*
Elektrizität, Gas, Brennstoffe u. ä.	*7,1*	*7,7*	*7,6*	*8,8*	*9,9*	*9,4*	*4,5*	*4,7*	*5,1*	*6,5*	*7,0*	*6,7*	*3,8*	*3,8*	*4,2*	*5,4*	*5,9*	*5,4*
dar.: Flüssige Brennstoffe (ohne Kraftstoffe)	*0,2*	*0,6*	*0,7*	*0,9*	*0,9*	*0,9*	*0,2*	*0,4*	*0,8*	*1,4*	*1,3*	*1,0*	*0,5*	*0,6*	*0,7*	*1,6*	*1,3*	*1,0*
Übrige Güter für die Haushaltsführung	*8,7*	*8,0*	*9,3*	*8,7*	*7,8*	*8,0*	*10,0*	*9,0*	*9,9*	*9,4*	*9,5*	*10,2*	*10,8*	*10,3*	*10,6*	*10,8*	*9,0*	*9,3*
Güter für Verkehrszwecke, Nachrichtenübermittlung	*2,8*	*3,9*	*4,9*	*7,2*	*7,6*	*7,8*	*9,7*	*10,9*	*13,8*	*14,0*	*15,2*	*15,9*	*16,2*	*15,1*	*16,4*	*15,3*	*16,5*	*17,6*
Güter für die Körper- und Gesundheitspflege	*3,1*	*3,6*	*4,0*	*4,9*	*4,9*	*4,5*	*3,4*	*3,6*	*3,0*	*3,0*	*3,3*	*3,4*	*5,3*	*6,5*	*6,2*	*6,1*	*6,6*	*5,9*
Güter für Bildungs- und Unterhaltungszwecke	*3,4*	*4,4*	*4,4*	*4,6*	*5,1*	*4,7*	*6,5*	*7,3*	*8,9*	*8,6*	*8,8*	*8,7*	*8,0*	*8,4*	*9,6*	*9,9*	*9,6*	*9,7*
Persönliche Ausstattung, sonstige Güter⁵)	*1,2*	*1,7*	*2,5*	*3,1*	*3,3*	*3,8*	*2,8*	*2,9*	*4,2*	*4,8*	*4,2*	*3,7*	*4,3*	*5,1*	*5,3*	*5,9*	*5,8*	*5,8*

¹) Der Begriff „Güter" in aufgeführten Bezeichnungen faßt „Waren und Dienstleistungen" zusammen. — ²) Einschließlich fertige Mahlzeiten und Verkehr in Gaststätten und Kantinen. — ³) Soweit nicht im Gaststätten- und Kantinenverzehr enthalten. — ⁴) Einschließlich Mietwert für Eigentümerwohnungen sowie Untermieten u. ä. — ⁵) Dienstleistungen der Banken und Versicherungen, des Beherbergungsgewerbes, Pauschalreisen, sonstige Waren und Dienstleistungen.

Quelle: Wirtschaft und Statistik, Heft 6 (Juni 1984), S. 547.

Trotz der außerordentlichen Verschiedenartigkeiten und individuellen Besonderheiten konnten auch hier verschiedene **Regelmäßigkeiten** beobachtet werden.

1. Einkommen-Konsum-Kurve (*Engel*-Kurve)

Sie zeigt, in welcher Weise ein Haushalt mit seiner mengenmäßigen Nachfrage nach Konsumgütern auf **Einkommensveränderungen** reagiert. Genau besehen kann für die Gestaltung des Verbrauchswirtschaftsplanes nur die Konsumsumme maßgebend sein und nicht das Einkommen des Haushalts; denn die möglicherweise gemachten Ersparnisse sind für Verbrauchsausgaben in der Planungsperiode nicht vorgesehen. Da jedoch nicht auszumachen ist, ob im Rahmen des gegebenen Einkommens der Haushalt zuerst seine Konsumsumme festlegt und die Ersparnisse die Restgröße ist oder umgekehrt, nimmt man in der Regel das leichter erkennbare Einkommen als Bestimmungsgrund. Dabei kann man die vorhin erwähnte Annahme unterstellen, daß die Verbrauchsausgaben insgesamt in einem bestimmten Verhältnis zum Einkommen stehen und der Fehler nicht zu groß wird, den man mit der Verwendung der Größe Einkommen statt der Größe Konsumsumme begeht.

In der Regel nehmen mit steigendem Einkommen die Nachfragemengen nach den bisher von einem Haushalt bezogenen Gütern zu. Die Struktur der Güternachfrage bleibt aber nur dann konstant, wenn von jedem Gut gleichviel mehr nachgefragt würde. Dies ist aber kaum der Fall; vielmehr wird bei steigendem Einkommen von einigen Gütern weniger, von anderen Gütern gleich viel und wieder von anderen Gütern sogar überproportional mehr nachgefragt werden. Ernst *Engel* fand 1857, daß mit steigendem Einkommen der Ernährungsaufwand absolut zunimmt, der dafür aufgewendete Anteil des Einkommens aber sinkt. Dieses *Engelsche Gesetz* zählt zu den empirisch am besten fundierten ökonomischen Gesetzmäßigkeiten. Die Kurve, welche die Beziehung zwischen Einkommen und Nachfragemengen oder Ausgaben für ein Gut oder eine Gütergruppe darstellt, wird deshalb auch als *Engel-Kurve* bezeichnet. Die von dem Berliner Statistiker *Heinrich Schwabe* 1868 für die Wohnungsmieten entdeckte analoge Gesetzmäßigkeit, daß mit steigendem Einkommen absolut größere, relativ jedoch kleinere Mietausgaben verbunden seien, hat sich allerdings nur innerhalb gleicher sozialer Schichten und nur bei freiem Wohnungsmarkt als gültig erwiesen *(Schwabesches Gesetz)*.

2. Die Nachfragefunktion

Neben Bedarfsstruktur und Einkommen sind die **Preise** der in den Bedarfskreis des Haushalts fallenden Güter ein wichtiger Bestimmungsgrund der Haushaltsnachfrage, denn erst unter Kenntnis der für die verschiedenen Güter geltenden Preise vermag der Wirtschafter die Gütermengen festzulegen, die er im Rahmen seines Einkommens erwerben kann. Die Kenntnis der Preisverhältnisse ist beschränkt durch den

Willen und die Fähigkeit des Wirtschafters, sich einen Einblick in die Preislage der verschiedenen Angebote zu verschaffen und durch den Umstand, daß nicht auf allen Märkten die zustande gekommenen Preise dem Außenstehenden erkennbar sind (fehlende *Markttransparenz).*

Bei der Aufstellung seines Verbrauchswirtschaftsplanes muß der Wirtschafter sich eine Vorstellung über die Preise machen, die während der Zeit der Ausführung des Planes vermutlich gelten werden. Seine Annahme über die voraussichtlich geltenden Preise kann er stützen:

1. auf die **zur Zeit geltenden Preise,** genauer auf die ihm zuletzt bekanntgewordenen Preise. Weil die augenblicklich geltenden Preise in den Wirtschaftsplänen verankert sind, stehen einer Änderung der Preise Hemmnisse entgegen *(Trägheitsgesetz der Preisbildung),* schwanken die Verbrauchsgüterpreise weniger als die Preise anderer Waren und reagieren sie auf Kostenänderungen in der Regel mit einer Verzögerung.

2. auf die von ihm für die nächste Zeit vermutete, **erwartete Preistendenz.**

Ihre Vermutung über die erwartete Preistendenz stützt die große Masse der Wirtschafter weniger auf objektive Einsicht in die tatsächlichen Preis-, Kosten- und Marktzusammenhänge *(„rationale Erwartungen")* als vielmehr auf kürzlich erfolgte Ereignisse und die letzte Preisentwicklung *(„extrapolative"* oder *„adaptive Erwartungen");* dabei spielen Erinnerungsvermögen und Zeithorizont des Wirtschafters eine Rolle. Trotz der Unbestimmtheit der von den Konsumenten gehegten Preiserwartungen sind gewisse Reaktionen auf die vermutete voraussichtliche Preisentwicklung zu beobachten, sofern die Ware und der Bedarf, Einkommens- und Vermögensverhältnisse, Lagerungsmöglichkeiten und dgl. eine Vorwegnahme der Käufe (bei Erwartung steigender Preise) oder ein Hinausschieben der Käufe (bei Erwartung sinkender Preise) gestatten. Eine derartige spekulative Ausnutzung der vermuteten Markttendenz verursacht zusätzliche Nachfrageschwankungen im Wirtschaftsprozeß.

Da es jedoch noch nicht eindeutig geklärt ist, ob und wie stark sich Preiserwartungen auf das Konsumentenverhalten auswirken, beschränken sich die Untersuchungen über die Preisabhängigkeit der Haushaltsnachfrage in der Regel auf den Einfluß der laufenden Preise.

Alle Verbrauchsausgaben stehen in einem inneren Zusammenhang; denn der Haushalt muß alle Ausgaben im Rahmen seines Einkommens bzw. seiner Konsumsumme unterbringen. Bleibt das Einkommen (die Konsumsumme) unverändert, fehlt das, was für eine Ware mehr ausgegeben wird, für die Beschaffung anderer Güter; wenn die eine Ware billiger zu stehen kommt, bleiben Einkommensanteile für anderweitige Käufe. Jede Preisänderung veranlaßt folglich den Wirtschafter, in seinem Wirtschaftsplan eine Umdisposition seiner Verbrauchsausgaben vorzunehmen, m. a. W. die geplanten Einkaufsmengen zu ändern. Die Nachfrage nach einem bestimmten

Gut ist deshalb nicht nur von dem Preis dieses Gutes abhängig, sondern — zumindest prinzipiell — auch *von den Preisen aller anderen* in den Begehrskreis des Haushalts fallenden *Güter.*

In der Regel nimmt mit steigendem Preis die nachgefragte Menge eines Gutes ab. Mit fallendem Preis steigt die nachgefragte Menge.

Die graphische Darstellung dieses Zusammenhangs zwischen Preis und nachgefragter Menge **(Nachfragekurve)** zeigt folgenden Verlauf:

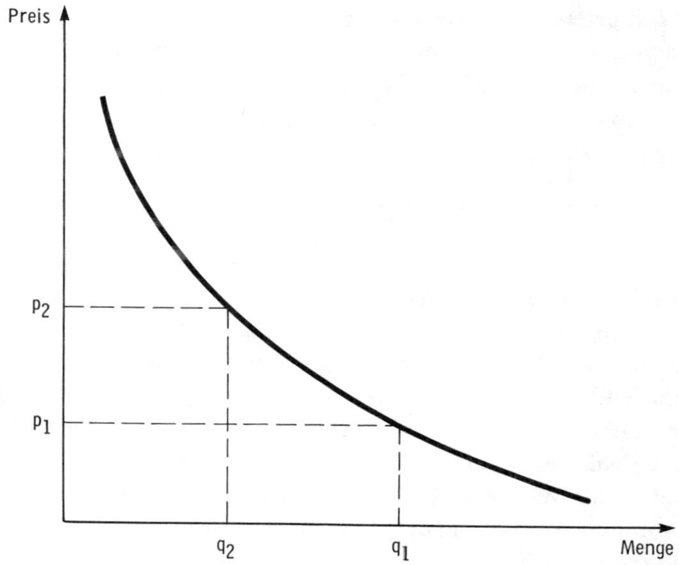

Bei dem niedrigeren Preis p_1 wird die größere Menge q_1 dieses Gutes, bei dem höheren Preis p_2 die kleinere Menge q_2 nachgefragt. Die *„normale" Nachfragekurve* fällt von links oben nach rechts unten.

Allerdings kann die Nachfrage auch den entgegengesetzten Verlauf aufzeigen: Mit steigendem Preis nimmt die Nachfragemenge zu, mit fallendem Preis nimmt sie ab. Ein solcher *„anomaler"* Verlauf tritt ein,

1. wenn arme Haushalte im Fall der Preiserhöhung eines wichtigen Grundnahrungsmittels (etwa Brot) die Beschaffung anderer Güter einschränken, um sich mit jenem jetzt teurer gewordenen Grundnahrungsmittel besser versorgen zu können (*Giffen*-Güter, benannt nach *Robert Giffen* (1837—1910)).

2. bei Gütern mit Prestigewert, wenn mit dem Preis der Reiz der sozialen Auszeichnung steigt *(„snob appeal")*, wie Pelze, Juwelen, teure Speisen und Getränke.

3. wenn die Konsumenten als Grund der Preisermäßigung eine Qualitätsverschlechterung vermuten.

Bedarfsstruktur, Einkommen und Güterpreise reichen aus für die Erklärung der Nachfrage der Haushalte bzw. Konsumenten nach den Verbrauchsgütern im engeren Sinne und konsumtiven Dienstleistungen (zu einem Teil). Bei der Nachfrage nach **dauerhaften** und **halbdauerhaften** Gebrauchsgütern gewinnen noch eine Reihe anderer Bestimmungsgründe Bedeutung:

1. der schon vorhandene *Bestand* an solchen Gütern,

2. möglicherweise die mit der Anschaffung eines Gebrauchsgutes (etwa eines Autos) verbundenen *laufenden Ausgaben* für Haltung, Pflege, Wartung, Reparaturen, Steuern. Manchmal ist weniger der Preis des Gebrauchsgutes entscheidend als die mit seinem Gebrauch anfallenden zusätzlichen Aufwendungen.

3. der Besitz an liquiden *Vermögenswerten* zur Finanzierung der Anschaffung bzw. bestehende Kreditmöglichkeiten (Teilzahlungskredite).

3. Das Maß für die Nachfragebeziehungen: Die Elastizitäten

Die Wirkungen dieser Veränderungen werden durch die **Elastizität der Nachfrage** gemessen. Dabei setzen die Nachfrageelastizitäten die prozentuale (relative) Veränderung der Nachfragemenge eines Gutes in Beziehung zu

— der prozentualen (relativen) Änderung des Einkommens: **Einkommenselastizität der Nachfrage;**
— der prozentualen (relativen) Änderung des Preises dieses Gutes: **direkte Preiselastizität der Nachfrage;**
— der prozentualen (relativen) Preisänderung eines anderen Gutes: **indirekte oder Kreuz-Preiselastizität der Nachfrage.**

Die direkte Preiselastizität ist (ceteris paribus) zumeist negativ, und sie drückt aus, daß in der Regel **mit steigenden Preisen die nachgefragte Menge abnimmt und mit fallenden Preisen zunimmt („Gesetz der Nachfrage“).** Ist sie kleiner als 1, also die prozentuale Nachfrageänderung kleiner als die sie verursachende prozentuale Preisänderung, spricht man von **unelastischer Nachfrage,** ist sie größer als 1, also die prozentuale Nachfrageänderung größer als die sie auslösende prozentuale Preisänderung, so spricht man von **elastischer Nachfrage.**

Aus Vorzeichen und Höhe der Kreuz-Preiselastizität läßt sich auf die Beziehung zwischen zwei Gütern schließen: Ist der Wert dieses Koeffizienten 0, so stehen die Güter in keinem praktisch erkennbaren Zusammenhang **(unabhängige Güter);** ist er positiv, so stehen die Güter im Verhältnis gegenseitiger Substitution **(substitutive, rivalisierende Güter);** hier zeigt sich, daß die mengenmäßige Nachfrage nach dem Substitut

(z. B. Margarine) zunimmt, wenn der Preis des Originalprodukts (z. B. Butter) steigt und umgekehrt. Ist der Wert negativ, so liegen **komplementäre Güter** vor; es sind jene Güter, bei denen zur Erreichung eines Zweckes eines oder mehrere andere Güter unerläßlich sind. Bei komplementären Gütern bringt die Preissenkung und damit Erhöhung der Nachfrage nach dem einen Gut (z. B. nach Kraftwagen) gleichzeitig eine Erhöhung der Nachfrage nach dem oder den anderen Gütern (Benzin, Öl oder Haftpflichtversicherungsschutz).

Die Einkommenselastizitäten haben heute eine größere Bedeutung erlangt, drücken sie doch aus, wie sich bei generellen Einkommenssteigerungen die Nachfrage nach bestimmten Gütern im Wirtschaftswachstum verschiebt (**Strukturwandel,** vgl. G. III). In der Regel ist die Einkommenselastizität **positiv, die Nachfragemengen nehmen zu (ab), wenn das Einkommen steigt (sinkt).** Ist der Wert kleiner als 1, die relative Nachfragezunahme kleiner als die relative Einkommenszunahme, so spricht man von **Notwendigkeitsgütern;** ist der Wert dagegen größer als 1, die prozentuale Nachfrageveränderung größer als die prozentuale Einkommensveränderung, so liegen **Nichtnotwendigkeitsgüter** vor. In einzelnen Fällen **nimmt die mengenmäßige Nachfrage ab (zu), wenn das Einkommen steigt (sinkt),** man nennt diese **„inferiore Güter".** Musterbeispiele sind Kartoffeln und Schweineschmalz, aber auch mindere Qualitäten eines notwendigen Gutes, die bei einer Besserung der Einkommenslage durch ähnliche, jedoch teurere Güter besserer Qualität ersetzt werden.

Einkommenselastizitäten der Nachfrage wurden national wie international vielfach berechnet. Bezüglich der großen Ausgabenposten: Ernährung, Kleidung, Wohnung, dauerhafte Güter und übriges hat *H. S. Houthakker* für die Periode 1948—1959 die folgenden Werte errechnet:

Land	Ernährung	Kleidung	Wohnung	Dauerhafte Güter	Übriges
Österreich	0.743	0.636	0.450	2.428	1.114
Belgien	0.917	0.055	0.330	2.233	1.126
Dänemark	0.482	0.347	0.847	3.676	0.868
Frankreich	0.677	1.469	0.871	2.531	1.041
Italien	0.782	0.593	0.695	2.722	1.343
Schweden	0.381	-0.944	1.567	2.867	1.276
Groß-britannien	0.728	1.035	0.658	3.005	0.811
Kanada	0.689	-0.086	1.266	3.438	0.902
USA	0.319	0.779	1.667	2.026	1.108

Einkommenselastizitäten der Nachfrage nach den verschiedenen *Versicherungszweigen* liegen bisher nur in sehr grober Form vor. *„Prämienelastizitäten"* (Einkommenselastizitäten der Prämienausgaben) hat die Schweizerische Rückversicherungs-Gesellschaft vorgelegt. Dabei ergaben sich folgende Werte für die beiden Perioden 1960—1973 (jeweils a) und 1973—1977 (jeweils Werte in Spalte b):

Land	Sachvers.		Personenvers.		Haftpfl. Vers.		Insgesamt	
	a	b	a	b	a	b	a	b
Bundesrepublik	1.37	0.92	1.34	1.49	1.42	0.66	1.37	1.18
Frankreich	1.28	1.10	1.31	1.22	1.26	0.79	1.29	1.05
Schweiz	1.17	2.92	0.99	2.78	1.30	0.46	1.07	2.42
USA	1.19	1.38	1.06	1.15	1.16	1.58	1.10	1.27

4. Die Markt- oder Gesamtnachfrage

Die Untersuchung der Nachfrage der einzelnen Haushalte (Konsumenten) nach den verschiedenen Gütern war notwendig, um die Elemente zu erkennen, aus denen sich die auf den Märkten in Erscheinung tretende Nachfrage einer Vielzahl von Haushalten (Konsumenten) zusammensetzt.

Graphisch läßt sich die Summierung *(Aggregation)* der Einzelnachfrage der verschiedenen Haushalte zu der **Markt-** oder **Gesamtnachfrage** folgendermaßen verdeutlichen:

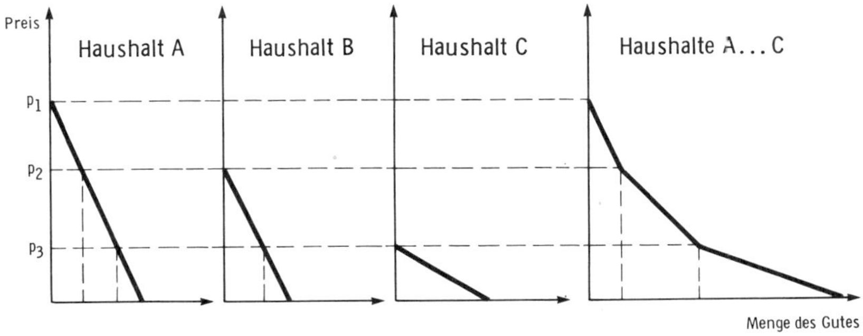

Zwischen den hohen Preisen p_1 und p_2 fragt nur der Haushalt A in der angedeuteten Weise das in Rede stehende Gut nach, so daß in diesem Bereich die Gesamtnachfrage der Haushalte A—C gleich der Nachfrage des Haushalts A ist. Erst wenn der Preis unter p_2 sinkt, tritt noch die Nachfrage des Haushalts B hinzu; die Gesamtnachfragekurve der Haushalte A—C in diesem Bereich ergibt sich aus der (horizontalen) Addiditon der Nachfragemengen der beiden Haushalte A und B. Sinkt der Preis unter p_3, dann tritt noch die Nachfrage des Haushalts C hinzu, und die Gesamtnachfragekurve der Haushalte A—C verflacht sich zunehmend. Diese Kurve zeigt an, wie sich die auf dem Markt des betreffenden Gutes in Erscheinung tretende Nachfrage mit dem Preis dieses Gutes verändert.

Mit Hilfe unserer Kenntnis der Bestimmungsgründe der Einzelnachfrage sehen wir, daß die jeweils nach einem Gut am Markt auftretende Gesamtnachfrage abhängt

1. von dem Preis des betreffenden Gutes,
2. von den Preisen aller anderen Güter,
3. von den Einzeleinkommen der Haushalte.

Veränderungen des Preises dieses Gutes bedeuten, daß man sich *auf* dieser Kurve von oben nach unten oder von unten nach oben *bewegt.* Veränderungen der Preise aller anderen Güter und/oder der Einzeleinkommen bedeuten eine *Verschiebung* der Nachfragekurven der Einzelhaushalte nach links oder rechts. Das wirkt sich dann auch auf die Gesamtnachfragekurve aus. Wichtig zu betonen ist, daß die regelmäßige Gesamtnachfrage nach einem Gut nicht vom Gesamteinkommen aller Haushalte zusammen abhängt, sondern von der Verteilung dieses Gesamteinkommens auf die verschiedenen Haushalte.

In der Gesamtnachfragekurve zeigt sich mit fallendem Preis eine Zunahme der Nachfrage, weil

1. die bisherigen Nachfrager des Gutes ihre Nachfrage gemäß ihrer individuellen Nachfragekurve ausdehnen **(Substitutionseffekt),** und

2. neue Nachfrager zu den bisherigen Nachfragern hinzutreten **(Gruppeneffekt).**

Bei einer Preiserhöhung zeigt sich umgekehrt eine Abnahme der Nachfrage jedes einzelnen Haushalts und ein Ausscheiden einiger Haushalte aus der bisherigen Nachfragegruppe, weil ihnen das Gut zu teuer geworden ist.

Preisermäßigung eines Gutes erschließt neue Nachfragerschichten mit niedrigerem Einkommen. Da die Einkommensschichten — bis zu einer gewissen Grenze — um so zahlreicher besetzt sind, je niedriger das Einkommen ist, kann die Preisermäßigung im Zusammenwirken mit dem Gruppeneffekt zu einer erheblichen Nachfrage-(Absatz-)Ausdehnung führen. Um den Gruppeneffekt wirksam zu machen, müssen die Hersteller des betreffenden Gutes dessen Preis dem Einkommen und dem Bedarf der (tieferen) breiteren Einkommensschicht anpassen. Ist die Wirksamkeit des Gruppeneffektes erschöpft, dann vermag nur noch der Appell an das soziale Prestige oder eine Beschleunigung des Erneuerungsbedarfs an derartigen Gegenständen (Verkürzung der Gebrauchsdauer) eine Absatzausdehnung zu erreichen.

C. Die Produktionswirtschaft

I. Was ist Produktion?

Im Wirtschaftsprozeß erkennen wir einen sich laufend erneuernden Strom von Gütern und Leistungen. Ihm werden ununterbrochen Güter und Leistungen entnommen, um mit ihnen individuelle und kollektive Zwecke zu erfüllen und andere Güter und Dienste herzustellen. Ihm werden aber ebenso ohne Unterbrechung neue Güter und Dienste als Ergebnis der Produktion zugeführt.

Der Wirtschaftsprozeß ist eine Art Stoffwechsel: Dauernd werden in ihm Stoffe und Kräfte (Energien) verbraucht, und dauernd werden ihm neue zugeführt. Je nachdem, ob dem Wirtschaftsprozeß mehr neue Güter und Dienste zugeführt als entnommen werden, dehnt er sich aus oder schrumpft er ein.

Der Begriff „Produktion" wird in Wissenschaft und Alltag nicht immer einheitlich gebraucht.

Man versteht einmal darunter alle Maßnahmen zur Bereitstellung von Gütern und Diensten am Orte und im Zeitpunkt, wo sie begehrt werden.

Zur **Produktion im weiten Sinne** des Begriffs zählen dann: die technischen Vorgänge der Gütererzeugung, die Transport-, Handels- und Lagervorgänge, die dazu erforderlichen Dienstleistungen wie Finanzierung (Kredit), Sicherung (Versicherung), Absatz- und Kundengewinnung, Beratung, Prüfung, Rechtswahrung u. dgl. In der Redewendung *„Konsumtion und Produktion"* wird unter Produktion jede Tätigkeit verstanden, die nicht Konsumtion ist.

In einem **engen, mehr technischen Sinne** meint Produktion nur die physische Hervorbringung von Gütern aus der Natur und deren Umformung samt Verarbeitung.

So verstanden steht Produktion im Gegensatz zu Transport- und Handelstätigkeit, Dienstleistungen aller Art. Ob der enge oder weite Sinn des Begriffs Produktion gemeint ist, kann man aus dem Zusammenhang jeweils ersehen.

Volkswirtschaftlich dient die Produktion immer dem Ersatz der verbrauchten Sachgüter und Dienste sowie deren Vermehrung in der Absicht, die Güterknappheit zu mindern.

Sie dient der Sicherung und Steigerung des Wohlstandes. Wenn es auch nicht allein auf die Menge der insgesamt bereitgestellten Güter ankommt, sondern wesentlich auf deren Qualität und Verteilung, so ist doch das Gesamtergebnis der Produktion eine äußerst wichtige Komponente des Wohlstandes.

Die **Gesamtheit der in einer Volkswirtschaft im Laufe eines Zeitraumes (Jahres) erstellten Güter und Dienste,** das sogenannte **Sozialprodukt,** stellt demnach eine zentrale Größe sowohl für die Volkswirtschaftstheorie als auch für die Volkswirtschaftspolitik dar. Seine Höhe und Veränderung wird laufend verfolgt (siehe F. II).

Die **Tätigkeitsbereiche innerhalb der Produktion** (im weiten Sinne) lassen sich in mehrfacher Weise gliedern:

1. **nach der Verbrauchsreife der hergestellten Güter und Dienste** in **Verbrauchsgüterproduktion und Produktivgüterherstellung,** d. h. solcher Güter (Fabrikanlagen, Maschinen, Werkzeuge, Roh- und Halbfabrikate), die der Herstellung von Konsumgütern dienen. Dieser Unterscheidung kommt besondere Bedeutung zu, denn: Die Verbrauchsgütererzeugung führt sofort zu konsumreifen Produkten, die Produktivgüterherstellung erst später, wenn die Produktivgüter zur Herstellung von Konsumgütern verwendet werden können;

2. **nach der Art der hergestellten Güter und Dienste** wie **Rohstoff- und Energiegewinnung** (Kohlen-, Erz-, Salz-, Erdöl-, Stromgewinnung, Stahl- und Zementerzeugung, Gewinnung chemischer Schwerprodukte u. dgl.) oft als **Grundstofferzeugung** zusammengefaßt; **Gewinnung landwirtschaftlicher Erzeugnisse** für menschlichen und tierischen Konsum und als Rohstoffe für industrielle (gewerbliche) Weiterverarbeitung; **Herstellung industrieller Waren** (Halb- und Fertigfabrikate) für Zwecke des unmittelbaren Verbrauchs und für Erzeugung anderer Waren; **Leistung verschiedenartiger Dienste** (Dienstleistungsgewerbe), wie Transport-, Handels-, Kreditgewährungs -, Versicherungs-, Beratungs-, Prüfungs- usw. -dienste;

3. **nach Tätigkeiten, die unmittelbar der Güterproduktion dienen** (direkt produktive Tätigkeiten) und solche, die **der Gütererzeugung nur mittelbar dienen** (indirekt produktive Tätigkeiten), wie Banken, Versicherungen, Auskunfteien, Beratungs- und Ausbildungstätigkeiten.

Die Bedeutung der direkt produktiven Tätigkeiten (Schaffung physischer Güter) liegt allgemein zutage. Dagegen wird die versteckte, indirekt produktive Tätigkeit in der Öffentlichkeit oft unterschätzt und verkannt (Animosität gegen Handel, Banken, Versicherungen usw.!). In den sog. Entwicklungsländern genügt es nicht, Anlagen zur Gütererzeugung zu bauen; gleichzeitig muß das Verkehrs- und Nachrichtenwesen, die Energie- und Wasserversorgung, das Gesundheits- und Erziehungswesen, das Kredit- und Versicherungswesen, die Rechtsordnung und Rechtssicherheit, das Steuerwesen und vieles andere, wofür man den Ausdruck *„Infrastruktur"* geprägt hat, entwickelt werden. *„Jede unmittelbar produktive Tätigkeit setzt ein ganzes Netz von nicht direkt produktiven Investitionen voraus" (Karl L. Herczeg).*

In jeder entwickelten Volkswirtschaft sind diese verschiedenartigen Tätigkeiten aufeinander abgestimmt, sie ergänzen sich gegenseitig, keine ist entbehrlich. Wo eine dieser Tätigkeiten fehlt oder in ihrer Entwicklung mit den anderen nicht Schritt halten kann, macht sich dies nachhaltig für alle bemerkbar. Der volkswirtschaftliche Produktionsprozeß ist ein sehr kompliziertes und differenziertes Leistungsgefüge vieler Betriebe und Wirtschaftseinheiten, die sich in der Regel auf eine bestimmte Tätigkeit spezialisiert haben und darin Vervollkommnung anstreben. Um sich gegenüber seinen Konkurrenten zu behaupten, muß sich jeder Betrieb bemühen, seine spezielle Leistung zu verbessern. Indem er dies tut, trägt er das seine zur Verbesserung des volkswirtschaftlichen Produktionsprozesses bei, schafft er Arbeitsgelegenheit und Verdienstmöglichkeit, ermöglicht damit eine bessere Versorgung der Konsumenten (Haushalte).

II. Entwicklung der Produktionssektoren

Neuerdings findet eine auf *Colin Clark* und *Jean Fourastié* zurückgehende Einteilung der Produktion (im weiten Sinne) Anklang, weil sie gewisse Entwicklungstendenzen innerhalb der Produktion aufzeigt. Danach unterscheidet man:

1. den **primären Sektor,** wie Land- und Forstwirtschaft, Fischerei, Bergbau. Dieser in der Hauptsache die Urerzeugung umfassende Sektor hat nach *Jean Fourastié* seit 1800 nur einen mittelmäßigen technischen Fortschritt im Vergleich mit dem sekundären Sektor gezeigt;

2. **den sekundären Sektor.** Dazu zählen alle weiterverarbeitenden Tätigkeiten (Rohstoffverarbeitung, Stoffumwandlung und -umformung in Fabriken und Gewerbe). In diesem Sektor hat sich ein starker technischer Fortschritt vollzogen; man denke an die Kraftfahrzeug-, Radio- und Fernsehgeräteherstellung, die technische Industrie, die Mikroprozessoren und Datenverarbeitungsanlagen usw.;

3. **den tertiären Sektor.** Er umfaßt alle Tätigkeiten, die weder zum primären noch zum sekundären Sektor zählen, wie die Dienstleistungen des Handels, der Banken, der Versicherungen, der Beratungs- und Treuhandfirmen, der öffentlichen Verwaltung usw. Es ist ein Bereich, in dem sich bis jetzt im allgemeinen nur ein geringer technischer Fortschritt vollzogen hat. Aus diesem Sektor hat man als quartäre Berufe die Tätigkeiten der Reisebüros, Vergnügungsindustrie, der Journalisten, Aus- und Fortbildung ausgegliedert.

Wie der Hinweis auf die Stärke des technischen Fortschritts zeigt, hat dieser nicht alle Bereiche des wirtschaftlichen Lebens gleich stark beeinflußt. Im Vergleich mit dem sekundären Sektor, wo sich die eigentliche *„industrielle Revolution"* ausgewirkt hat, war der technische Fortschritt im primären und tertiären Sektor verhältnismäßig gering. Man übersieht zu leicht, daß ein breiter Sektor der Wirtschaft dem technischen Fortschritt großen Widerstand entgegensetzt *(Jean Fourastié)*. Allerdings scheint sich hier eine Wende anzubahnen: Die Mikroprozessoren „revolutionieren" vor allem die Dienstleistungen.

In **allen Ländern** beobachten wir:

1. **einen laufenden Rückgang der im primären Sektor Beschäftigten;**
2. **zunächst einen laufenden Anstieg der im sekundären Sektor Beschäftigten** (in den USA bis etwa 1920, in Deutschland bis 1939), **dann ein Beharren oder erheblich geringeres Wachstum;**
3. **einen laufenden Anstieg, zuletzt starkes Wachstum der im tertiären Sektor Beschäftigten.**

Im Zusammenhang mit der Industrialisierung (Ausweitung des sekundären Sektors) vollzog sich im 19. Jahrhundert eine Umlagerung der Arbeitskräfte aus dem primären in den sekundären Sektor. Diese Bewegung scheint in der Gegenwart zu einem Stillstand zu kommen, und man erwartet als Auswirkung der Mechanisierung und Automation sogar eine Abnahme des Anteils der Beschäftigten im sekundären Sektor. Die hier nicht mehr untergekommenen oder aus ihm freigesetzten Arbeitskräfte finden in dem stark wachsenden tertiären Sektor Aufnahme. *„Die Nachfrage immer breiterer Volksschichten nach tertiären Gütern und Dienstleistungen nimmt unaufhörlich zu" (Fourastié).*

Wenngleich die Umstellungen der Übergangszeit Schwierigkeiten bereiten werden, verliert das von manchen befürchtete Gespenst allgemeiner Arbeits- und Verdienstlosigkeit im heraufkommenden Zeitalter der Automation damit erheblich an Gefahr. Für die industrielle Produktion (im zweiten Sektor) werden zwar immer weniger Menschen gebraucht, aber diese benötigen eine hochqualifizierte Spezialausbildung. Dies steigert die Bedeutung des tertiären Sektors. Der wachsende Güterausstoß der Industrie läßt sich nur bei weiterer Zunahme der Handels-, Finanzierungs- und Transporttätigkeit absetzen. Die Steigerung des allgemeinen Wohlstandes verlagert den Bedarf der Menschen mehr und mehr in den Bereich der langlebigen Nutzungsgüter und der konsumtiven Dienstleistungen. Auch das bedingt eine Ausweitung des tertiären Sektors für Absatz-, Wartungs-, Pflege-, Kundendienste und für die mannigfachen anderen Dienstleistungen. Der Soziologe *H. Schelsky* vermutet, daß die oben als quartiär ausgegliederten Berufe in der kommenden technischen Produktionsverfassung zur umfangreichen sozialen Funktionsgruppe werden.

An der Ausweitung des tertiären Sektors nimmt auch die Versicherungswirtschaft teil. So stieg der Anteil der im Wirtschaftsbereich „Kreditinstitute und Versicherungen" Beschäftigten von 0,6 % im Jahre 1950 auf 2,7 % (1975) und weiter auf 3,8 % im Jahre 1983.

Die fortschreitende Technisierung unseres Lebens bringt neben ihren Vorteilen auch eine wachsende Existenzgefährdung gerade durch die neuen technischen Möglichkeiten. Die Erhöhung der Einkommen setzt die Menschen instand, über den dringenden Bedarf des Tages hinaus mehr Einkommensteile für Versicherungszwecke frei zu machen. Da die große Masse die Möglichkeit besitzt, Vermögen in der einen oder anderen Form anzusammeln, steigt das Bedürfnis, diese Vermögenswerte zu versichern.

Die folgenden Schaubilder zeigen die Entwicklung der Erwerbstätigenstruktur in Deutschland und der Bundesrepublik von 1850—1960 und von 1960—1983.

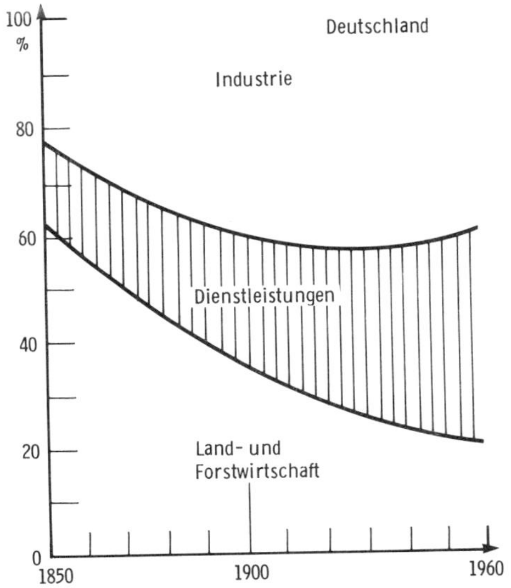

a

Quelle: Kneschaurek, F., Wachstumsbedingte Wandlungen der Beschäftigungsstruktur im industriellen Produktionssektor, in: Neumark, F. (Hrsg.), Strukturwandlungen einer wachsenden Wirtschaft, SVSP, NF. Bd.30/II, Berlin 1964, S. 723.

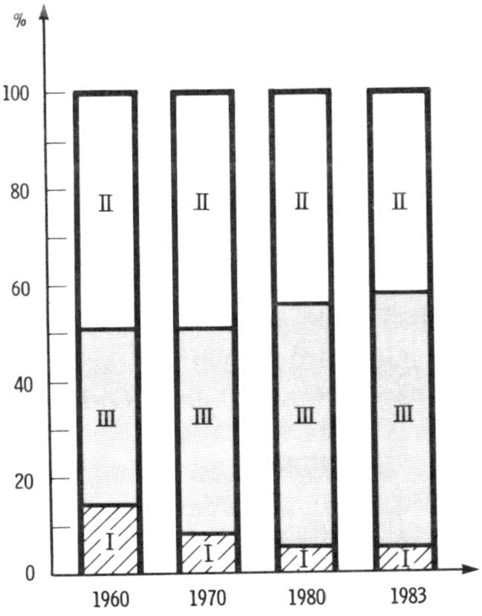

b

Quelle: Oppenländer, K.H., Hat Fourastié recht?, in: Der Arbeitgeber Nr. 12/22 — 1970, S. 526 (für 1960); Statistisches Jahrbuch 1984, S. 98 (für 1970, 1980, 1983).

III. Güterordnungen

Im vorigen Abschnitt B. „Die Haushaltswirtschaft" haben wir uns mit den Verbrauchsgütern im allgemeinen (Verbrauchsgüter im engeren Sinne, dauerhaften und halbdauerhaften Gebrauchsgütern und konsumtiven Dienstleistungen) befaßt; gewissermaßen mit der Vorderfront der Güterwelt, wie sie den Haushalten (Verbrauchern) entgegentritt. Jetzt haben wir uns der dahinterliegenden Güterwelt, ihrer Tiefendimension zuzuwenden. Die zur Bereitstellung der Konsumgüter erforderlichen Güter, die Produktivgüter oder Produktionsmittel, erregen jetzt unsere Aufmerksamkeit.

Je nachdem ob die Güter und Dienste unmittelbar oder erst mittelbar dem menschlichen Verbrauch dienen, unterscheidet man nach dem Vorgehen *Carl Mengers* die folgenden Güter:

1. **Güter erster Ordnung** = alle dem menschlichen Verbrauch unmittelbar dienenden Güter, wie sie in Abschnitt B aufgezählt sind;

2. **Güter zweiter Ordnung** = alle jene Güter, die zur Herstellung eines Gutes erster Ordnung erforderlich sind;

3. **Güter dritter Ordnung** = alle Güter, die zur Herstellung eines Gutes zweiter Ordnung benötigt werden.

In der gleichen Weise lassen sich die Güterordnungen beliebig fortsetzen. Der Sinn dieser Güterordnungen läßt sich an dem von *Zwiedineck-Südenhorst* für das Gebrauchsgut Mantel (Gut I. Ordnung) entworfenen **Schema** verdeutlichen:

Gut I. Ordnung:	Mantel
Güter II. Ordnung:	Arbeit, Stoff und Zubehör, Werkzeug (Schere), Heizung, Boden (Werkstatt)
Güter III. Ordnung:	Arbeit, Rohstoff (Stahl), Maschinen, Kraftanlage, Heizung, Boden (Stahlwerk)
Güter IV. Ordnung	Arbeit, Rohstoff (Eisen), Maschinen, Kraftanlage, Heizung, Boden (Eisenhütte)

usw.

In diesem Beispiel sind die Güter III. Ordnung für das Gut II. Ordnung: Werkzeug (Schere) aufgereiht. Eine analoge Reihe Güter III. Ordnung ist auch für die anderen Güter II. Ordnung denkbar. Ebenso ist die Reihe der Güter IV. Ordnung nur für das Gut III. Ordnung: Rohstoff (Stahl) angeschrieben. Zur Vollständigkeit wären also noch mehrere andere Schemata zu bilden.

Jedes solches Schema von Gütern der verschiedenen Ordnungen verdeutlicht:

1. die Nachfrage der Haushalte (Konsumenten) ist direkt nur auf Güter I. Ordnung (Verbrauchsgüter, Gebrauchsgüter, konsumtive Dienste) gerichtet. Die Nachfrage nach Gütern I. Ordnung ist originär, weil aus dem Einkommen der Haushalte gespeist. Die Nachfrage nach Gütern höherer Ordnung ist von der Nachfrage nach Gü-

tern I. Ordnung abgeleitet. Nur indirekt fragen die Haushalte Güter höherer Ordnung nach;

2. vertikal gelesen: den Zusammenhang der aufeinanderfolgenden Produktionsstufen, z. B. Mantel — Schere — Stahl — Roheisen. Der technische Stammbaum der Güter I. Ordnung wird so sichtbar;

3. horizontal gelesen: die technische Zusammengehörigkeit von Gütern derselben Ordnung, um ein Gut der nächstniedrigeren Ordnung herzustellen.

Alle die in der waagerechten Reihe stehenden Güter II. Ordnung sind erforderlich, um das Gut I. Ordnung Mantel herzustellen; alle aufgereihten Güter III. Ordnung müssen zur Herstellung des Gutes II. Ordnung: Schere bereitstehen.

Einige dieser zu einer Ordnung zusammengestellten Güter sind bis zu einem gewissen Grade **gegenseitig ersetzbar:** Arbeit und Maschinen können sich gegenseitig vertreten, sie sind substituierbar **(substitutionale Produktion).** Andere Güter, wie z. B. Stoffe, sind es nicht. Soweit die Güter einer Ordnung nicht substituierbar sind, müssen sie in einem gewissen Mengenverhältnis zueinander verfügbar sein, um das gewünschte Gut der nächstniedrigeren Ordnung überhaupt herstellen zu können. Fehlt eines dieser **komplementären** Güter oder ist es nur unzulänglich erreichbar (Engpaß!), dann ist die Herstellung des betreffenden Gutes entweder überhaupt unmöglich oder zumindest außerordentlich erschwert **(limitationale Produktion)**; ein Überschuß an den anderen, noch erforderlichen Gütern hilft dann nichts oder nur sehr wenig.

IV. Produktionsfaktoren

Überblickt man das eben gegebene — oder irgend ein anderes — Schema der Güterordnungen, so stellt man fest, daß in jeder Ordnung — mit Ausnahme der hier nicht interessierenden Güter I. Ordnung — **Arbeit** und **Boden** (Arbeitsraum) wiederkehren. Die übrigen in jeder Reihe noch aufgezählten Güter wie Rohmaterialien, Maschinen, Kraftanlagen, Werkzeuge, faßt man unter dem Namen **produzierte Produktionsmittel** oder **Realkapital** zusammen; es sind alle jene Güter, die neben Arbeit und Boden zur Herstellung eines Gutes oder einer Ware technisch erforderlich sind. Arbeit und Boden sind elementare, originäre Produktionsfaktoren (Güter höchster Ordnung), weil sie — ökonomisch gesehen — nicht aus Gütern noch höherer Art hergestellt worden sind. Die unter dem Begriff Realkapital (produzierte Produktionsmittel) zusammengefaßten Güter sind ein abgeleiteter Produktionsfaktor, denn sie sind im Wirtschaftsprozeß selbst aus anderen (höheren) Gütern hergestellt worden.

Diese drei Produktionsfaktoren allein vermögen noch nicht die Herstellung eines Produktes. Es muß noch eine Leistung hinzutreten, die in dem Schema nicht aufgeführt ist: nämlich die Leistung einer Person, die entscheidet, welches Gut hergestellt und wie die genannten drei Produktionsfaktoren jeweils zum Zwecke der beabsichtigten Produktion zusammengefügt, kombiniert werden sollen. Diese dispositive, kombinierende Tätigkeit bezeichnet man als **Unternehmerleistung.** Sie ist gleich der Arbeit eine menschliche Leistung und könnte als eine besondere Unterkategorie des Faktors Arbeit bezeichnet werden. Andererseits ist die dem Unternehmer zukommende Leistung so grundverschieden von den anderen Arbeitsleistungen, daß man sie seit *Jean Baptiste Say* (1767—1832) als einen besonderen Produktionsfaktor angesprochen hat.

Gleichgültig, ob die Produktion in einer Verkehrswirtschaft oder in einer Zentralverwaltungswirtschaft (vgl. A. IV) stattfindet, die vier Produktionsfaktoren: Arbeit, Boden, Realkapital (= produzierte Produktionsmittel) und Unternehmerleistung sind immer erforderlich.

Um die Erträge der Arbeit und des Bodens zu steigern, legen die in der Wirklichkeit vorkommenden Systeme der Zentralverwaltungswirtschaft entscheidendes Gewicht auf die Herstellung produzierter Produktionsmittel (Investitionsgüter), wobei in der Regel die Konsumgütererzeugung zurückstehen muß. In der Zentralverwaltungswirtschaft konzentriert sich die planende und organisierende Tätigkeit, die als Unternehmerleistung angesprochen wurde, auf den einen Träger des Gesamtplanes, der praktisch einen Teil dieser dispositiven Tätigkeit auf die Leiter der produzierenden Einheiten (Betriebe) überträgt.

Welche Rolle spielen die vier genannten Produktionsfaktoren im Produktionsprozeß?

1. Boden als Produktionsfaktor

Der Boden ist, weil die in einer Volkswirtschaft verfügbare Fläche quantitativ kaum vergrößert werden kann, ein unvermehrbarer Faktor. Er ist dazu ein unbewegliches Produktionselement, seine Lage kann nicht verändert werden. Da der Boden nicht aus Zonen geringeren Bedarfs in Zonen höheren Bedarfs übertragen werden kann, macht sich seine relative Knappheit regional sehr unterschiedlich bemerkbar; dies äußert sich in den großen Unterschieden der Bodenpreise.

Der Boden ist **in doppelter Hinsicht als Produktionselement bedeutsam:**

1. **als Träger (Behälter) von Stoffen und Energien** anorganischer Art, wie Kohle, Erze, Mineralien, Steine, Wasserkraft, Erdöl, Erdgas usw., und organischer (biologischer) Art wie der für das Pflanzenwachstum — und damit indirekt auch für die Tierhaltung — erforderlichen Bodensubstanzen (Humus, Wasser, Aufbaustoffe) und Bodenkräfte (Wärme, Licht, Bakterien). Die Ausstattung der einzelnen Bodenstücke mit derartigen Stoffen und Energien ist sehr unterschiedlich. Teils sind sie an wenigen

Punkten der Erdoberfläche konzentriert (Bergwerksboden), teils sind sie wie seine die sogenannte Bodenfruchtbarkeit bestimmenden Qualitäten mit erheblichen Unterschieden weit gestreut. Nicht jeder Boden ist deshalb in gleicher Weise nutzbar;

2. **als Standort (räumliche Unterlage)** für jede wirtschaftliche Handlung. Jeder Betrieb der Güterherstellung, jede Handelstätigkeit, jeder Verkehrs- oder Dienstleistungsbetrieb, jede Wohnung und jedes Büro benötigt ein Stück Boden oder wenigstens einen über einem Bodenstück errichteten Raum. Auch als Standort hat der Boden teil an jeder Produktion. Standortmäßige Vorteile gewisser Bodenstücke oder Gegenden werden — die Bodenpreise zeigen es — außerordentlich hoch bewertet.

Die besondere **standortmäßige Qualifikation** eines Bodens kann sich ergeben:

1. **aus natürlichen Ursachen:** Vorkommen wichtiger Stoffe und Energien, Fruchtbarkeit, günstige Oberflächengestaltung und Verkehrsmöglichkeiten, leichte Abbaumöglichkeit der Bodenschätze, gesundes Klima und dergleichen.

2. **aus gesellschaftlichen (wirtschaftlichen und sozialen) Gründen:** gute Absatzmöglichkeiten (große Konsumkapazität), besonders qualifizierte Arbeitskräfte, Transportkostenvorteile, niedrige Gesamtkosten der Produktion (z. B. durch steuerliche Vorteile), gute Verbindung zu Liefer- und Abnehmerbetrieben, den Absatz bestimmter Waren begünstigender Ruf (z. B. Nürnberg für Lebkuchen, Solingen für Stahlwaren).

Je nach der in Rede stehenden **Erwerbs- oder Produktionstätigkeit** kommen die Qualitäten des Bodens sehr verschieden zur Geltung:

1. **Bei landwirtschaftlicher Nutzung** spielen die natürlichen, pflanzliches und tierisches Wachstum fördernden Eigenschaften des Bodens und die Entfernung des Betriebes vom Markt die entscheidende Rolle. Je weiter ein Betrieb räumlich vom Markt seiner Produkte entfernt, desto höher sind seine die Erlöse verringernden Transportkosten, mit desto geringerem Aufwand muß produziert werden. Der näher am Markte liegende Betrieb (Hof) kann durch hohen Aufwand hohe Bruttoerträge erwirtschaften, intensive Betriebssysteme wählen; der weit ab vom Markt liegende Hof muß an Betriebsaufwand sparen und sich mit geringeren Bruttoerträgen begnügen, ein extensives Betriebssystem wählen (*„Gesetz der relativen Vorzüglichkeit der Wirtschaftssysteme“ von Johann Heinrich von Thünen,* 1783—1850).

2. **Im industriell-gewerblichen Bereich** tendieren die schwere Rohmaterialien (Kohle, Erze) verarbeitenden Betriebe nach den Fundstellen dieser Materialien, da es für sie billiger zu stehen kommt, das weniger schwere Fertigprodukt zum Absatzort zu transportieren als die viel gewichtigeren Rohmaterialien. Daraus erklärt sich die Konzentration der Schwerindustrie in den Bergwerksgegenden (Ruhrgebiet, Sachsen, Saargebiet, Nordfrankreich, Belgien usw.). Da ein weitverzweigtes Leitungsnetz die elektrische Kraft — anders als die Kohle — praktisch an jedem Ort ohne erhebliche Ko-

stenunterschiede zur Verfügung stellt, hat die Konzentration der verarbeitenden Industrien in den Kohlengegenden in den letzten Jahrzehnten erheblich nachgelassen. Wo bei der Produktion lokalisierte Materialien eine geringere Rolle spielen, tendieren die Betriebe nach den Orten großer Absatzkapazitäten (Großstädte) oder günstiger Arbeitsverhältnisse. Anziehend wirken Orte, an denen schon viele Betriebe vorhanden sind *(Agglomerationsvorteile).*

3. **Handelsbetriebe** suchen sich im Mittelpunkt eines Absatzraumes niederzulassen, in dem sie von den potentiellen Kunden bequem zu erreichen sind und in dem ein genügender Absatz zu erwarten ist, um die Kosten des Betriebes zu tragen. So werden die billigeren Waren des alltäglichen Bedarfs nahezu an jedem, selbst kleinstem Orte angeboten, wohingegen sich die Geschäfte für den kostspieligeren, seltenen Spezialbedarf nur in größeren Städten finden, in die auch die Landbevölkerung zum Einkaufen fährt *(Christallers „Gesetz der zentralen Orte").*

4. **Dienstleistungsbetriebe** wie Banken, Versicherungen, Gaststätten, Kinos suchen — manchmal nur mit ihren Außenstellen — die Orte auf, wo die an diesen Dienstleistungen interessierte Bevölkerung wohnt oder regelmäßig zusammenkommt. Die Zentralen (Direktionen) oder Kopfstellen solcher Betriebe und die selten benötigte Dienstleistungen anbietenden Betriebe (Sachverständige, Rechtsanwälte, Notare) sammeln sich in zentralen Orten (Großstädte, Hauptstädte).

Die die Standorte der Betriebe bestimmenden Tendenzen sind volkswirtschaftlich — und auch weltwirtschaftlich — für die räumliche Lagerung der verschiedenen Wirtschaftszweige, die regionale Verteilung der Wirtschaftsfunktionen, mit einem Wort für die Struktur der Wirtschaftsräume und den daraus folgenden interregionalen (internationalen) Handelsaustausch maßgebend. Dabei ist das retardierende Moment einmal getroffener Standortentscheidungen zu beachten, insofern einer Veränderung der gewählten Standorte bei einer Änderung der sie bedingenden Umstände erhebliche Hindernisse entgegenstehen. Auch die unterschiedliche Beweglichkeit der anderen Produktionsfaktoren (Arbeit, Realkapital) und der Waren spielt dabei eine Rolle.

2. Arbeit als Produktionsfaktor

Arbeit im wirtschaftlichen Sinn ist der **Aufwand an körperlicher, geistiger und seelischer Energie seitens eines Menschen für wirtschaftlich relevante Zwecke.**

Keine Arbeit ist weder eindeutig körperlich noch eindeutig geistig oder seelisch; immer ist sie eine Kombination dieser drei Fähigkeiten des Menschen.

Die menschliche Arbeit erscheint als Produktionsfaktor, weil ohne sie knappe Güter nicht zu erlangen sind. Die Arbeitsleistung läßt sich vom Menschen nicht trennen: das Arbeitssubjekt (Träger der Arbeitsleistung) und das Bedürfnissubjekt Mensch (Träger der Bedürfnisse, Zwecke) sind eine reale Einheit.

In einer Person ist der Mensch Ziel und Mittel des Wirtschaftens.

Da die existentielle Einheit der Person keine Zerlegung derselben in Bedürfnisträger (Subjekt der Wirtschaft) und Arbeitsträger (Mittel der Wirtschaft) zuläßt, entstand ein Konflikt, als mit dem Aufkommen des Industriezeitalters der Erfolg der realen Arbeitsleistung nicht mehr dem Arbeitenden selbst zufiel, wie es in der **eigenbestimmten Arbeit** des Bauern, Handwerkers und selbständigen Kaufmanns der Fall war. In der modernen Industriewirtschaft entstanden massenhaft Arbeitsverhältnisse, in denen der Mensch mit seiner Arbeitsleistung als Mittel neben den anderen Produktionsmitteln in den Dienst einer fremden Erwerbswirtschaft gestellt wurde, der auch das Arbeitserzeugnis zufiel **(fremdbestimmte Arbeit)**. Im Vergleich mit den produzierten Produktionsmitteln war die menschliche Arbeit das weniger knappe Produktionsmittel, das infolge des noch geringen Ertrages der industriellen Produktion für menschliche Bedürfnisse unzulänglich bewertet und entlohnt wurde. Dieser Mißstand — Ursache der sozialen Spannungen im 19. Jahrhundert — wurde in der Gegenwart weitgehend behoben. Auf politischer Ebene haben die Wahlerfolge sozialistischer Parteien, die sozialpolitische Bewegung der Regierungen und aufgeklärter Unternehmer und die Wirksamkeit der Gewerkschaften dazu beigetragen. Die seitdem erzielte Kapitalanreicherung und der steigende Güterausstoß hochtechnisierter Industrien haben das Knappheitsverhältnis zwischen Kapital und Arbeit zu Gunsten der letzteren korrigiert, eine steigende Entlohnung ermöglicht und das Interesse der auf Massenabsatz angewiesenen Industrie an hoher Kaufkraft der Massen (Steigerung des Lebensstandards) geweckt.

Bestimmen differenzierte Arbeitsqualitäten früher und heute noch die Entstehung der verschiedenen Berufe, so ist die von *Adam Smith* (1723 bis 1790) am Beispiel einer schottischen Stecknadelmanufaktur illustrierte **Arbeitsteilung,** d. h. die Zerlegung einer Arbeitsaufgabe in einfache, unselbständige Teilprozesse (Arbeitselemente), die für die heutigen Betriebe charakteristische Organisationsform der Arbeit; Fließband- und Serienfabrikation haben diese Arbeitszerlegung *(Taylorisierung)* weitergetrieben. Arbeitsteilung und Maschinisierung der Arbeitsvorgänge in den Betrieben haben gegenüber früheren Zeiten zu einer gewaltigen quantitativen und qualitativen Steigerung der Produktionsergebnisse verglichen mit der Zahl der Beschäftigten geführt, was man einseitig als Zunahme der Arbeitsproduktivität interpretiert. Hatten besorgte Stimmen — wie etwa die von *Karl Marx* (1818—1883) — ursprünglich infolge der Maschinisierung steigende Erwerbslosigkeit der Massen befürchtet, so hat die Erfahrung der Zwischenzeit bewiesen, daß zwar vorübergehend empfindliche Arbeitslosigkeit auftreten kann, aber auf die Dauer gerade wegen der durch die Maschinisierung bewirkten Produktivitäts- und Lohnsteigerungen der Bedarf und damit die Arbeitsgelegenheiten wachsen.

Unbestreitbar hat die Industrialisierung viele, ehemals selbständige Existenzen vernichtet, aber ebenso unbestreitbar hat sie mehr Menschen teils in selbständiger, teils in unselbständiger Arbeit neue Existenzmöglichkeiten eröffnet.

Die von den Menschen angebotenen und die von den Betrieben nachgefragten Arbeitsleistungen sind außerordentlich verschieden.

Die **Qualitäten der Arbeitsleistungen** hängen von natürlichen (körperlichen, intellektuellen, charakterlichen) Eigenschaften der Arbeitsträger und von dem Grade der erworbenen Ausbildung ab. Wenn die technische Entwicklung die bloße Kraftleistung immer stärker auf die Maschine verlagert und obgleich die Bedienung der Maschinen immer mehr erleichtert wird, so erfordert doch die geschickte und störungsfreie Handhabung der Maschine besondere intellektuelle und charakteristische Fähigkeiten.

Hinsichtlich der **Ausbildung** unterscheidet man ohne scharfe Abgrenzung gegeneinander ungelernte, angelernte und gelernte Arbeiter bzw. Fach- und Hilfsarbeiter auf der einen, Angestellte auf der anderen Seite. Die Zahl der Arbeitsprozesse, die durch Angelernte versehen werden, wächst ständig; die Zahl der bloßen Hilfsarbeiter dürfte zurückgehen.

„Die Automation hat die Hilfsarbeiter nicht nötig; aber sie erfordert besonders für den Unterhalt und die Reparaturen eine beschränkte Anzahl hochqualifizierter Spezialisten, die eine ausgezeichnete, nahezu dem Ingenieurberuf entsprechende Ausbildung genossen haben" (Georges Lefranc).

Der Erfolg der Arbeitsleistung hängt jedoch nicht allein von der Leistungsfähigkeit und dem Leistungswillen des Arbeitenden ab, sondern auch von **Maßnahmen der Betriebsleitung,** wie technischer Ausrüstung, Qualität der verarbeiteten Materialien, Betriebsorganisation, Betriebsklima und dergleichen.

Trotz der Knappheit des Produktionsfaktors Arbeit kann immer wieder Arbeitslosigkeit auftreten, weil der Arbeitsbedarf aus saisonalen und konjunkturellen Gründen schwankt, weil technische Umstellungen des Produktionsprozesses Arbeitskräfte freisetzen und insbesondere weil die von der Bevölkerung auf den Arbeitsmärkten angebotenen Arbeitsqualitäten nicht immer voll mit den Qualitäten übereinstimmen, die von den Betrieben gesucht werden.

Durch Lohnpolitik, Arbeitsvermittlung, Arbeitsberatung und Berufsberatung, berufliche Umschulung und Ausbildungsförderung sowie durch Maßnahmen der Arbeitsplatzerhaltung und der Förderung ganzjähriger Beschäftigung in der Bauwirtschaft wird versucht, das Angebot an Arbeitsleistungen in Übereinstimmung zu bringen mit dem in den Betrieben auftretenden, stark differenzierten Bedarf an *Arbeitsleistungen.* (Diese und andere Maßnahmen der **Arbeitsmarktpolitik** sind im Arbeitsförderungsgesetz (AFG) von 1969 geregelt.) Nicht eindeutig auszumachen ist, wieweit sogenannte „freiwillige" oder institutionell bedingte Arbeitslosigkeit infolge der Politik der Gewerkschaften, der nach unten nicht flexiblen Lohnsätze und der Einrichtung der Arbeitslosenversicherung auftreten kann.

3. Produzierte Produktionsmittel (Kapital)

Abgesehen von den primitiven Formen einfacher Aneignung dessen, was die Natur bietet (Sammeln von Naturfrüchten) war die Wirtschaft aller Völker und zu allen Zeiten mit einer kleineren oder größeren Menge produzierter Produktionsmittel ausgerüstet.

Die Menschen haben seit je erkannt, daß sie mehr an Konsumgütern erhalten, wenn sie zuvor Produktionsmittel (Wasseranlagen, Boote, Netze, Werkzeuge, neuerdings Maschinen) herstellen; statt direkt auf die Erzeugung von Konsumgütern loszugehen, machen sie einen „Umweg“ über die Herstellung von Produktionsmitteln (*„Gesetz der Mehrergiebigkeit größerer Produktionsumwege“* nach *Eugen von Böhm-Bawerk,* 1851 bis 1914).

Produzierte Produktionsmittel können jedoch jeweils nur in beschränktem Maße hergestellt werden, weil die an ihrer Herstellung tätigen Arbeitskräfte aus dem beschränkten Konsumgütervorrat der Gesellschaft unterhalten werden müssen. Daß die Ergiebigkeit der technischen Güterproduktion in jedem Zeitpunkt von der verfügbaren Menge an produzierten Produktionsmitteln abhängt, ist der Grund, warum sie als dritter Produktionsfaktor neben Boden und Arbeit gezählt werden.

Seit Beginn des Industriezeitalters — d. h. in England seit der Mitte des 18. Jahrhunderts, anderwärts etwas später — wurde die Ausstattung der modernen Volkswirtschaften mit produzierten Produktionsmitteln der Menge und Leistungsfähigkeit nach so gewaltig gesteigert, daß unsere Zeit als das „Maschinenzeitalter“ erscheint. Die dadurch ermöglichte Produktivitätssteigerung trat nicht sofort, sondern nur allmählich ein. Erst in unserem Jahrhundert hat die umfassende Verwendung raffiniert konstruierter technischer Produktionsmittel jene im Vergleich mit früheren Zeiten ungeheure Ausdehnung der Konsumgüterproduktion ermöglicht, die die unbedingte Voraussetzung für einen über den notwendigen Existenzbedarf der Massen hinausgehenden Massenkonsum an Nichtnotwendigkeitsgütern aller Art ist (*„Moderne Wohlstandsgesellschaft“*). Oben wurde angedeutet, daß dieser Vorgang in den heutigen Industriestaaten von sehr bedenklichen sozialen Spannungen begleitet war. In den sogenannten Entwicklungsländern, in denen eine Wohlstandssteigerung dringend geboten ist, entsteht heute das Problem, ob und wie sich dieser Industrialisierungsvorgang in erheblich kürzerer Zeit ohne die politisch höchst bedenklichen sozialen Spannungen nachholen läßt.

Vor dem Industriezeitalter waren die die Hauptmasse der Wirtschaftsgesellschaft ausmachenden Bauern und Handwerker mit den erforderlichen, damals geringwertigen produzierten Produktionsmitteln ausgestattet: Der Arbeitende hatte das Eigentum an ihnen. Seitdem ist die große Masse der Arbeitenden (Arbeiter und Angestellte) auf die Ausstattung mit produzierten Produktionsmitteln angewiesen, die nicht mehr in ihrem Eigentum, sondern in dem des Unternehmers oder des Unternehmens stehen. Aufgabe des Unternehmers ist es geworden, in einem von ihm zu organisierenden Betrieb die erforderlichen Produktionsfaktoren (Boden, Arbeit und produzierte Produktionsmittel) zu beschaffen, die Rohstoffe einzukaufen und die Arbeitskräfte zu entlohnen, ehe der Erlös aus dem Verkauf der hergestellten Produkte hereinkommt. Dazu benötigt er die entsprechende Kaufkraft in Gestalt des sogenannten Geldkapitals.

Unter **Geldkapital** versteht man **die in einen Betrieb (Unternehmen) hineingesteckte (investierte) Summe aller Geldbeträge zum Zwecke der Anschaffung der erforderlichen Betriebsausrüstung (Anlagen, Boden, Waren), zur Entlohnung der Arbeitskräfte und zur Gewinnung betriebsnotwendiger Rechtsverhältnisse (Patente, Lizenzen, Konzessionen, Warenzeichenrechte und dgl.).**

Während die produzierten Produktionsmittel (Realkapital) ein eindeutig technisch definierter Produktionsfaktor sind, ist das in der modernen Industriegesellschaft notwendige Geldkapital eine dieser Gesellschaftsform eigentümliche Produktionsvoraussetzung umfassender Art, die wertmäßig auch die anderen Produktionsfaktoren (Arbeit und Boden) einschließt.

„Dieses aus Ersparnissen gebildete Geldkapital wird eingesetzt (investiert) in der Absicht, mit ihm einen Geldertrag (ein Einkommen) zu erzielen; Kapital in diesem Sinne sind dem Erwerb von Einkommen gewidmete Vermögensbestände" (v. Zwiedineck-Südenhorst).

Solche nach Rentabilitätsgesichtspunkten eingesetzten Geldkapitalien spielten zwar auch in früheren Zeiten eine gewisse Rolle; doch sind sie im Industriezeitalter so sehr zu der entscheidenden Produktionsvoraussetzung geworden, daß *Karl Marx* dieses **Zeitalter** als das **kapitalistische** bezeichnet hat.

Die Kapitalrechnung kontrolliert und sichert die Wertergiebigkeit (Rentabilität) der eingesetzten Produktionsmittel in der freien Verkehrswirtschaft, weil nur jene Produktionsmöglichkeiten verwirklicht werden, die einen der üblichen Rentabilität zumindest gleichkommenden Kapitalgewinn erwarten lassen. Das Bestreben, verfügbare Geldkapitalien nutzbringend zu verwerten, hat die stete wirtschaftliche Weiterentwicklung bewirkt und der Dynamik der modernen Verkehrswirtschaft immer wieder neue Impulse verliehen. Auf der anderen Seite hat diese Kapitalrechnung den nicht geringen Nachteil, daß sie an sich notwendige, aber unrentabel erscheinende Aufgaben vernachlässigt und gewisse mit der Produktion verbundene, außerhalb der Unternehmung auftretende Nachteile (die sogenannten „sozialen Kosten") nicht berücksichtigt, wie z. B. den Aufwand der Städte für Wohnungsbau, Schulen, Verkehr, hygienische und sanitäre Einrichtungen, Verseuchung der Luft und Flußläufe durch Abgase und Abwässer und dergleichen. Um diese und andere mit der einseitigen Kapitalrechnung gegebenen Nachteile nicht überhandnehmen zu lassen, greift heute meist der Staat ordnend und steuernd ein.

Zur Weiterführung der Produktion muß das im Produktionsprozeß gebundene Kapital immer wieder freigesetzt werden: das **Umlaufkapital** aus dem laufenden Erlös für die abgesetzten Produkte, das **Anlagekapital** aus den als sogenannte Abschreibungsquoten zurückgestellten Erlösteilen. Der kontinuierliche Absatz der Produkte ist so die unerläßliche Voraussetzung für den ungestörten Kapitalumschlag. Wo er ins Stocken gerät, ist der Produktionsprozeß und damit die Einkommensbildung bedroht.

Zur Erweiterung des Produktionsprozesses, zugleich auch zur Einkommens- und Wohlstandssteigerung, ist, um die notwendigen Finanzierungsaufgaben bewältigen zu können, die Neubildung von verfügbarem Kapital **(Kapitaldisposition)** erforderlich. Das volkswirtschaftliche Wachstum kann ohne Kapitalbildung nicht vor sich gehen. In den Entwicklungsländern ist die zur Produktionssteigerung erforderliche Kapitalbildung infolge der herrschenden Armut der Bevölkerung sehr erschwert; ausländisches Kapital sollte helfend beispringen, aber die jungen Staaten begegnen ihm wegen der Erfahrungen aus der Kolonialzeit mit Mißtrauen, fürchten auch daraus entstehende politische Bindungen.

Die **Kapitalbildung** erfolgte früher fast ausschließlich aus den ersparten Einkommensbeträgen der Bevölkerung. Als Spareinlagen in Banken, Sparkassen und anderen Kapitalsammelstellen (Versicherungen) gesammelt, wurden sie im Kreditwege den Unternehmen gegen Zins zu produktiver Anlage zur Verfügung gestellt, von diesen investiert, d. h. in werbende Betriebsvermögen umgewandelt.

Seit der Wirtschaftskrise von 1929—1932 vollzieht sich die Kapitalbildung bei uns immer stärker aus Budgetüberschüssen der öffentlichen Haushalte und vor allem aus **nicht ausgeschütteten Gewinnen** der privaten Unternehmen. Nach Angaben der Deutschen Bundesbank entfielen von den in den Jahren 1950—1958 gebildeten Ersparnissen in Höhe von fast 235 Mrd. DM nur noch 25 % auf die privaten Haushalte, aber fast 75 % auf die Unternehmen und den Staat. Die Kapitalbildung durch den Staat und insbesondere durch die sogenannte **Selbstfinanzierung** der Unternehmen (so betrug der Anteil der Eigenmittel an den Brutto-Investitionen der Unternehmen ohne Wohnungswirtschaft sowie Banken und Versicherungen — die sogenannte Selbstfinanzierungsquote — 86 % in 1977, 100 % in 1978 und 88 % in 1979) begegnet heftiger Kritik, weil sie die Vermögensbildung in den privaten Haushalten hemmt, weil der Kapitalmarkt dadurch seine Funktion, das Kapital entsprechend dem sich in den Zinsangeboten ausdrückenden Kapitalbedarf der Unternehmen zu verteilen, verliert und weil das so zinsfrei gewonnene Kapital zu Fehlinvestitionen verleiten kann. Dabei darf jedoch nicht übersehen werden, daß nach 1945 wegen des Fehlens eines Kapitalmarkts die deutschen Unternehmen den Wiederaufbau nicht anders finanzieren konnten; die Haushalte waren nach der überstandenen Not zunächst nicht gesonnen, in dem für den Wiederaufbau der zerstörten Produktionsanlagen erforderlichen Ausmaß freiwillig zu sparen.

Bei einer Reihe von Unternehmen, bei Banken und Sparkassen und insbesondere fast ausschließlich bei Versicherungsunternehmen, kommt dem Eigenkapital der Unternehmungen vorzüglich die Rolle eines **Risikofonds** zu, um möglicherweise eintretende Verluste ohne Beeinträchtigung der Sparer und Versicherten auszugleichen. Die Größe des haftenden Kapitals soll hier Vertrauen wecken und die Marktstellung des Unternehmens unterstreichen. Auch dies ist eine den volkswirtschaftlichen Leistungsaustausch und damit die Produktivität indirekt fördernde Wirkung des Kapitals.

4. Unternehmerleistung als Produktionsfaktor

Die Produktion der Güter, ihre Herstellung und Verteilung, erfolgt durch zweckmäßige Kombination der Produktionsfaktoren (Arbeit, Boden, produzierte Produktionsmittel) in Betrieben als den örtlichen und technischen Einheiten der Produktionswirtschaft bzw. in den Unternehmungen als den rechtlichen, finanziellen und organisatorischen Einheiten.

„Ist der Betrieb die Zusammenfassung der für die Güterbereitstellung technisch erforderlichen realen Mittel, so ist die Unternehmung die oft, ja heute wohl zumeist auch eine Mehrheit von Betrieben umschließende, erwerbswirtschaftliche Einheit, in der alle Mittel kapitalmäßig eingesetzt, kombiniert und ausgewertet werden sollen" (v. Zwiedineck-Südenhorst).

Mit Hilfe von bereitstehendem Geldkapital beschafft sich die Unternehmung die für ihre Aufgaben nötigen Produktionsmittel (Gebäude, Maschinen, Rohstoffe, Patente, Lizenzen, Arbeitskräfte einfacher und gehobener Art), stellt damit Güter oder Leistungen her, die sie auf den Märkten zu Preisen abzusetzen hofft, die ihr neben der Erstattung der Kosten noch einen Gewinn versprechen. Mit anderen Worten wird in der Unternehmung die Wahl des **Produktionsprogramms** (Sachziel) und auch bestimmt, wie produziert wird (Wahl des **Produktionsverfahrens**) sowie welche Mengen der Produktionsfaktoren eingesetzt und welche Änderungen der Faktorbestände im Zeitablauf vorgenommen werden sollen (**Investitions-** und **Finanzierungsprogramm**).

In der Unternehmung soll sich ohne Unterbrechung ein Kapitalumschlag vollziehen: Geldkapital (G) wird zur Produktion in Sachform (*Marx* sagte: *Warenform W*) überführt, und das in der Warenform gebundene Kapital wird durch Veräußerung der hergestellten Waren wieder in die Geldform (G') zurückverwandelt, wobei der letztlich erlöste Geldbetrag (G') größer sein soll als der anfangs eingesetzte Geldbetrag (G); darauf beginnt der Prozeß von neuem. *Karl Marx* hat diesen dauernden Kapitalumschlag in der berühmten Formel

$$G - W - G'$$

ausgedrückt.

Bei diesem auf Vermehrung des eingesetzten Geldkapitals ausgerichteten Vorgang **(Erwerbsprinzip oder erwerbswirtschaftliches Prinzip)** trägt die Unternehmung das Risiko, durch Fehleinschätzung der von ihr beabsichtigten Produktion infolge ganzer oder teilweiser Unabsetzbarkeit der Produkte zu den geplanten Preisen das eingesetzte Geldkapital zu verlieren oder nur einen ungenügenden Geldertrag (nach *Marx „Mehrwert“*) zu erreichen. Man kann deswegen mit *Otto von Zwiedineck-Südenhorst* die Unternehmung definieren, *als eine Wirtschaft für Kapitalumschlag, um auf dem Wege der Befriedigung fremden Bedarfs Erwerb zu erzielen.*

Die Unternehmungen (Erwerbswirtschaften) treten in sehr **verschiedenen Formen mit einer mehr oder weniger weitgehenden Betonung des Erwerbsprinzips** auf:

1. **Private Erwerbswirtschaften** (Privatunternehmungen) als Einzelunternehmung, Personengesellschaft; Aktiengesellschaft, Gesellschaft mit beschränkter Haftung, Genossenschaft.

2. **Öffentliche Erwerbswirtschaften:** Erwerbswirtschaften des Staates und der Gemeinden, die entweder als Zuschußbetriebe, Kostendeckungsbetriebe oder Überschußbetriebe geführt werden (öffentlich-rechtliche Anstalten, Krankenhäuser, kommunale Versorgungsbetriebe, Post, Eisenbahn, Tabakregie, Salinen u. dgl.).

3. **Gemischtwirtschaftliche Unternehmungen:** Kapitalgesellschaften, bei denen sich öffentliche Hand und private Kapitalgeber in das Eigentum und in die Leitung teilen, wie z. B. bei der 1898 gegründeten Rheinisch-Westfälischen Elektrizitätswerke AG.

4. **Stiftungsunternehmen:** Um steuerlichen Belastungen (Erbschaftsteuer) zu entgehen, wurden Produktionsvermögen in den USA (Carnegie, Rockefeller, Ford) und in anderen Ländern — bei uns neuerdings u. a. Rudolf- und Clara-Kreutzer-Stiftung (I. S. Staedtler KG., Nürnberg), Fritz Thyssen-Stiftung (August-Thyssen-Hütte) — in dem Gemeinwohl dienende Stiftungen eingebracht, wobei sich die ehemaligen Eigentümer eine Rente und einen maßgeblichen Einfluß auf die Geschäftsführung bedungen haben.

An die Stelle der Volkswirtschaft, die sich aus dem Zusammenspiel vieler kleiner Unternehmungen ergab, ist heute eine Volkswirtschaft getreten, in der namentlich **im Bereich der industriellen Fertigung, des Handels, des Bank-, Versicherungs- und Verkehrswesens große und größte Kapitalgesellschaften eine dominierende Stellung** einnehmen.

Die Großunternehmung ändert nicht nur ihre innere Struktur, sondern auch ihre Stellung in der Volkswirtschaft. Die Macht einer Großunternehmung ist nicht mehr durch die Einheit einer Kapitalgesellschaft oder eines Konzern umschrieben, sondern erstreckt sich darüber hinaus auf die für Lieferungen oder Absatz von ihr abhängigen Firmen. Man denke nur, wieviel Zuliefererbetriebe für eine Menge von Einzelteilen und Reparaturwerkstätten von einer Automobilfabrik abhängig sind. Die in privatem Besitz befindlichen großen industriellen Kapitalgesellschaften nehmen mehr und mehr einen halböffentlichen Charakter an. *„Es ist in der Tat oft schwer zu sagen, wem diese Gesellschaften ‚gehören', ob den Vorstandsmitgliedern und Großaktionären, den übrigen Aktionären, den Angestellten und Arbeitern, oder einem Staat, der häufig einen größeren Teil der Reingewinne bezieht, als Vorstand und Aktionäre zusammen. Selbst wenn die industrielle Großunternehmung nicht ganz oder teilweise im öffentlichen Besitz ist, wie es nicht selten der Fall ist, bleibt sie doch eine Art öffentliche Institution." (Herbert von Beckerath).* Ihr individuelles Schicksal ist über die private Sphäre hinaus von allgemeinwirtschaftlicher, ja sogar von politischer Bedeutung.

Die **dispositive Tätigkeit** in den Unternehmungen sieht die Volkswirtschaftslehre vielfach **personifiziert in der Gestalt des Unternehmers.**

Ursprünglich war es eine Person allein, die die grundlegenden Entscheidungen traf. In den Großunternehmungen sind es in der Regel mehrere Personen, die als Vorstand, Aufsichtsrat, Direktionskollegium usw. an der Willensbildung beteiligt sind. Entscheidende technische und wirtschaftliche Planungsarbeiten werden oft an in besonderen Abteilungen organisierte Angestelltenteams übertragen. Von der ehedem alles umfassenden Unternehmeraufgabe bleibt dem leitenden Kopf oder dem leitenden Gremium des Unternehmens nur noch die Feststellung des Gesamtziels der Unternehmung, die Verteilung und Koordinierung der Arbeitsaufgaben und die Kontrolle des Betriebsresultats auf Grund der Berichte und Informationen.

Den **Eigentümer-Unternehmer,** wie in den Anfangszeiten des Industriezeitalters, gibt es meist nur noch in kleineren Unternehmungen; er war **Unternehmer und Kapitalgeber** in einer Person. Je mehr sich die Betriebe und Unternehmungen vergrößerten, je komplizierter ihre technischen und wirtschaftlichen Aufgaben wurden, je schwieriger der Massenabsatz zu organisieren war, desto mehr trat die Kapitalgesellschaft (AG) hervor, in der die Kapitalgeberfunktion abgespalten und einem **Angestellten-Unternehmer** (Generaldirektor) die reine Unternehmerfunktion übertragen wurde. Diesen Direktorunternehmer oder beauftragten Unternehmer sehen manche in den modernen Riesenunternehmungen abgelöst von dem von *Karl Marx* vorgeahnten **Manager,** der mehr den typ eines bloßen Funktionärs hat. Es ist jedoch schwer, den Manager, dessen Auftreten nach *James Burnham* eine Revolution in unserem Wirtschaftsleben bewirkt haben soll, von dem Angestellten-Unternehmer abzugrenzen.

Josef Schumpeter (1883—1950) hat den Begriff des Unternehmers auf jenen Neuerer eingeschränkt, der als erster ein neues Gut oder ein neues Produktionsverfahren einführt, einen neuen Absatzmarkt oder eine neue Bezugsquelle erschließt oder eine Neuorganisation durchsetzt **(Pionierunternehmer)**; die anderen, die in den gewohnten Gleisen weitergehen, seien nur Betriebsleiter. Ist diese Definition des Unternehmers auch zweifellos zu eng, so verweist sie doch damit auf die schöpferische, die wirtschaftliche Entwicklung vorantreibende Funktion vieler Unternehmerpersönlichkeiten der Vergangenheit und Gegenwart. Man erkennt jedoch, daß dieser schöpferische Unternehmer im gleichen Augenblick, in dem er seine „Neuen Kombinationen“ durchsetzt, auch ein Zerstörer des seitherigen Wirtschaftsprozesses, mitunter ein Zerstörer überkommener Einrichtungen und Existenzen ist (*„schöpferische Zerstörung“*). Daß er es ist, der die Opfer des wirtschaftlichen Fortschritts fordert und provoziert, bringt ihm manchmal viele Anfeindungen.

Die **Unternehmerleistung,** gleichgültig ob von einer Person oder einem Gremium erbracht, umfaßt die Erkenntnis der Chancen, sich in das Leistungsgefüge der Volkswirtschaft einzuschalten (Sachziel), einen darauf gegründeten Erwerbswirtschaftsplan durchzuführen und das mit ihm verbundene Risiko des Fehlschlagens zu tragen. Die Unternehmerleistung ist wie die Arbeit ein personaler, originärer, vom Menschen und seiner Irrationalität, seiner psychischen Verfassung, untrennbarer Produktionsfaktor. Seine Seltenheit ist durch die natürliche Knappheit der mit den erforderlichen Qualitäten ausgestatteten Persönlichkeiten und durch die oft künstliche Beschränkung der Auswahl auf einen engen Kreis bestimmter Familien gegeben. Von den anderen Produktionsfaktoren (Arbeit, Boden, Kapital) unterscheidet er sich dadurch, daß er nicht in Einheiten meßbar, nicht quantifizierbar ist und infolgedessen auch keinen Marktpreis im sonst üblichen Sinne hat: Der Unternehmergewinn (verstanden als die Summe aus Unternehmerlohn und reinem Gewinn) ist kein kontraktlich festgelegtes Entgelt, sondern ein Betrag in wechselnder Höhe, der nach Abzug aller Kosten von den Erlösen verbleibt, möglicherweise auch negativ (Unternehmerverlust) wird.

Die neuere Entwicklung, vor allem in den Groß- und Riesenunternehmen, geht dahin, die Unternehmerfunktion in mehrere, von besonderen Trägern wahrzunehmende **Teilfunktionen** (Teams) aufzuspalten, einzelne ihrer Teile zu verwissenschaftlichen (Operational Research, Programmierung) und sie in mehrfacher Richtung einzuschränken, indem immer mehr andere Instanzen (Aufsichtsrat, Betriebsrat, Banken, Verbände, Gesetze, öffentliche Meinung) die Direktiven mitbestimmen oder sogar festlegen.

Innerhalb der **Versicherungswirtschaft** ist die Einzelunternehmung — abgesehen von *Lloyds* in London — stark zurückgetreten; Aktiengesellschaften, öffentlich-rechtliche Anstalten und genossenschaftsähnliche Organisationen (Gegenseitigkeitsvereine) beherrschen das Feld. In der Entstehungszeit der Versicherungswirtschaft war das Angebot an Versicherungsschutz eine schöpferische Leistung; nicht weniger ist es heute die Neugründung einer Versicherungsgesellschaft oder die Einführung eines neuen Versicherungszweigs im Rahmen einer bestehenden Unternehmung. Sehr oft heißt es hier Neuland zu erschließen. Selbst im Bereich der Lebensversicherung, wo die Grundsätze der Versicherungsmathematik auf Grund der zugelassenen Sterbetafeln und des genehmigten Rechnungszinsfußes die Prämienkalkulation vorschreiben, gibt es eine Reihe von Möglichkeiten, den Betriebsablauf dispositiv zu beeinflussen: Werbung, Auslese und Pflege des Versichertenbestandes, Auswahl der Kapitalanlagemöglichkeiten, Regulierung der Versicherungsleistungen, Modalitäten der Rückversicherung, Personalpolitik usw. Wenn auch die Aufsichtsgesetzgebung und ihre Handhabung den Raum unternehmerischer Entscheidungen im Vergleich mit anderen Wirtschaftsbereichen beachtlich einschränken, es bleibt doch ein Feld eigener und nicht risikoloser Unternehmerbetätigung.

V. Die Kombination der Produktionsfaktoren: Ertragsgesetzmäßigkeit

Das in einem Betrieb erzielte **Produkt** oder die in ihm bereitgestellte **Leistung** ist das **Ergebnis des Zusammenwirkens aller im Betrieb eingesetzten Produktionsfaktoren.**

Dabei lassen sich die **Produktionsfaktoren** noch in eine Reihe von **Unterarten** aufgliedern, **je nach ihrer Qualität, besonderen Eignung und gegenseitigen Ersetzbarkeit.**

Das Mengenergebnis eines landwirtschaftlichen Betriebes ist von der Natur, dem Boden, der Arbeit des Bauern und seiner Hilfskräfte sowie seiner Ausstattung mit Geräten, Maschinen, Werkzeugen und dem Düngeraufwand abhängig. Spielen im gewerblichen Betrieb auch Natur und Boden eine geringere Rolle, so ist sein Ertrag dem Zusammenwirken der Arbeit des Unternehmers, der Arbeiter und Angestellten, der Kapitalausrüstung und der Qualität der Roh- und Hilfsstoffe zu verdanken. In einem Dienstleistungsbetrieb haben oft die besonders qualifizierten Arbeitsleistungen des Inhabers und seiner Hilfskräfte ausschlaggebende Bedeutung, doch können sie in der Regel ohne einen zweckmäßig gelegenen Arbeitsraum (Boden), ohne geeignete Einrichtungen, Apparate und Instrumente (Kapital) nicht zur vollen Auswirkung gelangen. Außerdem muß jeder Betrieb, um reibungslos zu laufen, über eine entsprechende Menge flüssigen Geldkapitals verfügen.

Welche Produktionsmittel im Einzelfall für eine bestimmte Tätigkeit erforderlich sind, in welchen Mengenverhältnissen sie zusammenwirken müssen oder können, ob sich ein Manko an dem einen Mittel durch ein Mehr an einem anderen Mittel ersetzen läßt oder nicht, sagt die jeweilige **Technik** des in Frage stehenden Betriebes. Man spricht deshalb von **Produktionsfunktion,** welche die technisch-quantitative Beziehung zwischen Ausbringungsmenge(n) und den Mengen der eingesetzten Produktionsfaktoren angibt. Die ökonomischen Probleme liegen in der Frage, ob und wie sich der in einem Betrieb erzielte Mengenertrag auf die einzelnen an ihm beteiligt gewesenen Produktionsfaktoren aufteilen läßt (Zurechnung der Erträge auf die einzelnen Faktoren) und welche Auswirkung die Änderung im Aufwand eines Mittels (Faktors) auf den Gesamtertrag hat (Ertragsgesetzmäßigkeit).

1. Zurechnung der Erträge auf die einzelnen Faktoren

Wie wir bereits (vgl. C. III) gesehen haben, ist der mengenmäßige Produktionsertrag dem Zusammenwirken aller an der Produktion komplementär beteiligten Faktoren zu verdanken. Selbst wenn einige dieser Faktoren (z. B. Handarbeit und Maschinenarbeit, Arbeitszeit und Materialverbrauch, Boden und Arbeitsleistung bzw. Düngeraufwand) sich bis zu einem gewissen Grade gegenseitig vertreten können derart, daß ein Weniger an dem einen Faktor durch ein Mehr eines anderen Faktors ohne Beeinträchtigung des Gesamtertrages ausgeglichen werden kann, so gelingt eine Produktion in der Regel nicht mit einem Faktor allein. Das bedeutet, daß der Ertrag niemals einem einzigen Faktor ausschließlich zugerechnet werden kann. Die durch den Mehreinsatz eines Faktors erzielte Ertragssteigerung ist nur zu erreichen, wenn auch die anderen bereits vorhandenen Faktoren mitwirken. Der Komplex von Produktionsmitteln läßt sich meist in seiner Zusammensetzung etwas variieren, aber ganz kann man auf keines der zu ihm gehörigen Mittel verzichten.

Wegen der Komplementarität aller erforderlichen Faktoren erweist es sich folglich als unmöglich, exakt zu berechnen, wieviel von dem Ertrag bzw. dem Ertragszuwachs der Mitwirkung eines einzelnen, bestimmten Faktors zuzuschreiben ist.

Beispiele:

Wenn ein Landwirt auf der gleichen Bodenfläche durch tieferes Pflügen (Mehrarbeit) oder durch bessere Düngung (vermehrter Aufwand an Kapital) eine größere Erntemenge erzielt, so ist dieser Mehrertrag auch der intensiveren Ausnutzung der anderen Bodenkräfte mit zu verdanken.

Wenn in einer Fabrik an der gleichen Anzahl von Maschinen ein Arbeiter mehr beschäftigt und dadurch ein größeres Produkt gewonnen wird, so nur, weil gleichzeitig auch der vorhandene Maschinenpark besser ausgenutzt wird.

Kennzahlen der sogenannten Produktivität, die den Ertrag pro Einheit eines Faktors angeben, z. B. Ausstoß pro Arbeits-, Kapital- oder Bodeneinheit, sind nicht beweiskräftig, weil sich nicht auseinanderhalten läßt, wieweit der Ertrag bzw. Ertragszuwachs dem einen Faktor zugeschrieben werden darf und wieviel von dem Ertrag oder Ertragszuwachs auf die Mitwirkung der anderen Faktoren anzurechnen ist. Im physikalisch-technischen Sinne ist das **Zurechnungsproblem unlösbar.**

Das praktische Leben und d. h. die **ökonomische Wirklichkeit** setzt sich über diese prinzipielle Frage hinweg, indem einfach der durch Vermehrung eines Faktor erzielte Mehrertrag diesem Faktor zugeschrieben wird, obwohl es physikalisch-technisch gesehen falsch ist. Man geht von der Überlegung aus, daß die übrigen Faktoren bereits vorhanden sind, also ohne zusätzlichen Aufwand mitwirken, und nur die Vermehrung des einen Faktors (z. B. der Arbeitskraft) einen Mehraufwand erfordert. *„Ein*

Grundstück liefert meistens auch ohne Verwendung von Dünger einen — allerdings relativ bescheidenen — Ertrag. Durch Düngung kann dieser erhöht werden, der Mehrertrag wird dem Dünger zugerechnet. Oder nehmen wir an, es werde in einem Industriezweig eine neu erfundene Maschine eingeführt, die bei gleichem Aufwand an Arbeit ein um die Hälfte höheres Produkt liefert; es leuchtet ein, daß die Unternehmer den zusätzlichen Ertrag auf Rechnung der neuen Maschine setzen" (Alexander Mahr).

Das im physikalisch-technischen Sinne infolge der Komplementarität der Produktionsfaktoren unlösbare Problem der Aufteilung des Gesamtertrags auf die einzelnen beteiligten Faktoren wird von der Praxis in der Art einer Faustregel mit nur annähernder Richtigkeit gelöst, indem der Mehrertrag einfach dem mehr eingesetzten Faktor zugerechnet wird.

Mißt man z. B. in einem **Versicherungsbetrieb** dessen Produktivität an der Höhe der Prämieneinnahme oder der Zahl der Versicherungsscheine pro Kopf der Angestellten, so darf man nicht übersehen, daß die einzelnen Angestellten sehr unterschiedlich dazu beigetragen haben, daß die Angestellten dieses Ergebnis nicht hätten erzielen können, wenn ihnen nicht eine Reihe von Hilfsmitteln (Maschinen, Werbeprospekte, zweckmäßige Arbeitsräume, Ruf der Firma usw.), die Kapitalqualität haben, zu Hilfe gekommen wäre. Erlaubt die Aufstellung einer Rechenanlage die Bewältigung eines größeren Arbeitspensums, so erhöht sich damit die genannte Produktivitätszahl; sie ergibt aber keinen exakten Hinweis, wieviel von der Mehrleistung auf die Rechenanlage selbst und wieviel auf die intensivere Nutzung der Arbeitsleistung der Angestellten entfällt. Da der Angestelltenstamm vorhanden ist, wird der Leiter der Versicherungsunternehmung sich auf die Überlegung beschränken, was die Rechenanlage kostet und welchen Mehrertrag er mit ihrer Einführung voraussichtlich erzielt, d. h. er tut so, als ob der Mehrertrag allein der neuen Rechenanlage zuzuschreiben wäre.

2. Ertragsgesetzmäßigkeit

Unter der Voraussetzung, daß alle für die Erzielung eines Mengenertrages erforderlichen Produktionsfaktoren bis auf einen konstant gehalten werden können und nur die Aufwandsmenge dieses einen Faktors verändert wird, läßt sich ein gesetzmäßiger Zusammenhang zwischen diesem in seiner Menge variierbaren Faktor und der dazugehörigen Änderung des Mengenertrags finden; man spricht von *partieller Faktorvariation* und bezeichnet diese Beziehung als *(partielle)* **Ertragsfunktion:**

Alle anderen Faktoren als unverändert (konstant) unterstellt, bringt die Vermehrung des einen (variablen) Faktors zuerst steigende, von einem gewissen Punkte ab abnehmende Ertragszuwächse (Ertragsgesetzmäßigkeit) und schließlich sinkende Erträge.

Graphisch läßt sich dies wie folgt aufzeigen, wenn x die Ausbringungsmenge und v die Menge des variablen Faktors bezeichnet (M ist das Maximum des partiellen Grenzertrags, W der Wendepunkt von den zu- zu den abnehmenden Erträgszuwächsen):

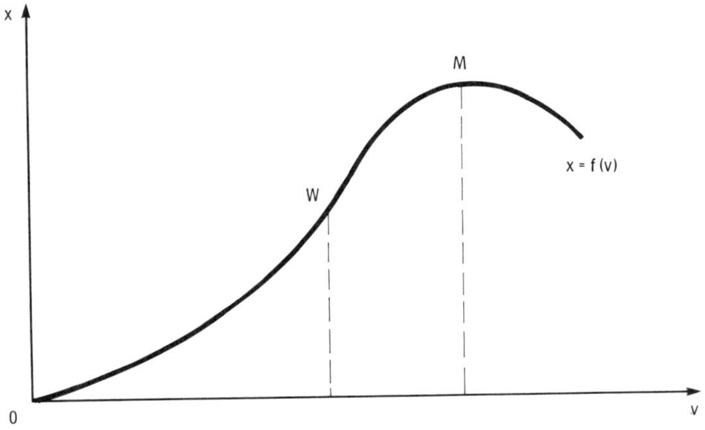

Beispiel:

Wenn man auf Bodenstücken gleicher Güte und gleicher Größe, die sonst in gleicher Weise bearbeitet werden, verschieden hohe Düngergaben aufwendet, so bringt im Vergleich mit dem ungedüngten Feld die erste Düngerportion einen beachtlichen Mehrertrag beispielsweise an Getreide. Verwendet man auf das zweite Feld eine doppelt große Düngerportion, so erbringt sie eine nochmalige Zunahme des Getreideertrages, die vielleicht größer ist als die Zunahme des Getreideertrages, die durch die zuvor erwähnte erste Düngergabe erzielt werden konnte. Wir können so mit weiteren zusätzlichen Düngerportionen fortfahren und werden dadurch immer weitere Zunahmen des Getreideertrages erreichen. Ginge es so weiter, so würde der paradoxe Zustand eintreten, daß auf einem einzigen Feld durch eine sehr große Düngermenge jede beliebig große Getreideernte gewonnen werden könnte. Wie theoretische Überlegung und Erfahrung lehren, gibt es eine Grenze, von der ab weitere Düngergaben keinen zunehmenden Mehrertrag, sondern im Gegenteil abnehmende Mehrerträge, schließlich sogar — wenn der Boden durch übermäßige Düngung verdorben ist — Mindererträge an Getreide einbringen.

Das Beispiel aus dem Agrarbereich wurde zur Illustration des Ertragsgesetzes gewählt, weil dieses Gesetz (genauer sein zweiter Teil) als Gesetz des abnehmenden Bodenertrages zuerst, und zwar von *Antonio Serra* (geb. um 1580, gest. ? ?) und später von *Anne Robert Jacques Turgot* (1727—1781) entdeckt wurde. Die genaueren Zusammenhänge wurden dann von dem Agrikulturchemiker *Justus von Liebig* (1803—1873) erforscht.

Dieses **Gesetz des abnehmenden Bodenertrages** hat in den Überlegungen der Nationalökonomen seit der Klassik eine entscheidende Rolle gespielt, weil es die Befürchtung nährte, auf der nicht vermehrbaren Fläche unserer Erde könne eines Tages selbst bei größtem Aufwand an Arbeit und anderen Hilfsmitteln nicht mehr die für eine wachsende Bevölkerung notwendige Nahrungsmittelmenge gewonnen werden.

Wenn sich derartige Befürchtungen zumindest als übertrieben herausgestellt haben, so ist das den wissenschaftlichen und technischen Fortschritten zu danken, wie z. B. den Forschungen *Liebigs* oder der Züchtung ergiebiger Pflanzen- und Tierrassen, der Einführung der biologischen Düngung u. dgl. Nicht wenig hat die Verwendung künstlicher (anorganischer) Stoffe an Stelle der aus der Natur unmittelbar gewonnenen (organischen) Stoffe dazu beigetragen, eine empfindliche Auswirkung des Gesetzes auf unseren Wohlstand zu verhindern, wie z. B. der Ersatz von Holz als Brenn- und Baumaterial durch Kohle, Erdöl, Eisen und Kunststoffe, Ersatz der tierischen Kraft durch Motoren, der natürlichen Fette, Fasern, Rohstoffe usw. durch fabrikmäßig hergestellte u. dgl. Die Mehrzahl der Forscher stimmt heute darin überein, daß das Ertragsgesetz unter der Voraussetzung gleichbleibender Technik (hier der Agrikulturtechnik) gilt, daß die durch das Gesetz aufgezeigte Grenze weiterer Ertragszuwächse durch wissenschaftliche und technische Fortschritte hinausgeschoben werden kann, daß aber auf der Basis der neuen Technik (sofern diese nicht verbessert werden kann) das Gesetz erneut seine Wirkung zeigt.

Umstritten ist die Gültigkeit eines analogen Ertragsgesetzes in den nicht-agrarischen Wirtschaftsbereichen. Einige Autoren halten es für eine absolut gültige Gesetzmäßigkeit, andere nur für eine wahrscheinliche und wieder andere lehnen es überhaupt ab.

Wilhelm Röpke hält das allgemeine Ertragsgesetz für so banal und außerhalb jeder Diskussion stehend wie die alltägliche Erfahrung der Köchin, daß die erste Dosis Salz, die sie einer gegebenen Kartoffelmenge zuführt, eine gewaltige Erhöhung der Schmackhaftigkeit bewirkt, während der Nutzen der nächstfolgenden Dosen immer zweifelhafter wird; sie wisse, daß es ein Optimum der Kombination von Kartoffeln und Salz gibt. Im Gegensatz dazu behauptet *Erich Gutenberg*, das Ertragsgesetz sei mit Hilfe statistisch einwandfreier, empirischer Beobachtungen und Messungen im industriebetrieblichen Bereich **noch nicht nachgewiesen** worden.

Es liegen jedoch einige bis auf *Galileo Galilei* (1564—1642) zurückreichende Beobachtungen vor, die als eine Bestätigung dieses Gesetzes gedeutet werden können. Vermutlich ist seine Gültigkeit außerhalb der landwirtschaftlichen Produktion von geringerer Bedeutung, weil ein dem Boden gleich unvermehrbarer Faktor in der Regel nicht vorhanden ist; gewerbliche und kommerzielle Betriebe lassen sich in beliebiger Zahl errichten. Aber auch in ihnen scheinen der Vergrößerung entgegenstehende

Schranken (größere Entfernungen zu Lieferanten und Abnehmern, begrenzte Leistungsfähigkeit der Menschen, höhere Empfindlichkeit des größeren Maschinenaggregats gegen Störungen u. dgl.) auf einen dem behaupteten Gesetz entsprechenden Ertragsverlauf hinzuwirken.

Wir müssen an dieser Stelle diesen Streit nicht aufklären. Für die folgenden Zwecke genügt es, einen einfacheren Verlauf anzunehmen, und zu unterstellen, daß **der Ertragszuwachs bei steigendem Einsatz des variablen Faktors um so geringer ist, je höher der Einsatz dieses Faktors schon ist (bei Konstanz aller übrigen Faktoren).** M. a. W., wir unterstellen für die folgende Analyse das **Gesetz vom abnehmenden Ertragszuwachs.**

Graphisch ergibt sich dann folgender Verlauf (a):

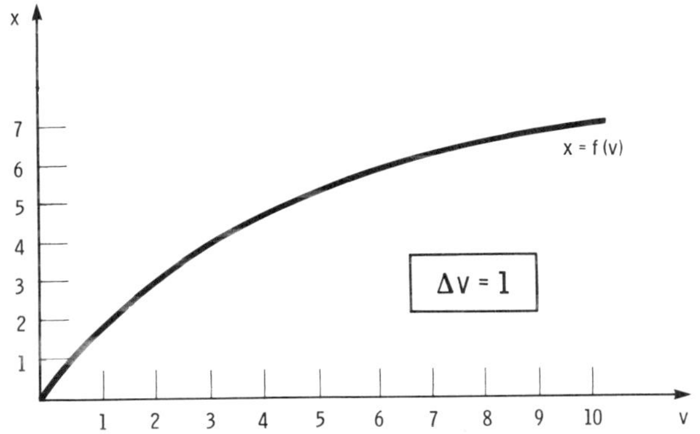

a

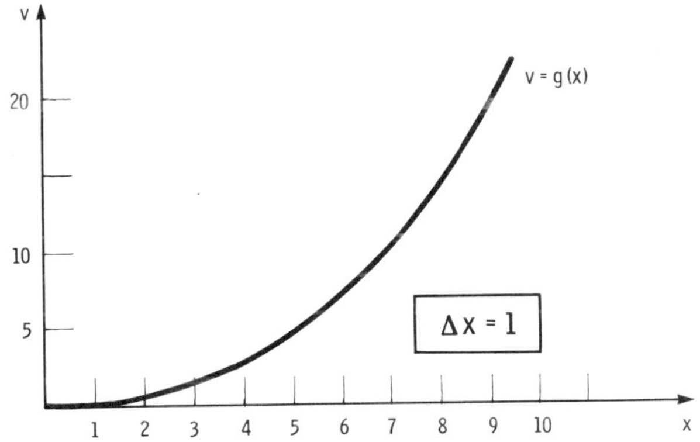

b

Zweckmäßigerweise wird derselbe Zusammenhang in umgekehrter Form dargestellt und angegeben, welche Einsatzmengen des variablen Faktors erforderlich sind, um bestimmte Ausbringungsmengen zu erzeugen (Faktoreinsatzfunktion) (b).

Diesen Kurven der Funktionen x = f(v) und v = g(x) liegt folgende Wertetabelle zugrunde, wobei v in Arbeitsstunden und x in Stück gemessen wird, und $\overline{v}$ die fest vorgegebene Menge des zweiten Produktionsfaktors (Kapital) bezeichnet und in 100 DM gemessen wird:

$\bar{v}$	v →	x	x →	v
5	0	0	0	0
5	1	2,2	1	0,2
5	2	3,2	2	0,8
5	3	3,9	3	1,8
5	4	4,5	4	3,2
5	5	5	5	5
5	6	5,5	6	7,2
5	7	5,9	7	9,8
5	8	6,3	8	12,4
5	9	6,7	9	16,2
5	10	7,1	10	20
.	.	.	.	.
.	.	.	.	.
.	.	.	.	.

Anders als in den Bereichen der materiellen Produktion, wo diese mitunter längere Zeit vor Auftreten der Nachfrage nach den betreffenden Waren eingeleitet und ein Teil der Produktion auf Lager gehalten werden muß, ist die **Produktion von Versicherungsleistungen** in ihrem Umfang durch die gleichzeitig gegebene Nachfrage danach bestimmt: Sie ist sogenannte **Momentanproduktion.** Der Versicherer kann und muß zwar Vorbereitungen treffen, aber eine nicht abgeschlossene Versicherung ist auch nicht produziert worden. Diese Besonderheit der Versicherung berechtigt auch in ihrem Bereich einen dem Ertragsgesetz analogen Zusammenhang zwischen Aufwand und Ertrag (= Abschluß von Neugeschäft) anzunehmen. Je mehr der Versicherer sich anstrengt, durch erhöhten Einsatz seiner Mittel die Neuabschlüsse zu steigern, desto schwieriger wird die Werbung unter den noch nicht Versicherten, desto ungünstiger werden möglicherweise die Risiken, desto größer droht das Storno zu werden. Das heißt nichts anderes, als daß von einem bestimmten Punkt ab weitere Aufwandseinheiten der Werbemittel nur noch abnehmende Zuwächse der effektiven Neuabschlüsse bringen. (Dabei ist es durchaus denkbar, daß der Punkt des maximalen (partiellen) Gesamtertrages überschritten wurde).

Allerdings ist gleichzeitig zu beachten, daß Versicherungsverträge in der Regel für eine bestimmte Versicherungsperiode abgeschlossen werden, die Versicherungsleistung selbst ist also *zeitraumbezogen.* Die Berücksichtigung dieses dynamischen Aspekts kann etwa dadurch geschehen, daß man neben den „Marktleistungen" jene „innerbetrieblichen Leistungen" *(„derivative Produktionsfaktoren")* gesondert aufnimmt, die zur Erstellung der Marktleistungen notwendig sind, gleichzeitig aber auch in späteren Perioden noch genutzt werden können, wie Außen- und Innenorganisation und die Versicherungsbestände. Das heißt, gleichzeitig mit der Produktion von Marktleistungen werden die derivativen Produktionsfaktoren erhöht, die dann in Zukunft Leistungen abgeben.

VI. Die Kosten und ihre Arten

Die Ertragsgesetzmäßigkeit — oder wie man auch sagt: die **Ertragsfunktion** — belehrt uns über die zahlenmäßigen Beziehungen zwischen dem mengenmäßigen Ertrag und den dafür eingesetzten Produktionsfaktormengen.

Für jede gewünschte Produktion oder Leistung müssen zumeist verschiedene Aufwendungen gemacht werden, die als Kosten in Erscheinung treten.

„Kosten sind Gutsverzehr, Verzehr von Stoffen und Leistungen verschiedenster Art und Menge für die Zwecke der Produktion: von Rohstoffen, Lohnzeiten, Kapitalnutzung, Dienstleistungen fremder Betriebe u. ä." (Konrad Mellerowicz).

Realkosten sind die für die Erzielung eines Ertrages notwendigen Mengen der verschiedenen Produktionsmittel.

Um verschiedene derartige **„Mengengerüste"** *(Rummel)* miteinander und mit dem jeweils erzielbaren Ertrag vergleichen zu können, setzt man für sie den aufzuwendenden Geldbetrag **(Geldkosten)** und für den Ertrag den Gelderlös an. Kosten sind damit „bewerteter Güterverzehr". Da das Geld kein stabiler Maßstab ist, können Geldwertänderungen (Preisänderungen) das Verhältnis zwischen Kosten und Erlös verschieben und Anlaß von Fehlplanungen sein. Die bei dieser Rechnung in Geldwerten auftauchenden Bewertungsprobleme der Aufwands- und Ertragsgüter werden von der Betriebswirtschaftslehre, insbesondere dem betrieblichen Rechnungswesen, untersucht.

Kosten fallen zunächst in den Betrieben selbst an als der Geldwert der für die Güterproduktion und Leistungserstellung notwendigen Aufwandsgüter; **betriebliche Kosten** sind die in die Betriebsrechnungen eingehenden Kosten; mit ihnen rechnen die Geschäftsleute.

Die in einer Volkswirtschaft gegebene gesellschaftliche Verbundenheit aller Wirtschaftseinheiten kann es jedoch mit sich bringen, daß mit der von gewissen Betrieben vorgenommenen Produktion erhebliche Nachteile für andere Wirtschaftseinheiten verbunden sind. Abfallprodukte, Abwässer, Abgase der Industrie können die Flußläufe und die Atmosphäre verunreinigen, möglicherweise andere Existenzen (Fremdenverkehrsbetriebe, Fischer, Großstadtbewohner) gefährden, wenn nicht gar vernichten, und die Gebietskörperschaften zu kostspieligen Aufwendungen zur Beseitigung oder Minderung derartiger Schäden zwingen. Wo eine Industrie Arbeitskräfte anzieht, steigen die Ausgaben der Gemeinden für Schulen, Krankenhäuser, Wohnungsbau, Wasserversorgung, Polizei usw. Die Entschädigungen für Betriebsunfälle und Berufskrankheiten — eigentlich Kosten des betreffenden Betriebes — werden auf die Berufsgenossenschaften, d. h. auf andere Betriebe abgewälzt. Wenn die Betriebe durch Frauen- und Kinderarbeit, Entlassung von Arbeitskräften ihre Kosten zu senken suchen, verursachen sie im gleichen Atemzuge den öffentlichen Körperschaften (Staat, Gemeinden) zusätzliche Kosten für die Milderung der sozialen Schäden. Rücksichtslose, weil lukrative Ausbeutung von Bodenschätzen und Bodenkräften (Abholzung der Wälder!) kann den kommenden Generationen erhebliche Mehrbelastungen bringen. Neben die betrieblichen Kosten treten die aus der Rechnung der sie verursachenden Wirtschaftseinheiten ausgeschlossenen, auf Dritte oder die Gesamtheit abgewälzten **sozialen oder volkswirtschaftlichen Kosten.** Ihre Existenz ist unbestreitbar, problematisch ist jedoch ihre Höhe, die eindeutige Ermittlung des jeweiligen Verursachers, die Zeitspanne, für die sie zu ermitteln sind, und die Erfassung (Abgrenzung) des Kreises der Geschädigten. Aufgabe der Wirtschaftspolitik ist es, auf eine Verhütung und Minderung der Sozialkosten hinzuarbeiten und, soweit möglich, die sozialen Kosten in betriebliche Kosten umzuwandeln, indem die betreffenden Betriebe zu ihrer Deckung herangezogen werden **(Verursacherprinzip).**

Für die **Erklärung des verkehrswirtschaftlichen Prozesses,** der sich aus den Rentabilitätserwägungen der einzelnen Betriebe ergibt, spielen jedoch die **betrieblichen Kosten die entscheidende Rolle.**

Die Betriebswirtschaftslehre kennt verschiedene **Einteilungen der Kosten.** Für die **Volkswirtschaftslehre** sind davon bedeutsam:

Einteilung nach dem Bereich des Betriebes, in dem die Kosten anfallen:
— Herstellkosten

a) Rohstoff- und Materialkosten,
b) Fertigungskosten, Verarbeitungs- oder Transformationskosten,

— Geschäfts- und Verkaufskosten (selling costs)

Die aus dem Absatz der erzeugten Produktmenge hervorgehenden Verkaufskosten: Aufwendungen für Reklame, Verkaufspersonal, Proben- und Musterversand, teilweise auch für Verpackung u. dgl. spielen in der modernen Wirtschaft neben den Herstellkosten eine immer bedeutender werdende Rolle. In manchen Wirtschaftszweigen macht den Unternehmern das Problem, wie sich die erzeugte Ware absetzen läßt, die meiste Sorge.

Einteilung nach dem Verhalten der Kosten gegenüber Produktmengenänderungen (Beschäftigungsstand des Betriebes):

— Feste, fixe, eiserne Kosten (beschäftigungsunabhängige Kosten, Kapazitätskosten)

Es sind jene Kostenarten, die von der geplanten Produktmenge weitgehend unabhängig sind, wie Zinsen, Miete, Pacht, Löhne und Gehälter für die Stammarbeitskräfte, Aufwendungen für den ruhenden Maschinenpark. Solche Kosten fallen dem Betrieb in unveränderter Höhe auch an, wenn er ruht. Sie sind von der Inanspruchnahme der Betriebsanlage bzw. vom Beschäftigungsstand des Betriebes unabhängig.

— **Veränderliche, variable, beschäftigungsabhängige Kosten**

Jene Kosten, deren Gesamthöhe mit der geplanten Größe der Produktmenge sich ändert, wie z. B. Aufwendungen für Rohstoffe, Fertigungslöhne, Absatzprovisionen usw.

Weder die nach der ersten, noch nach der zweiten Einteilung aufgeführten Kostenarten lassen sich im Einzelfall eindeutig auseinanderhalten. Zum Teil hängt es von der Entscheidung des Unternehmers ab, ob er gewisse konkrete Kosten in die eine oder andere Gruppe einreiht. Der englische Nationalökonom *Alfred Marshall* (1842—1924) hat schon festgestellt, daß **langfristig** gesehen alle Kosten variabel sind, d. h. mit der Produktmenge variieren (gleichbleibende Technik vorausgesetzt). **In kürzeren Perioden** hingegen können fixe Kosten auftreten, deren Höhe in der betreffenden Periode unabhängig von der Ausbringungsmenge (Beschäftigungsstand) des Betriebes ist; der Unternehmensleiter kann gegen seinen Willen zu festen Reklameaufwendungen zum Unterhalt einer kostspieligen Verkaufsorganisation u. dgl. gezwungen sein, weil er damit einem Konkurrenten parieren muß, der ihm den Marktanteil streitig machen will.

Die Unterscheidung zwischen fixen und variablen Kosten ist bedeutungsvoll, weil die moderne Produktion sehr stark Maschinen, Automaten usw. verwendet, langdauernde Anlagegüter, die auch bei einem Betriebsstillstand Aufwendungen erfordern, und weil die sozialpolitische Gesetzgebung manche, ehemals variable Kosten in fixe Kosten transformiert, etwa durch Hemmnisse gegen die Entlassung von Arbeitskräften.

Unter den verschiedenen Möglichkeiten, eine Ware zu produzieren, sucht der Unternehmer diejenige mit den niedrigsten Gesamtkosten aus: Er wählt rationalerweise die Minimalkostenkombination der jeweils erforderlichen Produktionsmittel und -faktoren.

Diese hängt nicht nur von technischen Daten ab, die in den Bereich des Ingenieurs fallen, darunter dem Grad gegenseitiger Ersetzbarkeit (Substituierbarkeit) einzelner Faktoren, sondern auch von dem Preisverhältnis der verschiedenen Faktoren zueinander. Soweit möglich wird bei einer Verschiebung dieses Verhältnisses der relativ teurer gewordene Faktor durch den relativ billigeren ersetzt **(Substitutionseffekt).** Möglicherweise könnten sich dadurch die Gesamtkosten für die bisherige Produktmenge in einem Maße erhöhen, daß die betreffende Firma mit ihrer Kapital- und

Kreditkraft sie nicht mehr zu finanzieren vermag; in einem solchen Falle ist die Firma genötigt, die Produktmenge ihren finanziellen Möglichkeiten anzupassen **(Faktoranpassungseffekt).** Es dauert jedoch jeweils eine gewisse Zeit, bis sich die diese Effekte bewirkenden betrieblichen Umdispositionen verwirklichen lassen. Das heißt: Man wird wohl eine stete Tendenz der Unternehmungen zur Realisierung der Minimalkostenkombination unterstellen können, aber man darf nicht annehmen, daß diese in jedem Falle und in jedem Zeitpunkt voll verwirklicht ist. Die Erfahrung zeigt, daß nahezu in jedem Betrieb Unwirtschaftlichkeiten auftreten, und daß es oft schwierig ist, diese aufzustöbern und auszumerzen.

Indem **Versicherungsnahme** rechtzeitige Vorsorge gegen die Auswirkung ungünstiger Ereignisse für die Wirtschaftseinheit bedeutet, bewirkt sie gleichzeitig eine Minderung der Weiterwirkung dieser Ereignisse auf andere Wirtschaftseinheiten, allerdings um den Preis einer durch die Prämienzahlung erreichten Verteilung der Schadenaufwendungen auf eine Vielfalt von Wirtschaftseinheiten. Über die einzelwirtschaftliche Sicherung hinaus verhindern Individual- und Sozialversicherungen das massierte Auftreten sozialer Kosten an einer oder wenigen Stellen der Volkswirtschaft. Hierin liegt die wesentliche volkswirtschaftliche Funktion der Versicherung. Was die betriebliche Kostenstruktur eines Versicherungsbetriebes anlangt, so muß hier insbesondere auf die Versicherungsbetriebslehre verwiesen werden. In ihrem Ansatz findet sich hier die vorgetragene Kostenlehre wieder.

VII. Das Marktangebot der Unternehmen

Um zu bestimmen, welche Menge ein Unternehmen oder eine Gruppe gleichartiger Unternehmen von einem Gut auf dem Markt anbietet, muß man von der Voraussetzung ausgehen, daß jedes Unternehmen die Angebotsmenge wählt,die ihm den größten Gewinn verspricht. Zwar folgt nicht jedes Unternehmen uneingeschränkt dem **Prinzip der Gewinnmaximierung,** doch stellt es weitgehend das Ziel der Unternehmen dar (Formalziel). Die neuere Unternehmenstheorie berücksichtigt daneben auch andere Ziele, wie z. B. das Sicherheitsstreben, das Streben nach Macht, aber auch ethische und soziale Prinzipien.

Der Gewinn ist die Differenz zwischen dem Umsatzerlös, der Einnahme des Unternehmens aus dem Verkauf einer bestimmten Warenmenge, und den bei ihrer Erstellung anfallenden Kosten.

Das einzelne Unternehmen sucht die Menge eines Gutes zu produzieren und abzusetzen, für die diese Differenz, eben der Gewinn, am größten ist.

Um das Verständnis für diesen Zusammenhang zu erleichtern, wird ein Beispiel (Modell) konstruiert. Aus ihm ist ersichtlich, welche Umsatzeinnahme (Erlös) ein Unternehmen bei verschiedenen Absatz-(Produkt-)mengen erzielt und welche Gesamtkosten es jeweils dafür aufzuwenden hat.

1. Die Umsatz-(Erlös-)Kurve

Der Umsatz als geldlicher Gegenwert für die am Markt abgesetzten Güter und Dienste hängt außer von der Menge von den am Markt für diese erzielbaren Preisen ab. Wir unterstellen zunächst den Marktpreis als gegeben und von den Unternehmen als nicht beeinflußbar. Ferner unterstellen wir, daß das Unternehmen alles auch absetzt, was es produziert. Mit diesen Voraussetzungen ist die **Umsatz-** oder **Erlöskurve** einfach zu zeichnen. Dazu nehmen wir beispielsweise an, daß der Marktpreis (p) mit 12 DM pro Stück gegeben ist. Dann ergibt sich für die aus Spalte 1 der nachfolgenden Tabelle hervorgehende Absatzmenge (x) der in Spalte 2 genannte Umsatz ($U = p \cdot x$).

Graphisch stellt sich die Umsatzkurve U als eine aus dem Ursprung nach rechts oben aufsteigende Gerade heraus, wobei die Steigung der Kurve den Stückpreis widerspiegelt. Die Umsatzgerade steigt — wie man leicht nachrechnen kann — um so steiler auf, je höher der Marktpreis ist (man nehme z. B. 15 DM pro Stück an); sie verläuft um so flacher, je niedriger der Marktpreis ist (z. B. bei 6 DM pro Stück).

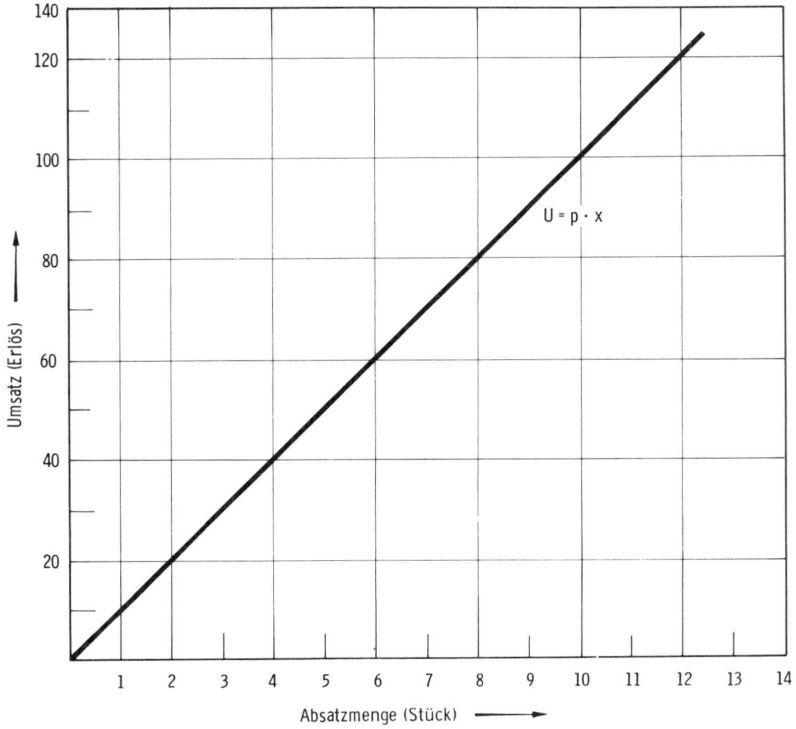

Absatzmenge (Stück) (1)	Umsatz (Erlös) (DM) (2)	fixe Kosten (DM) (3)	Arbeitseinsatz (Stunden) (4)	variable Kosten (DM) (5)	Gesamtkosten (DM) (6)	Gewinn (2)-(6) (DM) (7)
0	—	25	—	—	25	—25
1	12	25	0,2	1	26	—14
2	24	25	0,8	4	29	— 5
3	36	25	1,8	9	34	+ 2
4	48	25	3,2	16	41	7
5	60	25	5	25	50	10
6	72	25	7,2	36	61	11
7	84	25	9,8	49	74	10
8	96	25	12,8	64	89	7
9	108	25	16,2	81	106	2
10	120	25	20	100	125	— 5

2. Die Gesamtkostenkurve

Die Gesamtkosten ergeben sich aus den **fixen** und **variablen Kosten.**

Die **fixen,** von der Produktmenge unabhängigen Kosten setzen sich hier aus Zinsen und Abschreibungen auf den vorhandenen Kapitalbestand zusammen und sollen insgesamt 25 DM betragen (Spalte 3).

Die **variablen** Kosten erhält man aus der oben (vgl. S. 89 abgeleiteten Faktoreinsatzfunktion, die angibt, um wieviel der Einsatz des variablen Faktors (Arbeit) erhöht werden muß, wenn die Ausbringung um 1 Einheit erhöht wird. Nehmen wir an, daß das Unternehmen wegen seiner geringen Arbeitsnachfrage den Lohnsatz w nicht beeinflussen kann, dann ist der Lohnsatz für das Unternehmen ein Datum. Man erhält folglich die variablen (Arbeits-)Kosten, indem man die Arbeitsmengen v mit dem festen Lohnsatz w (angenommen w = 5 DM/Stunde) multipliziert. Von Stück zu Stück nehmen sie jeweils zu um 1, 3, 5, ... , 19. Hierin äußert sich der ertragsgesetzliche Verlauf: Bei Konstanz aller übrigen Faktoren bringt der steigende Aufwand des variablen Faktors fallende Ertragszuwächse. Kostenmäßig gesehen bedeutet dies, daß sich weitere Produktionseinheiten nur mit steigenden Aufwendungen für den variablen Faktor erzielen lassen.

Spalte 6 zeigt die **Gesamtkosten** K; sie ergeben sich aus der Addition der in Spalte 3 und 5 aufgeführten fixen und variablen Kosten (K_f bzw. K_v).

Graphisch ergibt sich für die **Kostenkurven** das folgende Bild:

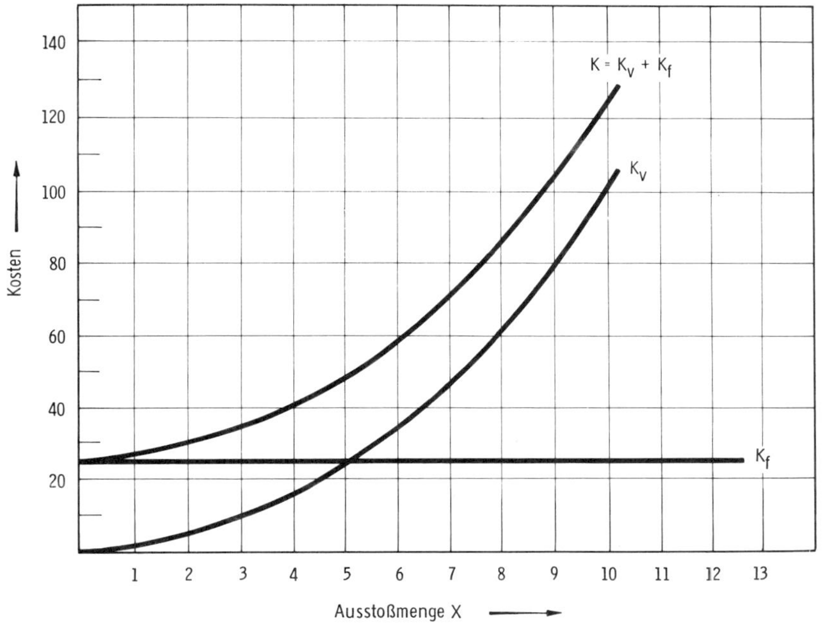

3. Das Gewinnmaximum

In Spalte 7 ist der **Gewinn** als Differenz der Spalte 2 (Umsatz) und der Spalte 6 (Gesamtkosten) errechnet. Bei kleineren Absatz- oder Ausstoßmengen ist der Gewinn zunächst negativ, was mit anderen Worten heißt: Die Produktion erfolgt mit Verlust. Von 3 Stück ab kommt das Unternehmen in den Gewinnbereich *(„untere Gewinnschwelle“)*. Die *„obere Gewinnschwelle“* liegt bei einer Ausbringungsmenge von etwa 9 Stück. Man spricht deshalb auch von der *„Gewinnlinse“*, wie sie die folgende Abbildung zeigt. Bei 6 Stück Absatz-(Produkt-)menge erreicht das Unternehmen unter den hier angegebenen Bedingungen den höchsten Gewinn mit 11 DM. Der Unternehmer, der das Gewinnmaximum anstrebt, wird folglich diese Menge zu produzieren und abzusetzen suchen.

Graphisch erhalten wir die Lösung, wenn wir die beiden vorangegangen Kurven in einer Abbildung zusammenfassen. Das Gewinnmaximum erreicht der Unternehmer bei der Ausstoßmenge, bei der die beiden Kurven, die Umsatzkurve U und die Gesamtkostenkurve K, den größten Abstand voneinander haben.

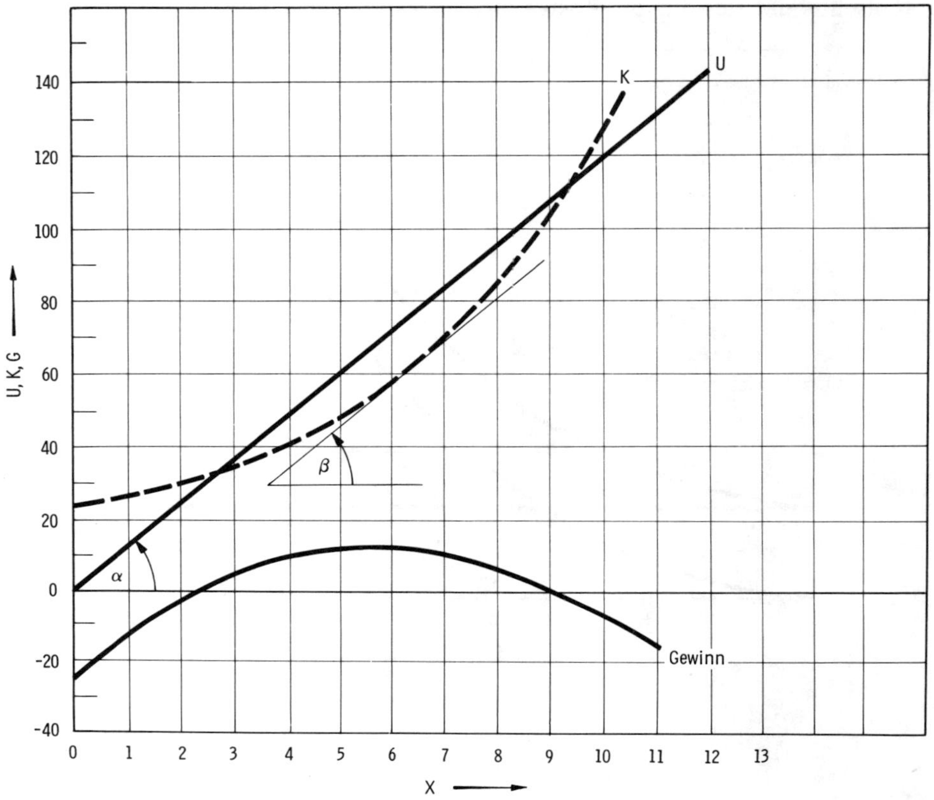

Der geometrisch und analytisch vorgebildete Leser erkennt sofort, daß der größte Abstand zwischen Umsatz- und Kostenkurve durch eine einfache Bedingung charakterisiert ist: Die Steigung der Umsatz- und der Kostenkurve (jeweils gemessen durch die entsprechende Steigung der Tangente) stimmen im Optimum überein, d. h. tg α = tg ß. Links vom Optimalpunkt ist der Anstieg der Kostenkurve geringer, rechts davon größer als der Anstieg der Umsatzgeraden.

4. Die Grenzkostenkurve

Dieses Ergebnis, die gewinnmaximale Ausbringungs- und Absatzmenge, läßt sich noch auf einem anderen Wege herleiten. Dabei vergleicht man nicht die absolute Höhe von Umsatz und Gesamtkosten miteinander, sondern die Änderung des Umsatzes und die Änderung der Kosten, die auf eine Zunahme der Ausbringungsmenge um eine Einheit zurückzuführen sind.

Die Zunahme des Umsatzes, wenn die Absatzmenge um eine Einheit zunimmt, bezeichnet man als **Grenzumsatz** oder **Grenzerlös.** Unter **Grenzkosten** versteht man die

Zunahme der Gesamtkosten, wenn die Ausbringungsmenge um eine Einheit zunimmt. Man vergleicht also Grenzumsatz und Grenzkosten miteinander. Dabei ist ohne weiteres einzusehen, daß der Gewinn solange noch gesteigert werden kann, wie der Umsatzzuwachs (entspricht in diesem Fall dem Preis pro Stück) größer ist als der Kostenzuwachs. Und umgekehrt, ist die gewinnmaximale Ausbringungs- oder Absatzmenge überschritten, wenn der Kostenzuwachs größer ist als der Umsatzzuwachs. Folglich ist die gewinnmaximale Ausbringungs- und Absatzmenge gerade erreicht, wenn

Grenzumsatz (U') = **Grenzkosten** (K').

Für unser Zahlenbeispiel ergibt sich

X	U	U'	K	K'
0	0	—	25	—
1	12	12	26	1
2	24	12	29	3
3	36	12	34	5
4	48	12	41	7
5	60	12	50	9
6	72	12	61	11
7	84	12	74	13
8	96	12	89	15
9	108	12	106	17
10	120	12	125	19

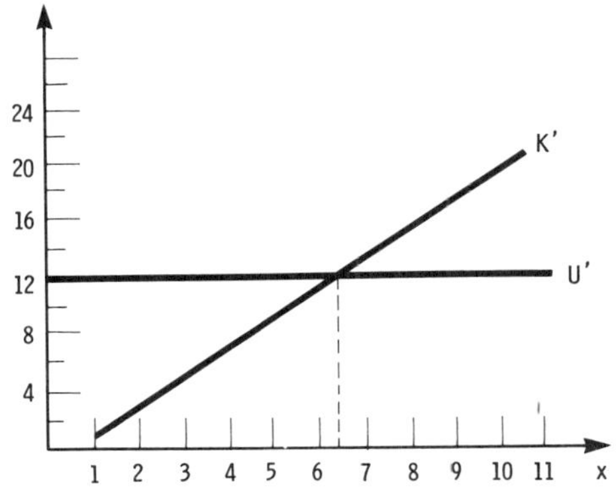

Kann das Unternehmen damit rechnen, daß eine Änderung seiner Absatzmenge den Marktpreis nicht beeinflußt (**„Mengenanpasser“**), dann ergibt sich, da ja die Umsatzzunahme aufgrund des Mehrabsatzes einer Einheit jetzt gleich dem Preis ist, die gewinnmaximale Ausbringungs- und Absatzmenge dort, wo

Grenzkosten = Preis.

5. Die individuelle Angebotskurve einer Unternehmung

Je nach wechselnder Marktlage kann sich der Marktpreis ändern. Wie variiert nun das Unternehmen seine Absatzmenge bei sich änderndem Preis? Die Antwort ergibt sich aus dem Verlauf der Grenzkostenkurve, denn aus ihm kann man ablesen, welche Menge das Unternehmen jeweils als seine profitabelste Absatzmenge auf den Markt bringt: Die **Grenzkostenkurve stellt gleichzeitig die individuelle (kurzfristige) Angebotskurve des einzelnen Unternehmens dar.**

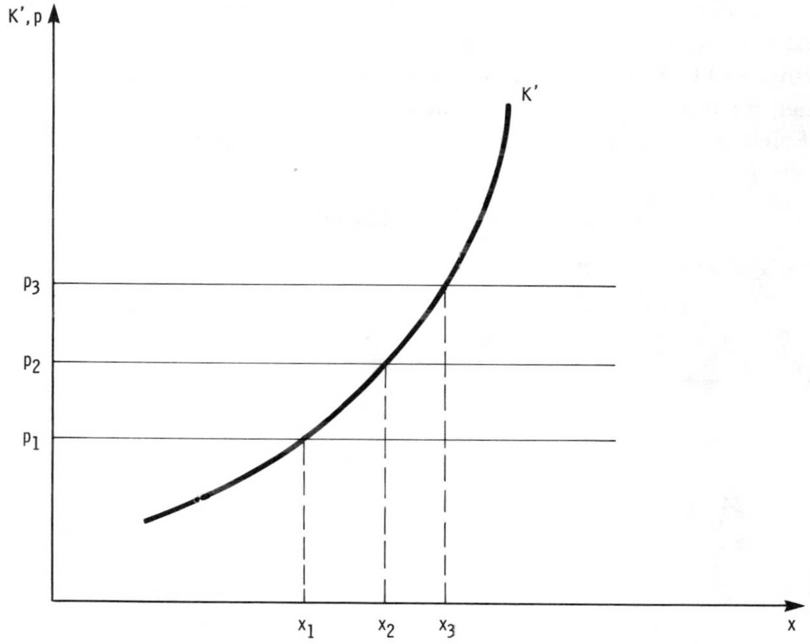

Beim Preis p_1 wird sie die Menge x_1, beim Preis p_2 die Menge x_2, beim Preis p_3 die Menge x_3 anbieten.

Dabei kann man — analog zur Nachfrage der Haushalte (vgl. B. II) — die Reaktion des Unternehmens auf Preisänderungen mit der **Preiselastizität des Angebots** erfassen, die die prozentuale (relative) Veränderung der Absatzmenge eines Gutes in Beziehung setzt zur prozentualen (relativen) Änderung des Preises dieses Gutes. Je nachdem, ob im Falle einer Preisänderung die Angebotsmenge sich unter- oder überproportional ändert, spricht man von einem **unelastischen** oder **elastischen Angebot.** Zumeist ist der Wert der Angebotselastizität **positiv,** weil in der Regel einer Preiserhöhung (Preissenkung) eine Angebotsausweitung (Angebotsverminderung) folgt.

Möglicherweise kann der Verkaufspreis aus irgendwelchen Umständen so niedrig werden, daß er die durchschnittlichen Gesamtkosten je Einheit der Ausbringungsmenge **(Stückkosten)** nicht mehr deckt. In diesem Fall wird sich das Unternehmen früher oder später veranlaßt sehen, seinen Betrieb (oder diesen Betriebszweig) einzustellen, da es hier nur Verluste erleidet.

Das Unternehmen muß aber im Zeitablauf damit rechnen, daß sich nicht nur die Marktpreise, sondern auch die Entgelte für die Produktionsfaktoren, insbesondere die **Löhne,** verändern, daß Erweiterungen der Produktionsanlagen **(Investitionen)** das Produktionspotential ändern und daß technische Entwicklungen eine effizientere Produktion erlauben **(technischer Fortschritt).**

Dabei sind diese Faktoren in der Realität gleichzeitig wirksam und bedingen sich teilweise gegenseitig. So versuchen die Unternehmen steigende Löhne durch Einführung arbeitssparender Techniken **(Rationalisierung, Automation)** zu kompensieren oder aufzufangen. Oder auf breiter Ebene eingeführte technische Fortschritte führen zu einer Erhöhung des Angebots, die tendenziell eine Senkung der Produktpreise bewirkt.

6. Die (kurzfristige) Angebotskurve einer „Industrie"

Das Angebot aller die gleiche Ware herstellenden Unternehmen, das **Gesamtangebot** der zu einer „Industrie" zählenden Unternehmen, ergibt sich aus der Summe der Angebote der einzelnen dazugehörigen Unternehmen.

Zur Ableitung dieser Angebotskurve einer „Industrie" denken wir uns alle dazugehörigen Unternehmen in einer Reihe angeordnet, und zwar so, daß das Unternehmen mit den niedrigsten Kosten am Anfang steht, dann die anderen Unternehmen in der Reihenfolge ihrer höheren Kosten folgen. Am Ende steht das Unternehmen mit den höchsten Kosten. Dies bezeichnet man als **Grenzunternehmen,** weil es das erste Unternehmen ist, das bei einem kleinen Preisfall bereits unrentabel arbeitet und wahrscheinlich zum Ausscheiden aus der Gruppe der anbietenden Unternehmen gezwungen ist.

Auch hier wollen wir uns den Zusammenhang an einem einfachen **Beispiel** verdeutlichen.

Es seien die Unternehmen I, II und III gegeben, die den Markt mit einer Ware versorgen (in Wirklichkeit handelt es sich in der Regel um eine viel höhere Zahl von Unternehmen). Das Unternehmen I habe die niedrigsten, das Unternehmen III die höchsten Herstellungskosten. Graphisch zeigt sich dies darin, daß die (Grenz-)Kostenkurven der einzelnen Unternehmen in der angegebenen Reihenfolge immer höher liegen.

Zuerst bietet das Unternehmen I an, wenn der Preis p_1 mindestens seine durchschnittlichen Gesamtkosten (Stückkosten) deckt. Die Angebotsmenge ist x_1^I. Beim Preis p_1 kommt nur diese Menge auf den Markt und wir können die gleiche Menge auch auf die Gesamtangebotskurve übertragen. Steigt der Preis auf p_2, beginnt das Unternehmen II mit seinem Angebot, es deckt jetzt mindestens seine Stückkosten. Bei diesem Preis kommen also die Mengen x_2^I und x_2^{II} auf den Markt. So lange der Preis unter p_3 bleibt (Preis, bei dem das Unternehmen III mit dem Angebot beginnt), ist das Gesamtangebot gleich der Angebotsmengen der Unternehmen I und II. Steigt der Preis auf p_3 und darüber, erhöht sich das Gesamtangebot durch das

Angebot des Unternehmens III, es kommen also die Mengen x_3^I, x_3^{II} und x_3^{III} auf den Markt. In der gleichen Weise kann man sich die Reihe der Unternehmen fortgesetzt denken.

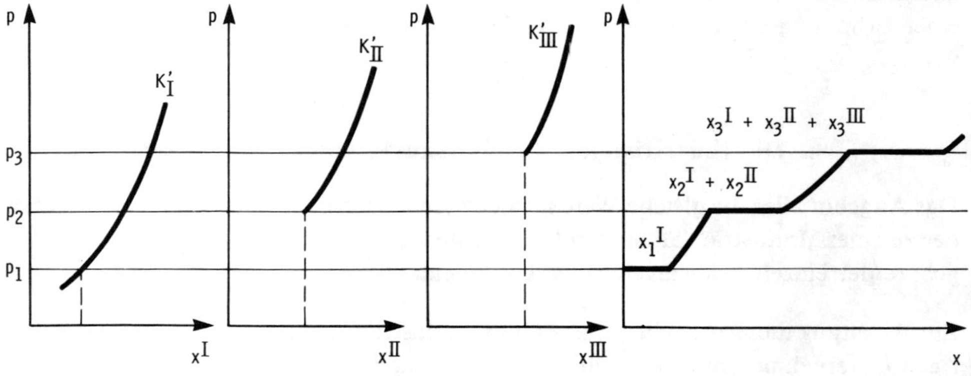

Die Gesamtangebotskurve der „Industrie" zeigt, daß mit steigendem Preis das Marktangebot größer wird, weil

1. jedes bereits im Markt tätige Unternehmen aufgrund seiner eigenen individuellen Angebotskurve mehr anbietet und

2. neue Unternehmen es rentabel finden, in die betreffende „Industrie" einzutreten und sich an dem Angebot zu beteiligen **(Gruppeneffekt).**

Bei einer Preissenkung zeigt sich umgekehrt eine Abnahme des Marktangebots jedes einzelnen Unternehmens und ein Ausscheiden einzelner Unternehmen, weil der Preis ihre Stückkosten nicht mehr deckt.

D. Markt und Preis

In der hier insbesondere besprochenen Verkehrswirtschaft fallen die Entscheidungen über den Verbrauch und die Erzeugung von Gütern und Dienstleistungen in verschiedenen selbständigen Wirtschaftseinheiten, die wir unter den Namen Haushalte und Unternehmungen klassifiziert haben.

In früheren Zeiten und teilweise heute noch in wenig entwickelten Gegenden finden wir Wirtschaftseinheiten — *Karl Bücher* nannte sie *„geschlossene Hauswirtschaften", Walter Eucken „Eigenwirtschaften"* —, die Produktion und Konsumtion in sich vereinigen. In einem autarken, auf sich selbst gestellten Bauernhof wird nur verbraucht, was in ihm erzeugt wurde, und wird nur das erzeugt, was von seinen Angehörigen verbraucht werden soll. Der gesamte Wirtschaftsprozeß spielt sich innerhalb einer Wirtschaftseinheit ab. Ein übergreifender Zusammenhang zwischen verschiedenen Wirtschaftseinheiten besteht nicht.

Die höhere Effektivität spezialisierter Leistungen, die „Arbeitsteilung" hat im Laufe der wirtschaftlichen und technischen Entwicklung diese „geschlossenen" Wirtschaftseinheiten aufgelöst und zu einer nahezu vollständigen Trennung der Verbrauchswirtschaften (Haushalte) und der Produktionswirtschaften (Unternehmungen) voneinander geführt. Der Gütertausch erfolgt in einer entwickelten arbeitsteiligen Volkswirtschaft im allgemeinen über **Märkte**. In der Regel werden aber nicht Güter direkt gegen Güter getauscht (Naturaltausch), sondern Güter werden gegen Forderungen getauscht. Eine besondere Art von Forderungen stellt Geld dar (vgl. unten E). Aber: Verbrauch und Produktion vollziehen sich in der Gegenwart ohne einheitliche Direktiven in eigenen Wirtschaftseinheiten. Die Produzenten haben keinen unmittelbaren Einblick in die Verbrauchswirtschaftspläne der Haushalte, diese ebensowenig in die Produktionspläne der Unternehmungen.

Die **Orientierung der Wirtschaftspläne an den Märkten** und ihren Ergebnissen (Umsatzmengen und Preisen) bewirkt die Koordinierung der Verbrauchs- und Produktionsabsichten der einzelnen Wirtschaftseinheiten (vgl. A. III. 5). Dem Markt- und Preisgeschehen fällt damit in der Verkehrs- oder Marktwirtschaft eine entscheidende Rolle zu. Man kann sogar sagen, daß mit den ursprünglich gelegentlichen und sporadischen Märkten die Entwicklung zur Verkehrswirtschaft ihren Anfang genommen hat; die mit der Häufung der Märkte einhergehende Verdichtung der Marktbeziehungen der Wirtschaftseinheiten untereinander ist identisch mit der Entfaltung der verkehrswirtschaftlich geordneten Wirtschaftsgesellschaft.

Obwohl die Preise offensichtlich erst das Ergebnis des Marktgeschehens sind, war das Interesse der Wissenschaft die längste Zeit — vor allem seit Aufkommen der klassischen Lehre — nahezu ausschließlich auf die Preisprobleme gerichtet, weil man die Märkte als eine selbstverständliche Einrichtung ansah, die keiner eingehenden Untersuchung bedürfe. Erst in den letzten Jahrzehnten wurde das Marktgeschehen selber eingehender untersucht. Vor die **Preislehre** ist heute die **Marktlehre** getreten.

I. Marktlehre

1. Das Wesen der Märkte

Dem heutigen Sprachgebrauch liegen zwei verschiedene Bedeutungsinhalte des Wortes **Markt** zugrunde:

1. **Markt im konkreten Sinn ist ein bestimmter Ort, an dem sich Käufer und Verkäufer mehr oder minder regelmäßig zum Abschluß von Geschäften zusammenfinden.** Solche Märkte sind die Wochen- und Jahrmärkte der Städte, die Messen, die Versteigerungsplätze, die ländlichen Vieh-, Hopfen- und Weinmärkte und die Geschäftsstraßen der großen Städte.

2. **Markt im ideellen, abstrakten Sinne als die jeweilige Angebots-Nachfrage-Konstellation.** Die meisten Geschäfte kommen heutzutage nicht mehr an einem „Marktplatz" zustande, sondern im Brief-, Telegramm- und Telefonverkehr, mittels Vertreterbesuchen, Prospekten und Preislisten, auf Zeitungsanzeigen, teilweise in festen, teilweise in beweglichen Verkaufsstellen. Ein Marktort läßt sich zumeist gar nicht mehr ausmachen. Wenn von Marktlage, Marktstimmung, Marktforschung, Warenmarkt, Arbeitsmarkt, Geldmarkt, Kapitalmarkt, Grundstücksmarkt usw. die Rede ist, denkt niemand mehr an ein sich auf einem bestimmten Platz abspielendes Kauf- und Verkaufsgeschehen, sondern daran, wie sich Angebot und Nachfrage zueinander verhalten, ob sich Abschlüsse leicht oder schwer erzielen lassen, ob Neigung zu kaufen besteht oder nicht. Der Begriff Markt hat statt seines ursprünglich konkreten Sinnes (Marktort) einen abstrakten Inhalt bekommen: *„gedankliche Zusammenfassung aller Kauf- und Verkaufsakte eines bestimmten Gutes innerhalb eines bestimmten Gebietes und Zeitraumes" (Heinrich von Stackelberg).*

Märkte im konkreten Sinn sind z. B. nur die wenigen sogenannten Versicherungsbörsen; sonst sind die Versicherungsmärkte alle Märkte im ideellen, abstrakten Sinn.

Orte, an denen Güter und Leistungen übergeben und ausgetauscht werden, gibt es auch in einer Zentralverwaltungswirtschaft. Der Zentralplan muß solche Austauschbeziehungen vorsehen. Ihnen fehlt jedoch die wesentliche Voraussetzung, um von Märkten sprechen zu können, nämlich die Freiheit der individuellen Entscheidung.

Die Märkte der Verkehrswirtschaften sind Begegnungen freier Entscheidungen der Wirtschaftssubjekte, ob und wie sie ihre Geschäfte tätigen wollen.

Zum Markt gehört, daß auf ihm ein Ergebnis, sei es hinsichtlich Preis oder Umsatzmenge, sei es hinsichtlich beider, gefunden wird, das nicht wie bei den Austauschbeziehungen innerhalb einer Zentralverwaltungswirtschaft, von Anfang an vorgegeben ist. Das Marktgeschehen schließt einen Schwebezustand ein. Das Marktergebnis ergibt sich erst aus dem Marktverlauf.

Einen Versicherungsmarkt gibt es nur im Bereich der Individualversicherung, wo es den Kontrahenten freisteht, sich zu entscheiden, ob und unter welchen Bedingungen (Prämien, Klauseln usw.) sie Versicherungsverträge abschließen wollen. In der Sozialversicherung hingegen, wo die Versicherungsverhältnisse auf Grund gesetzlicher Bestimmungen automatisch gegeben sind, kann man nicht von Versicherungsmärkten sprechen.

Beide, Umsatzmengen und Preise, sind nicht auf allen Märkten Ergebnis erst des Marktgeschehens. Es gibt Märkte, auf denen die umzusetzende Menge fixiert ist und den Interessenten nur die Bildung des Preises freisteht (Versteigerungen, Submissionen, Mengenkartelle), und es gibt Märkte, auf denen der Preis fixiert ist und den Interessenten nur die Entscheidung über die Menge freisteht (Preistaxen, Preiskartelle, Preisbindung). Neben den Märkten, auf denen Preise und Umsatzmengen aus dem Marktgeschehen hervorgehen, gibt es auch Märkte, auf denen nur einer der beiden Tatbestände — Umsatzmenge oder Preis — das noch vom Markt zu findende Ergebnis ist.

Damit kommen wir zu der **Begriffsbestimmung:**

Märkte sind der Inbegriff der durch eigene Entscheidungen der Wirtschaftseinheiten über Menge und/oder Preis zustande kommenden Austauschbeziehungen.

Heute sind es normalerweise die Austauschbeziehungen zwischen Geld und Gütern bzw. Leistungen. Dabei kann an Austauschbeziehungen gedacht sein, die sich bei zeitlich und räumlich festgelegten Veranstaltungen **(Markt im konkreten Sinn)** ergeben oder an Austauschbeziehungen ohne solche räumliche und zeitliche Fixierung **(Markt im abstrakten Sinn).**

2. Funktionen der Märkte

Die **Vorteile** der Marktorganisation sind offensichtlich. Zum einen ist die Produktion häufig mit (zuerst) steigenden Ertragszuwächsen verbunden. Dies kann einerseits auf Fixkosten, andererseits auf die Größe der Anlagen zurückgeführt werden, die zu Beginn oder vor Aufnahme der Produktion notwendig ist.

Ist nun die individuelle Nachfrage gering, dann können diese (statischen) **Skalenerträge** durch Kaufen besser genutzt werden als durch Selbstproduktion.

Zum zweiten tritt die Nachfrage verschiedener Konsumenten oder Haushalte zu unterschiedlichen Zeiten und in unterschiedlicher Höhe auf. Sind diese individuellen Nachfragen nicht gegenseitig voneinander abhängig (wie etwa bei saisonaler Nachfrage), dann können Märkte diese (unkorrelierte) Nachfrage zusammenfassen (aggregieren) und dadurch **Ausgleichsvorteile** erzielen, wie sie mit dem Gesetz der großen Zahlen verbunden sind.

Zum dritten können Märkte zu **Ersparnissen** führen, wenn verwandte Aktivitäten angeboten werden, von denen der Haushalt oder die Unternehmung nur jeweils eine benötigen **(Verbundvorteile).**

Daraus folgt, daß die Austauschbeziehungen so lange über Märkte abgewickelt werden, als die Kosten einer Marktorganisation diese Vorteile nicht überwiegen. Dabei zählen zu diesen Kosten sowohl die reinen Transportkosten wie auch die Kosten, die durch die Informationssuche und -beschaffung, die Verhandlungen und Vertragsformulierung, die Einhaltung bzw. Erzwingung der Vereinbarungen und schließlich die Durchsetzung von Änderungen aufgrund veränderter Bedingungen während der Laufzeit der Vereinbarungen entstehen.

In der Verkehrswirtschaft fallen den Märkten besonders wichtige **Aufgaben** zu:

1. Sie verknüpfen Anbieter und Nachfrager, Verkäufer und Käufer miteinander zu der Wirtschaftsgesellschaft **(Vergesellschaftungsfunktion).**

2. Indem sich die Wirtschaftseinheiten bei der Aufstellung ihrer Wirtschaftspläne an den Angebots- und Nachfragedaten der Märkte orientieren, bewirken diese die Zusammenpassung der vielen autonom aufgestellten Wirtschaftspläne **(Koordinierungsfunktion).**

3. Auf den Märkten bilden sich die für den Austausch von Gütern und Leistungen gegen Geld in Betracht kommenden Preise **(Preisfindungsfunktion).**

4. Ein Verhalten der Wirtschaftssubjekte entsprechend den Marktdaten ist in der Verkehrswirtschaft notwendig und folglich auch sittlich gerechtfertigt **(Disziplinierungsfunktion).**

Wenngleich diese vier Funktionen nicht immer vollkommen erfüllt werden, gewährleisten sie doch normalerweise die Wirksamkeit der Verkehrs-(Markt-)wirtschaft.

In Zeiten extremer Notlagen, überstürzenden technischen Fortschritts oder der Überbeschäftigung verlieren diese Funktionen an regulierender Kraft, so daß die Wirtschaftspolitik korrigierend und ergänzend eingreifen muß, vor allem die rücksichtslose Ausnutzung einseitig gelagerter Marktchancen (die Disziplinierungsfunktion) kann dann mit übergeordneten sozialpolitischen oder höheren ethischen Werten (Zielen) in Widerspruch geraten.

Die Entstehung und Gestaltung der Beziehungen zwischen den Wirtschaftseinheiten allein den Funktionen der Märkte zu überlassen, kann in gewissen Wirtschaftsbereichen zu ernsten Bedenken führen. Die **Eigenart der Versicherungsleistung**, einen erst in der Zukunft auftretenden Bedarf (möglicherweise überhaupt nicht eintretenden Bedarf) zu decken, und die daraus resultierende Schwierigkeit, die Prämien (Preise) entsprechend den erst in der Zukunft eintretenden Daten (Häufigkeit und Umfang der Versicherungsfälle) im voraus verläßlich festzulegen, kann dahin führen, daß individuell oder sozial notwendige Versicherungsabschlüsse unterbleiben oder allzu optimistische Annahmen über die zukünftig eintretenden Versicherungsfälle zu unzulänglichen, die Leistungsfähigkeit der Versicherer in Frage stellenden Prämien führen. Deswegen haben sich die meisten Staaten genötigt gesehen, den sozial unumgänglich notwendigen Grundbedarf an Versicherungsschutz (Sozialversicherung) zwangsweise, also außerhalb des Marktverkehrs, zu decken, in anderen Fällen (z. B. zugunsten der Verkehrsopfer in der Kraftverkehrsversicherung) eine Verpflichtung zur Versicherungsnahme im Rahmen der Marktwirtschaft zu statuieren und allgemein die Versicherungsunternehmen sowohl zum Schutze unerfahrener Versicherungsnehmer als auch zu ihrem eigenen Schutze gegen unerfahrene und unlautere Konkurrenten einer **Aufsicht** zu unterstellen; strittig ist nur das Ausmaß, nicht die grundsätzliche Anerkenntnis der Notwendigkeit dieser Maßnahmen. Ebenso, jedoch aus anderen Gründen und mit anderen Maßnahmen, haben die Staaten vielfach im Bereich der Landwirtschaft, des Bergbaus, des Verkehrswesens, der Nahrungs- und Genußmitteldarbietung, des Kreditwesens usw. in die marktwirtschaftlichen Beziehungen der Wirtschaftseinheiten untereinander **regulierend** eingegriffen.

3. Interdependenzen der Märkte

Die vielen und voneinander verschiedenen Märkte einer Verkehrswirtschaft stehen nicht isoliert nebeneinander, sondern in einem Gesamtzusammenhang derart, daß das Geschehen auf dem einen Markt auch das Geschehen auf anderen Märkten beeinflußt (Interdependenzen der Märkte).

Der Zusammenhang der Märkte untereinander ist gegeben,

1. weil die auf verschiedenen Märkten umgesetzten Güter in einem Substitutionsverhältnis (z. B. Kohle und Heizöl, Butter und Margarine, Kinobesuch und Fernsehapparat u. dgl.) oder in einem Komplementärverhältnis zueinander (z. B. Auto und Treibstoff, Maschinen und Energien und dgl.) stehen oder aus dem gleichen Produktionsvorgang hervorgehen (z. B. Gas, Koks, Teer oder Wolle und Schaffleisch usw.): **Konkrete Interdependenz,** *„Nachbarschaftsverhältnisse" (Wilhelm Röpke)* der Märkte. In einer derartigen Beziehung stehen die meisten **Versicherungsmärkte** zu den anderen Gütermärkten insofern, die Ausweitung der Umsätze auf diesen zu einer

vermehrten Nachfrage nach Versicherungsschutz führt; besonders innig ist dieser Zusammenhang zwischen dem Kraftfahrzeug und dem Markt der Kraftverkehrsversicherer;

2. weil alle Wirtschafter nur im Rahmen ihres Einkommens bzw. Vermögens (möglicherweise unter Hinzunahme von beschränkten Krediten) kaufen können — folglich die auf den einen Märkten ausgegebenen Beträge für die Nachfrage auf anderen Märkten fehlen — und weil die allgemeine (optimistische oder pessimistische) Stimmung sich auf alle Märkte mehr oder weniger auswirkt. Wenn sich auf einigen wichtigen Märkten eine Flauheit oder Belebung zeigt, erwarten die Menschen oft auch auf anderen Märkten eine ähnliche Bewegung und führen sie herbei. Diese **allgemeine Interdependenz** der Märkte untereinander kann in einzelnen Fällen unter der Schwelle praktischer Erkennbarkeit liegen, ist im Prinzip jedoch unbestreitbar. In diese allgemeine Interdependenz sind auch die Versicherungsmärkte verwoben, denn die Nachfrage nach Versicherungsschutz hängt nicht nur von der Einsicht und Bereitwilligkeit der Versicherungskandidaten ab, sondern entscheidender von deren Zahlungsfähigkeit nach Deckung des notwendigen Lebensbedarfs (Abhängigkeit von den Konsumgütermärkten), nach Deckung der unumgänglichen Produktionsaufwendungen (Abhängigkeit von den Produktionsmittelmärkten) und von der allgemeinen Einkommensentwicklung (Abhängigkeit von den Arbeitsmärkten).

Die konkreten und allgemeinen Interdependenzen formen die Märkte einer Verkehrswirtschaft zu einem in sich geschlossenen Marktsystem, in dem sich kein Markt ohne Rückwirkung auf andere Märkte verändern kann.

Auf diesem Marktsystem gründet das später zu behandelnde Preissystem.

4. Eigenschaften der Märkte

Die Märkte weisen unterschiedliche Eigenschaften auf, die sich jeweils gegensätzlich zusammenstellen lassen; vielfach zeigen sich Übergänge zwischen diesen konträren Eigenschaften.

Außer den folgenden, häufig wiederkehrenden und für das Marktergebnis besonders wichtigen Eigenschaften der Märkte könnten noch eine Reihe anderer Eigenheiten angeführt werden, und zwar um so mehr, je mehr man sich speziellen Märkten zuwendet. Für den Praktiker sind die vielfältigen besonderen Eigentümlichkeiten der einzelnen Märkte oft interessanter als die nachstehend aufgeführten allgemeinen Eigenschaften. Intime Kenntnis der jeweils in Betracht kommenden Märkte ist wesentliche Voraussetzung wirtschaftlichen Erfolgs.

Märkte können sein:

a) persönlich oder anonym

Den höchsten Grad der Anonymität erreicht die Börse, wo die Abschlüsse ohne Zusammenkommen der Kontrahenten durch Mittelspersonen (Makler, Kommissionäre) herbeigeführt werden. Die Anonymität ist ganz verschwunden, wo die Kontrahenten in persönlicher Absprache alle Kauf- und Lieferungsbedingungen individuell vereinbaren. Der anonyme Markt versachlicht das Marktgeschehen, läßt kein Kundenverhältnis aufkommen. Der persönliche Markt steht stark unter subjektiven Einflüssen (Präferenzen), pflegt Kundschaftsverhältnisse.

Die **Versicherungsmärkte** neigen zu Massenabschlüssen — vor allem im kleineren Geschäft — zur Anonymität, bei großen Einzelabschlüssen dagegen zu persönlicher Fühlungnahme der Kontrahenten.

b) organisiert oder unorganisiert

Dies gilt je nachdem, ob für die Herstellung marktwirtschaftlicher Verbindungen institutionelle Vorkehrungen (eine Behörde, kaufmännische Korporation als Veranstalter wie bei den Börsen, Messegesellschaft) getroffen sind und für den Marktverlauf gewisse allgemeine Regeln (Marktordnung, Handelsbräuche) gelten oder nicht.

Die **Versicherungsmärkte** nehmen eine Zwischenstellung ein, insofern für sie zwar kein über den Partnern stehender Veranstalter vorhanden ist, aber für den Inhalt der abzuschließenden Verträge doch in der Regel einheitliche Bedingungen (Allgemeine Versicherungsbedingungen und Klauseln) gelten.

c) informiert oder nicht informiert

Man nennt sie auch Experten- oder Laienmärkte, je nachdem, ob die Teilnehmer die Einzelheiten der Geschäfte (Preise und Qualitäten der Ware) beurteilen können oder nicht. Der großen Masse der Konsumenten fehlt heute vielfach jegliche Warenkenntnis; Preis und Ware können sie kaum zuverlässig beurteilen; sie stehen unter dem Einfluß einer emotionalen Reklame, die sie höchst selten über die objektiven (guten und schlechten) Eigenschaften der Ware unterrichtet. Anders steht es unter den Geschäftsleuten (Produzenten und Händler).

Der Umstand, daß auf den **Versicherungsmärkten** die Versicherer als Experten einer großen Masse von Laien als Versicherungsnehmer gegenübertreten, war bekanntlich mit ein Grund für die Einführung der Versicherungsaufsicht.

d) offen oder geschlossen

Offen ist ein Markt, auf dem keinerlei rechtliche oder faktische Hindernisse für die Teilnahme bestehen; geschlossen ist ein Markt, wenn nicht jeder als Anbieter oder Nachfrager nach seinem Gutdünken teilnehmen kann.

Auf der Nachfragerseite sind die **Versicherungsmärkte** offen, auf der Anbieter-(Versicherer-)seite können sie wegen der Zulassungsbeschränkungen als (relativ) geschlossen bezeichnet werden.

e) verbunden oder isoliert

Dabei kommt es darauf an, ob mit anderen Märkten eine konkrete Interdependenz („Nachbarschaftsverhältnis") besteht oder nicht.

Wegen der nationalen Hemmnisse (Sprache, Recht) sind die **nationalen Versicherungsmärkte** voneinander ziemlich isoliert, innerhalb der einzelnen Volkswirtschaften sind sie jedoch weitgehend mit anderen Märkten und unter sich verbunden.

f) einseitig aktiv oder zweiseitig aktiv

Ein Markt ist einseitig aktiv, wenn sich nur eine Marktseite (bei Käufermärkten die Verkäuferseite, bei Verkäufermärkten die Käuferseite) um den Abschluß der Geschäfte bemüht. Auf zweiseitig aktiven Märkten zeigen beide Marktseiten annähernd ein gleich starkes Interesse an Geschäftsabschlüssen. Von Zeiten der Überbeschäftigung oder des Warenmangels abgesehen, sind die Märkte der modernen Verkehrswirtschaften normalerweise durch Angebotsüberschüsse charakterisiert, also einseitig aktiv. Die Folge ist eine empfindliche Konkurrenz der Anbieter untereinander und die sich mehr passiv verhaltenden Kunden.

Wo es sich nicht um sehr schwere und von den Versicherern gemiedene Wagnisse handelt, sind die **Versicherungsmärkte** einseitig aktiv, weil aufgrund der (produktions-) technischen Bedingungen eine starke Tendenz zur Angebotsausweitung besteht.

g) vollkommen oder unvollkommen

Dies gilt je nachdem, ob das Marktgeschehen für alle gleichartigen (homogenen) Waren bzw. Leistungen zum selben Preis führt oder ob sich unterschiedliche Preise behaupten können. Für vollkommene Märkte gilt das „Gesetz der Unterschiedslosigkeit der Preise" (*„law of indifference of prices"* nach *W. St. Jevons*), für unvollkommene gilt es nicht. Nahezu vollkommen ist der Einheitsmarkt der Börse und der Markt einiger Stapelgüter. Alle anderen Märkte sind im Vergleich zu den Zeiten der Klassiker oder des Beginns des Industriezeitalters laufend unvollkommener geworden.

Da die Versicherungsbedingungen einheitlich sind und über die Prämien (Preise) öfters Absprachen der Versicherer untereinander vorliegen, neigt der **Versicherungsmarkt** — zwar nicht von sich aus, sondern infolge Regulierung — zu einer gewissen Vollkommenheit, die allerdings selten durch Präferenzen zugunsten bestimmter Versicherer beeinträchtigt ist.

h) frei oder reguliert

Ein Markt ist frei, wenn sich die Preisfindung nur unter Einflüssen abspielt, die aus den autonomen Entscheidungen der Marktteilnehmer hervorgehen (Kontakt- und Kontraktfreiheit). Sehr oft werden die Märkte vom Staat oder von Verbänden reguliert, indem sie die Preise entgegen dem freien Marktgeschehen nach oben oder unten zu beeinflussen suchen. Je stärker durch die Marktregulierung die Marktdaten gegenüber einem freien Markt verändert werden, desto mehr verlagert sich das Marktgeschehen auf sogenannte illegale, schwarze oder graue Märkte, auf denen die offiziellen (regulierten) Preise umgangen werden.

Wie schon angedeutet, sind die **Versicherungsmärkte** öfters mehr oder weniger reguliert.

5. Marktformen

Obwohl der deutsche Merkantilist *Johann Joachim Becher* (1625 bzw. 1635—1682) darauf hingewiesen hatte, war es bis fast in unsere Tage unbeachtet geblieben, daß die Zusammensetzung der Anbieter- und Nachfragerseite eines Marktes für seinen Verlauf und sein Ergebnis von grundsätzlicher Bedeutung ist. Die sich mit der Struktur der Angebots- und Nachfragerseite eines Marktes beschäftigende **Marktformenlehre** wurde von *Heinrich von Stackelberg* (1905—1946), *Joan Robinson* (1903—1983), *Edward Chamberlin* und *Walter Eucken* (1891—1950) begründet.

Umstritten ist, ob es für die Kennzeichnung der Angebots- und Nachfragestruktur auf objektive Umstände, wie Zahl und Größe der Marktteilnehmer, oder auf ihre subjektive Verhaltensweise ankommt. Trotz Verschiedenheiten stimmen die Marktformenlehren in den Grundlagen weitgehend überein. Wir stützen uns folglich auf die einfache und klare Formulierung *Euckens.*

Auf der Angebots- wie auf der Nachfrageseite eines Marktes können auftreten:

a) Viele (kleine) Anbieter bzw. viele (kleine) Nachfrager: vollständige Konkurrenz, Infinopol, Polypol, atomistische Konkurrenz

Wenn das gesamte Marktangebot einer Ware von vielen Anbietern ausgeht, dann bietet in der Regel jeder von ihnen nur eine so kleine Quote des Gesamtangebots an, daß es gar nicht auffällt, ob er seine Angebotsmenge vergrößert oder verkleinert, ob er ausfällt oder neu hinzutritt.

Der kleine Anbieter kann durch eine Änderung seiner Angebotsmenge den auf dem Markt zustande kommenden Preis nicht beeinflussen.

Er muß den Preis so nehmen, wie er am Markt zustande kommt, er ist **„Preisnehmer"**; wollte er einen höheren Preis fordern, kaufte ihm niemand etwas ab; weniger zu verlangen, hat er keinen Grund.

Der Anbieter kann den Preis als eine von ihm unabhängige Größe ansehen und ihn als festes Datum in seinen Wirtschaftsplan einsetzen.

Er kann nur bestimmen, welche Mengen er zu dem von ihm nicht beeinflußbaren Marktpreis absetzen will; er verhält sich als **„Mengenanpasser"**.

Analog bleibt es ohne Einfluß auf den Marktpreis, wenn der einzelne von vielen kleinen Nachfragern seine Nachfragemenge ändert; er kann sich darauf verlassen, jede von ihm gewünschte Menge zu dem gegebenen Preis erwerben zu können.

Wo Anbieter und Nachfrager unter diesen Bedingungen zusammentreffen, hat keiner von ihnen eine Machtstellung am Markt.

Auf der Angebotsseite ist die Marktform nicht häufig; als Beispiel werden die vielen kleinen Bauern und Farmer genannt, die gewohnt sind, ihre Produkte zu dem üblichen Marktpreis anzubieten und abzusetzen. Dagegen befindet sich die Masse der Haushalte (Konsumenten) als Nachfrager in dieser Marktform.

b) Ein (großer) Anbieter bzw. ein (großer) Nachfrager: Angebots- bzw. Nachfragemonopol

Die gesamte auf dem Markt erscheinende Angebots- bzw. Nachfragemenge geht von einem einzigen Anbieter bzw. Nachfrager aus. Er ist ein „großer", weil er 100 % der Angebots- oder Nachfragemenge stellt.

Durch eine Änderung seiner Menge kann er den Preis beeinflussen; der am Markt zustande kommende Preis hängt von der von ihm angebotenen bzw. nachgefragten Menge ab.

Als Anbieter kann er durch eine geringe Marktbeschränkung den Preis erhöhen, als Nachfrager durch Verringerung seiner Nachfragemenge den Preis drücken. Da beim Angebotsmonopol alle Nachfrager auf den einzigen Anbieter, beim Nachfragemonopol alle Anbieter auf den einzigen Nachfrager angewiesen sind, besitzt der Monopolist eine außerordentlich starke Machtstellung am Markt. Seine Herrschaft über den Markt ist aber nicht absolut, denn er kann nur den Preis oder die Menge nach seinem Belieben festsetzen. Der Angebotsmonopolist kann zwar den Preis (oder die Absatzmenge) fixieren, er muß aber den Nachfragern überlassen, welche Menge sie nachfragen (zu welchem Preis sie die fixierte Menge abnehmen); ähnlich kann der Nachfragemonopolist den von ihm zu zahlenden Preis festsetzen, muß es aber den Anbietern überlassen, wieviel sie ihm zu diesem Preis liefern.

Der **Monopolist** muß also die zu erwartenden **Reaktionen der Marktgegenseite beachten.**

Ein Angebotsmonopol liegt z. B. in Ländern mit Tabakregie vor, ein Nachfragemonopol hat unter Umständen eine Eisenbahnverwaltung als einziger Interessent für Lokomotiven, Eisenbahnwagen und dergleichen.

c) Wenige Anbieter bzw. Nachfrager (mittlerer Größe) Angebots- bzw. Nachfrageoligopol

Treten auf einem Markt nur wenige Anbieter oder Nachfrager auf, so entfällt auf jeden eine beachtliche Quote des Marktumsatzes; sie sind Anbieter oder Nachfrager „mittlerer" Größe und haben nur wenige Konkurrenten. Da der einzelne Anbieter (Nachfrager) eine beachtliche Quote der Angebotsmenge (Nachfragemenge) stellt, hat er ebenso wie der Monopolist die Reaktionen der Gegenseite bei seinen Planungen zu berücksichtigen.

Zum Unterschied vom Monopolisten, der keine Konkurrenten hat, **muß der Oligopolist neben den Reaktionen der Marktgegenseite noch die Reaktionen seiner (wenigen, aber möglicherweise sehr aktiven) Konkurrenten beachten.**

Ändert ein Oligopolist z. B. seinen Preis, so kommt es für ihn auch darauf an, wie seine Wettbewerber sich verhalten, ob sie ihren Preis ebenfalls ermäßigen oder beibehalten. Oligopolisten bekämpfen und belauern sich ständig gegenseitig. Der eine kann seine Absatzmenge nur auf Kosten der anderen ausdehnen, und wenn der eine eine Marktaktion startet, müssen die anderen dieser Aktion entgegenwirken, um nicht aus dem Markt gedrängt zu werden.

Im Etat der Oligopolfirmen spielen neben den Produktionskosten die **Absatzkosten** (selling costs), insbesondere die Reklameaufwendungen, eine erhebliche Rolle; nicht selten steigern sie sich gegenseitig in kostspielige Werbeaktionen hinein.

Unter Oligopolisten herrscht ständig eine (latente) **Kampfsituation,** denn der einzelne kann nichts tun, was nicht seine Wettbewerber berührt. Die Marktstellung eines Obligopolisten ist immer von seinen Konkurrenten bedroht. Statt sich gegenseitig zu bekämpfen, können die Oligopolisten auch ein gemeinsames Vorgehen absprechen (z. B. ein Kartell schließen); aber die Gefahr, daß einer von ihnen in der Absicht, seinen Marktanteil zu vergrößern, die Abmachung bricht, ist ständig gegeben. Die Erfahrung lehrt, daß Angebotsoligopolisten in der Regel weniger dazu neigen, Produktionskostensenkungen in vollem Ausmaß in Form von Preisermäßigungen an die Abnehmer weiterzugeben, als vielmehr für höhere Werbe-(Reklame-)aufwendungen (Steigerung der Verkaufskosten) zu verwenden.

Angebotsoligopole sind für die meisten Märkte heute charakteristisch: Kraftfahrzeug-, Waschmittel-, Zigaretten-, Schokolade-, Radio- und Fernsehgeräte-, Kühlschrank-, Elektroindustrie usw. Nachfrageoligopole finden sich auf jenen Produktionsgütermärkten, wo nur wenige Fabriken bestimmte Spezialmaschinen nachfragen.

d) Ein überragend großer und mehrere kleine Marktteilnehmer: Teilmonopol

Der Große beherrscht den Markt, bestimmt z. B. den Preis; den Kleinen, die den Großen nicht provozieren dürfen, bleibt nichts anderes übrig, als den vom Großen gesetzten Preis ohne eigene Marktstrategie zu übernehmen: **Der Große ist „Preisführer“.** Er ist in der Lage, den Kleinen jederzeit den Garaus zu machen, doch können gewisse Gründe, z. B. Rücksicht auf die öffentliche Meinung, ihm nahelegen, die Kleinen bestehen zu lassen, vorausgesetzt, daß sie seine Kreise nicht stören. Ein Beispiel war die deutsche Zündwarenmonopolgesellschaft mit einem Produktionsanteil von 65 % am deutschen Markt; der Rest verteilte sich auf einige andere Zündholzfabriken.

e) Wenige große und mehrere kleine Marktteilnehmer: Teiloligopol

Jeder der großen Oligopolisten muß die Reaktionen seiner Kunden und der anderen Oligopolfirmen beachten, darüber hinaus noch die Reaktionen der vielen Kleinen. Das Teiloligopol ist in der Regel eine sehr labile Marktform, da es für die Großen einfacher ist, ihren Absatz auf Kosten der Kleinen auszudehnen als im Kampf gegen die großen Mitbewerber; die Kleinen verschwinden im Laufe der Zeit, und das Teiloligopol verwandelt sich in ein Oligopol. Als Beispiel kann die Zementindustrie genannt werden, in der neben einigen großen Firmen noch kleinere Zementgrubenbesitzer arbeiten, oder der großstädtische Biermarkt, auf dem neben den wenigen Großbrauereien eine Reihe kleiner Landbrauereien anbieten.

Die folgende Tabelle veranschaulicht, wie die aufgezeigten Formen des Angebots und der Nachfrage jeweils zusammentreffen können:

Die Märkte nach dem Muster der Felder 1, 7, 13, 19 und 25 sind symmetrisch, da Angebots- und Nachfrageseite die gleiche Struktur aufweisen; die anderen Märkte sind asymmetrisch.

Allein von der Struktur der Angebots- und Nachfrageseite her gibt es 25 Marktformen. Die Zahl erhöht sich beachtlich, wenn man die in D.I. 4 aufgeführten unterschiedlichen Eigenschaften der Märkte in die Kombination hineinnimmt. Die Schemata werden dadurch komplizierter. Man kann sie jedoch erheblich vereinfachen,

Form der Nachfrage \ Form des Angebots	Konkurrenz	Teiloligopol	Oligopol	Teilmonopol	Monopol
Konkurrenz	1	2	3	4	5
Teiloligopol	6	7	8	9	10
Oligopol	11	12	13	14	15
Teilmonopol	16	17	18	19	20
Monopol	21	22	23	24	25

wenn man nur die Struktur der Angebotsseite in Betracht zieht. Die verschiedenen Formen der Nachfrage spielen eigentlich nur bei den Geschäftsbeziehungen der Firmen und Unternehmungen untereinander eine Rolle; auf den Konsumgütermärkten treten normalerweise sehr viele (kleine) Nachfrager (Haushalte, Konsumenten) auf — ein Grund übrigens für die ungünstige Marktstellung der Konsumenten.

Die Versicherungsmärkte sind asymmetrische Märkte. Als Nachfrager treten eine Unmenge von Wirtschaftseinheiten auf, die alle Versicherungsschutz begehren. Die Angebotsseite zeigt die typische Oligopolform (im Verhältnis zur Zahl der Nachfrager wenige, große Versicherungsgesellschaften), die einen lebhaften Kampf um den Marktanteil gegeneinander führen, wenn sie nicht zu stets bedrohten Bestandsschutzabsprachen greifen.

Mitunter kann für einen sehr speziellen Versicherungszweig eine Gesellschaft ein Monopol besitzen. Manchmal ähnelt die Struktur der Angebotsseite mehr der Teiloligopolform, wenn neben den großen Versicherungsgesellschaften noch eine Reihe kleinerer Versicherer (kleinere Gegenseitigkeitsvereine wie etwa in der Feuer- oder Tierversicherung) auftreten.

6. Der Wettbewerb

Die klassische Nationalökonomie kannte neben dem Monopol, das sie als eine zu bekämpfende Ausnahme ansah, nur die oben als „Konkurrenz" bezeichnete Situation, daß auf der Anbieter- wie auf der Nachfragerseite sehr viele, voneinander unabhängige und für sich machtlose Marktteilnehmer auftreten, von denen keiner den Preis in seinem Interesse beeinflussen kann. Auf der Angebotsseite der Märkte herrschte nach ihrer Meinung entweder „Wettbewerb" (Konkurrenz) oder er fehlte vollständig (reines Monopol). Konkurrenz und Monopol wurden für die beiden einzigen sich gegenseitig ausschließenden Marktformen gehalten. Wo nicht ein Produzent von Natur aus oder auf Grund eines staatlichen Privilegs (Patents) der einzige Anbieter einer

Ware ist, sollte der Wettbewerb zu einem Zustand führen, bei dem viele Anbieter auftreten, sich für die gleiche Ware derselbe Preis einspielt und keiner den Marktpreis machtmäßig beeinflussen kann.

Diesen zu einem **„vollkommenen Markt"** führenden Wettbewerb nennt man heute **vollkommenen Wettbewerb (perfect competition).**

Wie unsere Darstellung der Marktformen gezeigt hat, **weisen jedoch die meisten Märkte eine Form auf, die zwischen dem vollkommenen Wettbewerb und dem Monopol liegt.**

Es ist sogar sehr fraglich, ob es ein Monopol im Sinne des Fehlens jeglicher Konkurrenz überhaupt gibt; selbst wenn ein Hersteller eine spezielle Ware ganz allein anbietet, sind in der Regel für diese Ware eine Reihe von Substituten erhältlich, die jene Ware mehr oder weniger gut ersetzen können, so daß die Nachfrager auf derartige Substitute ausweichen und sich dem Preisgebot des Monopolisten entziehen können.

Die überall zu beobachtende lebhafte Substitutskonkurrenz läßt gar kein Monopol im strengen (reinen) Sinne aufkommen. Ebensowenig tritt die Idealform des vollkommenen Marktes auf, denn höchstens gewisse Stapelgüter (wie z. B. Metalle) werden von den sachverständigen industriellen Nachfragern als so gleichartig (homogen) erkannt, daß sie keinen Grund haben, dem einen Anbieter einen höheren Preis als einem anderen Anbieter zuzugestehen.

Auf den meisten Produktionsmittel- und Konsumgütermärkten bringen die Nachfrager den Anbietern ein unterschiedliches Wohlwollen entgegen, sei es auf Grund persönlicher Beziehungen, der günstigeren geographischen Lage oder wegen ihres Glaubens an die bessere Qualität der Ware des betreffenden Anbieters **(persönliche, räumliche und sachliche Präferenzen).** Der Anbieter, der solche in den Käuferkreisen zu seinen Gunsten herrschende Präferenzen kennt, vermag dieserhalb einen etwas höheren Preis zu fordern als seine Konkurrenten, die dieses Wohlwollen nicht genießen.

Selbst wenn man von den vielen Eingriffen in die freie Preisbildung absieht, sind die meisten Märkte keineswegs so beschaffen, daß sich auf ihnen die Tendenz zu einem identischen Marktpreis zeigt. Selbst die **Versicherungsmärkte** sind nicht so vollkommen trotz der Gleichartigkeit der Versicherungsbedingungen und damit der weitgehenden Homogenität der Versicherungsleistung, daß nicht der eine oder andere Versicherer wegen seines Rufes und Ansehens eine etwas höhere Prämie erreichen kann.

Die meisten Produzenten suchen sogar dem vollkommenen Wettbewerb dadurch auszuweichen, daß sie ihr Produkt durch Hinweis auf ihren Ruf, durch Handelsmarke, Reklame, Aufmachung, Verpackung, Kundendienst, Garantie, Zahlungsentgegenkommen und andere Nebenleistungen von dem Produkt ihrer Konkurrenten differenzieren. Sie bieten dieselbe Ware, aber mit einem kleinen, in der Meinung der Käufer vermutlich wichtigen Unterschied **(Prinzip der minimalen Produktdifferenzierung)** an, was sie in der Preisstellung etwas unabhängiger macht.

So sucht auch jede **Versicherungsgesellschaft** durch Hinweise auf ihre gewissenhafte Beratung und entgegenkommende Schadenregulierung Präferenzen zu ihren Gunsten zu wecken.

Wertet man derartige vom Produzenten geweckte Präferenzen als ein wichtiges Qualitätsmerkmal seiner Ware oder Leistung, so hat jeder Anbieter, weil nur ihm gegenüber diese Präferenzen gelten, strenggenommen ein Monopol für seine Ware.

Jeder Markt enthält so eine Fülle von Monopolen. Die Wirklichkeit zeigt uns eine *„world of monopolies" (Joan Robinson).* Andererseits stehen aber alle diese „Monopolisten" in einem Wettbewerb miteinander, denn ihre, von den Präferenzen abgesehen, ähnlichen oder gleichen Produkte vermögen sich gegenseitig zu ersetzen und aus der Gunst des Publikums zu verdrängen. Wo immer möglich, sucht sich jede Firma für ihr Produkt einen eigenen Markt zu schaffen, diesen durch Reklame usw. gegen das Eindringen von Substituten (ähnliche oder vergleichbare Waren anderer Firmen) zu verteidigen und auf diesem den Preis, wenn auch nicht selbstherrlich zu bestimmen, so doch zu beeinflussen — in vielen Fällen bis zum Konsumenten hin (Preisbindung der zweiten Hand, Richtpreise, Festsetzung der Groß- und Kleinhandelsrabatte).

Die hauptsächlichsten Märkte zeigen eine eigentümliche Mischung zwischen Monopol und Wettbewerb, die man als monopolistischen Wettbewerb (monopolistic competition) bezeichnet hat.

Der Kampf der Firmen gegeneinander um den Absatz ihrer Waren, um die Behauptung und Vergrößerung ihres Marktanteils kann geschehen:

1. **durch Forderung eines niedrigeren Preises: Preiswettbewerb.** Kampfmittel der Firmen gegeneinander ist der Preis, indem sie durch offene oder verdeckte Preiszugeständnisse sich die Kunden abspenstig zu machen suchen. In der Vorstellungswelt der Klassiker erschien der Wettbewerb nur als Preiswettbewerb, weil in den Anfangszeiten des Industrialismus die gegenüber heute viel wenigeren Waren ziemlich gleichartig waren und der Preis das Mittel war, um auf die Nachfrager einzuwirken;

2. **durch (echte oder unechte) Verbesserung der Warenqualität: Qualitätswettbewerb.** Kampfmittel der Firmen gegeneinander ist das Angebot verschiedener, dem gleichen Zweck dienender Waren in der Absicht, dem potentiellen Käufer ein seinen Wünschen besser entsprechendes und von ihm bevorzugtes Produkt zu bieten. Die Entwicklung immer neuer Substitute, die manchmal für die besondere Verwendung seitens des Kunden die Qualitäten des Originalprodukts noch übertreffen, bietet dem Qualitätswettbewerb heute ein breites Feld. Ausschlaggebend wird dabei nicht selten eine effektbetonte Nebensächlichkeit oder ein eingeredeter Qualitätsunterschied am Produkt;

3. **durch Schaffung besserer Beziehungen zum Abnehmerkreis: Beziehungs-(Präferenzen-)Wettbewerb.** Kampfmittel der Firmen ist die Weckung von Präferenzen zu Gunsten der eigenen Firma durch Reklame, Entwicklung besonderer Absatzmetho-

den, Kundendienst und durch Herstellung engerer persönlicher Kontakte (Vertreterstab, Gewinnung einflußreicher Persönlichkeiten usw.). Der illegale Grenzfall ist Bestechung, Nötigung, Korruption und Erpressung. Ziel des Beziehungswettbewerbs ist die Schaffung und Auswertung persönlicher Präferenzen, um trotz Qualitäts- und Preisgleichheit der Produkte, ja sogar bei qualitativer und preislicher Unterlegenheit, doch den Kunden zu gewinnen.

Den Wettbewerb treiben die Firmen zumeist in allen drei Richtungen voran.

Der Preiswettbewerb wird durch den Qualitäts- und/oder Beziehungswettbewerb in seiner Wirkung verstärkt. Jedesmal, wenn der Wettbewerb in einer Richtung ausgeschaltet wird (z. B. der Preiswettbewerb durch Kartellvereinbarungen), oder keinen Erfolg mehr verspricht, verlagert er sich auf eine andere Richtung. Wo Preis und Qualität der Leistung nicht wesentlich variiert werden können — wie vielfach im Kredit- oder Versicherungswesen —, bleibt der Beziehungswettbewerb das letzte, oft nicht kontrollierbare Mittel, das Geschäft an sich zu ziehen.

Dem Qualitäts- und Beziehungswettbewerb ist es zuzuschreiben, daß sich die Wirkung des Preiswettbewerbs, nämlich die Tendenz zum einheitlichen Preis für die gleiche Ware oder Leistung, in der Wirklichkeit kaum durchsetzt. Statt der Bewegung auf einen für alle Anbieter gleichen Preis hin zeigt die Wirklichkeit die viel kompliziertere Situation, daß sich die Preise vergleichbarer Waren (insbesondere der Markenartikel) einander zwar anpassen, sich unter ihnen aber doch gewisse Unterschiede hartnäckig behaupten. Nichts deutet auf ein Verschwinden solcher Preisdifferenzen, wie sie bei fast allen Artikeln zu beobachten sind, hin.

7. Bedeutung der Marktlehre

Nach dem Vorhergegangenen liegt die Frage nahe: Welche der möglichen, nach Marktformen und/oder Verhaltensweise beschriebenen Marktstrukturen bringen für alle am Wirtschaftsprozeß Beteiligten die bei dem gegebenen Stand der Technik und der vorhandenen Produktionsfaktoren bestmögliche Erfüllung ihrer Wirtschaftsziele, insbesondere die bestmögliche Versorgung der Konsumenten entsprechend ihren frei gewählten Bedürfnissen, und welche Marktform gibt die Gewähr dafür, daß durch technische Innovationen und wirtschaftliches Wachstum eine stetige qualitative Verbesserung und quantitative Ausweitung der vielen individuellen Wirtschaftsziele möglich und erreichbar wird? Diese Frage nach den **statischen** und **dynamischen** Funktionen der Marktstrukturen ist nicht leicht zu beantworten.

Es zeigt sich, daß die Märkte und der auf ihnen herrschende Wettbewerb komplizierte Tatbestände sind, deren Erforschung noch keineswegs vollendet ist. Ihre Kenntnis ist die wesentliche Voraussetzung erfolgreicher Wirtschaftspolitik („Wettbewerbspolitik"). Wie wir gesehen haben, verhalten sich auf den Märkten die Marktteilnehmer verschieden, sind die Preisbildungsfaktoren, die Art des Wettbewerbs und die Stabilität des jeweiligen Verhältnisses der beiden Marktseiten zueinander sehr unterschiedlich.

Zur Erreichung ihrer Ziele kann die Wirtschaftspolitik nicht auf allen Märkten dieselben Wege einschlagen.

Das Ideal sehen viele Autoren — namentlich der neoliberalen Schule und der sogenannten Wohlfahrtsökonomik *(Welfare Economics)* — in der von der klassischen Nationalökonomie als normal unterstellten (symmetrischen) Marktform beiderseits vieler kleiner Marktteilnehmer und in einem der Vollkommenheit des Marktes möglichst nahekommenden Wettbewerb. Im **Monopol** befürchtet man die Ausbeutung der Konsumenten durch den Monopolisten.

Anonyme, offene und freie Verkäufermärkte garantieren die bestmögliche Versorgung zu billigsten Preisen. Alle Maßnahmen des Staates oder der Wirtschaftseinheiten bzw. ihrer Verbände, die dem entgegenlaufen, wie Marktregulierungen, Wettbewerbseinschränkungen, Hindernisse des Markteintritts, Eingriffe in die Preisbildung, Machtpositionen einzelner großer Unternehmungen, vertikale und horizontale Preisbindungen und dgl. sind zu bekämpfen. Soweit die technischen und ökonomischen Vorteile des Großbetriebes zur Verminderung der Zahl der Anbieter auf wenige oder einen geführt haben und sich nicht rückgängig machen lassen, sind deren Marktpraktiken einer scharfen Kontrolle zu unterwerfen.

Diesem **Leitbild der vollkommenen Konkurrenz** folgte im wesentlichen das Gesetz gegen Wettbewerbsbeschränkungen (GWB) vom 27. 7. 1957. Nach diesem Gesetz sind Kartellverträge, Kartellbeschlüsse, Preisbindungen der zweiten Hand, wettbewerbsbeschränkendes und diskriminierendes Handeln grundsätzlich verboten. Ausgenommen sind aber so wichtige Bereiche wie die Landwirtschaft, Verkehrs- und Energiewirtschaft sowie Bank- und Versicherungswirtschaft; sie unterliegen einer anderweitigen Aufsicht, so etwa die Banken und Versicherungen dem jeweiligen Bundesaufsichtsamt mit weitergehender materieller Aufsicht. Dazu kann das Kartellamt (Berlin) mißbräuchliches Verhalten seitens marktbeherrschender Unternehmen untersagen.

Da man allerdings bezweifeln kann, ob dieses **Leitbild** vom vollkommenen Wettbewerb überhaupt großen Realitätsbezug hat, und auch die dynamischen Funktionen erfüllen könnte, ist man in neuerer Zeit davon abgerückt. Es kommt nicht darauf an, ob in der Realität ein vollkommener Wettbewerb vorhanden ist, entscheidend ist vielmehr, ob überhaupt ein Wettbewerb **möglich** ist, der zu den oben genannten Auswirkungen (bestmögliche Versorgung der Konsumenten; stetige Verbesserung und quantitative Ausweitung der Versorgung) führt. Dies ist die Frage nach dem **effektiven, wirksamen** oder **funktionsfähigen** Wettbewerb **(workable, effective competition).**

Dieses Leitbild oder **Konzept des funktionsfähigen Wettbewerbs** zielt darauf ab, Grundlagen für eine realistische Wettbewerbspolitik zu schaffen. Allerdings hat es noch keine einheitliche und geschlossene Ausprägung erfahren. Ungelöst ist bisher das schwierige **Meßproblem** der Wettbewerbs**intensität**, ob und wann ein Wettbewerb noch als wirksam anzusehen ist und welche Art des Wettbewerbs gemeint ist.

Das Hauptinteresse der neuen Wettbewerbspolitik konzentriert sich auf die Zusammenschlußkontrolle, die man mit dem Schlagwort „Fusionskontrolle" umschrieben hat (2. Gesetz zur Änderung des GWB vom 3. 8. 73).

Andere Autoren, wie z. B. *John Kenneth Galbraith,* begnügen sich mit der Forderung der **Ausschaltung einseitiger Machtpositionen** auf den Märkten:

Nach der von *Galbraith* vorgetragenen *„Theorie gegengewichtiger Marktmacht" (theory of countervailing power)* kommt es darauf an, auf beiden Marktseiten den gleichen (oder annähernd gleichen) *„Monopolisierungsgrad"* zu erreichen durch Förderung der Organisation der schwächeren Marktseite (wie es z. B. durch die Gewerkschaftsbildung auf der Anbieterseite von Arbeitskraft geschah) oder, wo dies nicht zu erreichen ist, durch staatliche Überwachung der mächtigeren Marktseite. Die großen Einzelhandelsunternehmen (Massenfilialgeschäfte, Kettenläden, Großversandhäuser) sind nach seiner Meinung zu fördern, weil sie ihre großen Auftragsposten gegen die Produzentenoligopole der modernen Industrie zu Gunsten der Konsumenten erfolgreich in die Waagschale werfen können.

II. Preislehre

1. Das Wesen des Preises

In der Verkehrswirtschaft kommt den Preisen entscheidende Bedeutung zu, wird doch über die Änderung der Mengen und Preise auf den Einzelmärkten die Koordination zwischen den Plänen und Entscheidungen der Wirtschaftseinheiten hergestellt. Die Preise übermitteln den einzelnen Wirtschaftssubjekten die für ihre Planungen wichtigen Informationen („Knappheitsanzeiger").

Wie jede Erscheinung des Wirtschaftslebens kann der Preis im Blickfeld der Einzelwirtschaft (individualwirtschaftlich) und im Blickfeld der Volkswirtschaft (sozialwirtschaftlich) gesehen werden.

Individualwirtschaftlich gesehen ist der Preis der Gegenwert (in der Regel ein Geldbetrag), der vom Käufer für ein Gut oder eine Leistung dem Verkäufer gegeben wird.

Preise sind — auch wenn sie nicht immer so genannt werden — die Entgelte für Gebrauchs- und Verbrauchsgüter, für Dienstleistungen, ferner die Löhne, Honorare, Frachtsätze, Beförderungstarife, Postgebühren, Zinssätze, die Kurse der Wertpapiere, die Versicherungsprämien u. a. m. Sofern sich das Gut oder die Leistung quantifizieren läßt, stellt der Preis die für die Einheit eines Gutes oder einer Leistung zwischen den Parteien vereinbarte Geldsumme dar.

Sozialwirtschaftlich gesehen spricht sich in den Preisen zahlenmäßig meßbar die gesellschaftliche Wertung der Güter und Dienste aus, ihr objektiver Tauschwert.

Jeder zustande gekommene Preis geht aus der Einigung mindestens zweier Menschen (des Käufers und des Verkäufers) hervor, ist demnach eine gesellschaftliche (soziale) Kategorie.

Der objektive Tauschwert der Güter kann in **Geldeinheiten** ausgedrückt werden (**System der absoluten Preise;** z. B. 1 kg Kartoffeln = 0,20 DM oder 1 l Bier = 1,00 DM oder 1 Zigarette = 0,10 DM usw.) oder als **Mengenverhältnis,** in dem die Güter untereinander ausgetauscht werden (**System der relativen Preise;** z. B. 5 kg Kartoffeln = 1 l Bier = 10 Zigaretten usw.)

Im Alltag sind wir die absoluten Preise gewohnt; ihre Höhe hängt jedoch von dem Wert der Geldeinheit ab. Um Schwankungen des Geldwertes auszuschalten, wird in wissenschaftlichen Untersuchungen öfters mit relativen Preisen, dem Wertverhältnis der einzelnen Güter zueinander, gearbeitet.

Die Preise sind demnach das in vergleichbare Zahlengrößen objektivierte Wertverhältnis der Güter und Dienste, wie es aus den stattgefundenen Kaufabschlüssen hervorgeht.

Je mehr Geschäfte zu einem Preis realisiert werden, desto allgemeinere Anerkennung hat er in der Wirtschaftsgesellschaft gefunden, desto mehr gewinnt er an Objektivität gegenüber den individuellen, subjektiven Wertungen der einzelnen Wirtschafter.

Werden im System der **Zentralverwaltungswirtschaft** die **Preise** autoritär **nach den Wertvorstellungen des zentralen Leiters festgesetzt,** so kommen in einer **Verkehrswirtschaft** die **Preise** in einem **komplizierten Wechselspiel zwischen individuellen und gesellschaftlichen Wertungen** zustande:

1. **Nur individuell für wertvoll, erstrebenswert gehaltene Güter und Dienste erzielen Preise,** denn nur für solche Güter sind die Menschen von sich aus bereit, mit dem hingegebenen Gegenwert ein Opfer (Verzicht auf anderweitige Verwendung des Gegenwertes) zu bringen. Je dringlicher der Käufer ein Gut begehrt, desto höher geht er mit dem Preis; je mehr der Verkäufer an dem Zustandekommen des Geschäftes interessiert ist, desto mehr ist er geneigt, mit dem Preis herabzugehen. Die individuellen Wertungen bestimmen die äußersten Preise (die Preislimits), zu denen die Käufer noch bereit sind, zu kaufen und die Verkäufer zu verkaufen, ehe sie sich entschließen, auf den Kauf oder Verkauf zu verzichten. Notkäufe und Notverkäufe mit extremen Preisen sind hierfür sprechende Beispiele.

2. **Die sich in den Preisen manifestierenden gesellschaftlichen Werte sind jedoch auch für die individuellen Wertvorstellungen maßgebend.** In die Vorstellungswelt des einzelnen Wirtschafters fallen nur die Güter, die er zu den gegebenen Preisen erwerben kann. Bei der Aufstellung, Kontrolle und Korrektur ihrer Wirtschaftspläne hält

sich die große Masse der Wirtschafter an die allgemein gültigen, d. h. auch von anderen anerkannten Werte, wie sie in den Preisen zu erkennen sind. Unverkennbar werden eine Reihe von Gütern nur deshalb geschätzt, weil sie hohe Preise haben: Schmuckdiamanten, Edelsteine, Pelze, Erzeugnisse der Haute Couture, Antiquitäten, teure Plätze im Theater oder bei Rennen, teure Automarken, kostspielige Speisen und Getränke und dgl. Das Geltungs- und Prestigebedürfnis, die Eitelkeit und das Protzentum („snob appeal") beachten weniger den Wert der Güter an sich als die Befriedigung in der öffentlichen Bekundung, sich derartige teure Dinge leisten zu können *(„demonstrativer Konsum"* nach *Thorstein Veblen).*

Es sind also einerseits die Wertvorstellungen der Individuen, welche den Bewegungsspielraum der Preise abstecken, und andererseits sind es die Preise, die die Wertvorstellungen der Individuen hervorrufen.

2. Methoden der Preisfindung

Zur Feststellung (Findung) der Preise werden im Wirtschaftsleben unterschiedliche **Methoden** angewandt:

1. Im öffentlich geregelten **Börsenverkehr** (Einheitsmarkt) berechnen die amtlichen Kursmakler aus den bei ihnen zusammengelaufenen, limitierten oder nichtlimitierten Kauf- und Verkaufsaufträgen als Preis jenen Kurs, zu dem die meisten Aufträge ausgeführt werden können.

2. Auf **offenen, nicht geordneten Märkten** (Viehmärkte, Pariser marché aux puces, städtische Wochenmärkte, Weihnachtsmarkt usw.) werden die Preise über die anwesende Ware individuell zwischen den jeweiligen Kontrahenten vereinbart, wobei sich beide Kontrahenten an den ihnen bekanntgewordenen, anderweitig geforderten und bezahlten Preisen orientieren.

3. Bei **Markenartikeln** setzt der Produzent (Herstellermarke) oder der Händler (Händlermarke) den Preis unter Einrechnung entsprechender Groß- und Kleinhandelsrabatte fest und macht ihn öffentlich bekannt (durch Reklame, Aufdruck: „Richtpreis" bzw. „empfohlener Preis").

4. In den für die Versorgung der städtischen Bevölkerung besonders bedeutungsvollen **Ladengeschäften** erfolgt das Angebot heute zu festen, durch den Geschäftsinhaber festgelegten Preisen; der Kauflustige muß sich in der Regel auf den in der Preisauszeichnung genannten Preis einlassen oder auf den Kauf verzichten. Während die Masse der kleineren Geschäfte abwartet, wie das Publikum auf den geforderten Preis reagiert, treiben die Großunternehmen des Einzelhandels (Warenhäuser, Filialgroßunternehmen, Kettenläden, Versandhäuser) aktive Verkaufspolitik durch Reklame und Preisvariation (Schlußverkäufe, Sonderangebote, Beigaben).

5. Für **besonders große Aufträge**, für **einmalige vorhandene Objekte** (Grundstücke, Häuser, Kunstwerke), für **einmalige Leistungen** (Gutachten, Prozeßführung, Erfindungen) und für **einmalige herzustellende Güter** (Häuser, Konstruktionen, Maschinenanlagen, Schiffe) werden die Preise individuell — unter weitgehendem Ausschluß der Öffentlichkeit — ausgehandelt.

6. Bei der **Submission** (Ausschreibung, Verdingung) nennen die zur Abgabe von Angeboten aufgeforderten Anbieter ihre Preise, und der Nachfrager der Ware oder Leistung (Bauherr, öffentliche Körperschaft) wählt aus den bei ihm eingelaufenen Angeboten das ihm passende (nicht unbedingt das mit der niedrigsten Preisforderung) aus.

7. Bei der **Auktion** (Versteigerung) versammelt ein Anbieter die interessierten Nachfrager, um unter ihnen einen Wettbewerb zu entfachen, und verkauft die Ware an den Meistbietenden. Der Wettbewerb zwischen den Käufern findet gemäß wohldefinierten *Auktionsregeln* statt. Häufig bestimmt der Verkäufer auch die anzuwendenden Regeln. Dabei unterscheidet man typischerweise zweierlei Methoden: zum einen die deutsche (oder auch *englische*) *Methode,* bei der von einem ausgerufenen Preis aufsteigende Gebote abgegegen werden; zum anderen die *holländische Methode,* bei der von einem ausgerufenen Preis absteigende Gebote abgegeben werden.

8. Aus besonderen Gründen werden für einige Waren (im Merkantilzeitalter häufig, heute selten) die **Preise** von der gemeindlichen (städtischen) oder staatlichen Obrigkeit **autoritär festgesetzt** oder es müssen von ihr die von den Anbietern verlangten Preise genehmigt werden **(Taxen).** Diese sind entweder *Mindest-*, *Höchst-* oder *Festpreise,* je nachdem ob höhere oder niedrigere Preise gefordert werden können oder nicht. Typische Beispiele sind die Preisregelungen am europäischen Agrarmarkt.

9. In immer stärkerem Maße suchen heute **Verbände und Organisationen** im Interesse ihrer Mitglieder (in der Regel der Anbieter) die Preise durch Regulierung der Angebotsmengen zu beeinflussen oder sogar festzusetzen (Kartelle, Gewerkschaften).

Diese (nicht vollständige) Aufstellung zeigt, daß der Kreis und der Einfluß der an der Preisfindung beteiligten Personen, Wirtschaftseinheiten und Institutionen sehr verschieden sein kann; Marktform und Wettbewerb variieren von Fall zu Fall. Die Methoden der praktischen Preisfindung vermögen zwar die grundlegenden (noch zu analysierenden) Preistendenzen nicht zu ändern, wohl aber können sie diese rascher oder langsamer, offener oder verdeckter, fördernd oder hemmend zum Durchbruch kommen lassen.

Zusammenfassend lassen sich unterscheiden

(a) die **freie** Preisfindung, die Aushandlung des Preises auf offenen Märkten, bei großen oder einmaligen Aufträgen oder Gütern, bei den Tarifverhandlungen der Arbeitsmarktparteien (Gewerkschaften und Arbeitgeberverbände), bei der Submission und der Auktion, sowie

(b) die **regulierte** Preisfindung im Ladengeschäft, bei Markenartikeln, bei Höchst-, Mindest- und Festpreisen sowie Taxen und bei Kartellen.

3. Arten der Preise

a) Einteilung nach der Zahl der von einem Preis erfaßten Tauschgeschäfte

aa) isolierte (individuelle) Preise

Sie sind für ein einzelnes Geschäft je für sich vereinbart und gelten nur für das Geschäft, bei dem sie zustande gekommen sind. Wegen ihrer individuellen Besonderheit können sie nicht verallgemeinert werden. Individuell vereinbarte Preise finden wir bei persönlicher Preisaushandlung, bei heterogenen Waren (Vieh, Grundstücke, Häuser, Antiquitäten), bei heterogenen Dienstleistungen (Handwerkerreparaturen, Honoraren) (vgl. oben D.II.2).

bb) Marktpreise (im eigentlichen Sinne)

Sie sind für eine Mehrheit von Geschäften zustande gekommen; sie beruhen auf einem einheitlichen Ausgleich der gegensätzlichen Interessen einer Vielheit von Marktbesuchern. Nicht die Situation eines einzelnen Geschäftsabschlusses, sondern die Gesamtheit aller, auf einem Markt getätigten, vergleichbaren Geschäfte bestimmt den Marktpreis. Der Marktpreis spielt sich daher im Verlaufe eines Marktes, je nach dem Zutagetreten der Kauf- und Verkaufswillen vieler Marktbesucher ein. Die Marktpreise bringen das gesellschaftliche Wertverhältnis der Güter zum Ausdruck.

Der Marktpreis kann für alle vergleichbaren Geschäfte auf gleicher Höhe liegen (identischer Marktpreis wie bei der Einheitsnotierung an der Börse) oder in dichter Streuung um einen mittleren Wert (wenn sich der Marktpreis durch Abtasten des Marktes seitens der Käufer und Verkäufer einspielt). Je homogener die Waren sind, um so enger liegen die einzelnen Preise beieinander. Ein Marktpreis hat um so mehr Wirksamkeit, je größer die Quoten des gesamten Angebots und der gesamten Nachfrage sind, die auf dem betreffenden Markt Ausgleich finden. Die Volkswirtschaftslehre beschäftigt sich vorwiegend mit solchen Marktpreisen.

b) Einteilung nach dem Anteil der Anbieter und Nachfrager an der Preisfindung

aa) zweiseitig gefundene Preise

Sie kommen unter aktiver Mitwirkung der Käufer- und Verkäuferseite zustande. Je nach dem Verhältnis der Anbieter- und Nachfragerseite zueinander schwanken sie stärker. Zweiseitige Preisfindung erfolgt an der Börse (mit Hilfe eines Maklers), durch gegenseitiges Bieten und Unter- bzw. Überbieten seitens der Kontrahenten und durch Verhandlungen der Verbände beider Marktseiten (Vereinbarung der Tariflöhne zwischen den Sozialpartnern). Von Extremfällen abgesehen, liegt in der Regel der Preis zwischen den äußersten Preislimits auf jeder der beiden Marktseiten; je nach der Marktlage bewegt sich der Preis mehr auf das äußerste Limit einer der beiden Seiten zu.

bb) einseitig gefundene Preise

Sie kommen durch den Wettbewerb (Unter- bzw. Überbieten) auf nur einer Marktseite zustande, wie bei der Versteigerung und bei der Submission. Solche Preise tendieren nach dem Grenzlimit (Limit des dringlichsten Käufers oder Verkäufers) der im Wettbewerb stehenden Marktseite, bei der Versteigerung nach dem höchsten Limit auf der Nachfragerseite, bei der Ausschreibung nach dem niedrigsten Limit auf der Anbieterseite.

cc) gesetzte Preise

Zum Unterschied von den einseitig oder zweiseitig gefundenen Preisen, die sich erst aus dem Marktgeschehen ergeben, sind die gesetzten Preise dem Marktgeschehen vorgegebene Preise. Schon zu Beginn der Kaufverhandlungen kennen Käufer und Verkäufer die Preise. Was der Markt zu finden hat, ist nicht der Preis, sondern die zu dem gesetzten Preis umschlagbare Menge.

Die **Preissetzung** kann erfolgen:

1. individuell (individuell gesetzte Preise), meist durch den Anbieter (Ladengeschäft, Markenartikel, in Monopolbetrieben, im Verkehrsgewerbe, Buchhandel, Versandgeschäft, bei vielen Honoraren, Zeitungsanzeigen usw.), seltener durch den Nachfrager. Den Anbietern dient eine entgegenkommende Preissetzung oft dazu, große Posten rasch abzusetzen (Sonderangebote). Auf die einseitig von der Anbieter- oder Nachfragerseite gesetzten Preise kann die Gegenseite ihren Einfluß nur durch Verzicht auf Abschlüsse oder durch deren Hinauszögerung geltend machen. Die Stärke der Konkurrenz auf der die Preise setzenden Anbieterseite ist maßgebend dafür, wie stark und rasch sich dieser mehr passive Einfluß der Nachfragerseite bemerkbar macht;

2. durch überindividuelle Instanzen (Staat oder Verbände), die den Preis mehr oder weniger für die Wirtschaftseinheiten vorschreiben **(kollektiv gesetzte Preise),** wie bei den Taxen und Kartellpreisen. Die Wirkungen kollektiv gesetzter Preise durchziehen heute die Volkswirtschaften in einer nicht immer erkennbaren Weise, da die Anbieterseite vielfach, und zwar um so strenger, je homogener die Ware oder Leistung, organisiert ist.

c) Einteilung nach dem Grad der Freiheit oder Gebundenheit des Preisfindungsprozesses

aa) freie, bewegliche, flexible Preise

Es sind jene Preise, die sich laufend getreu dem wechselnden Angebots-Nachfrage-Verhältnis ändern oder ändern können. Sie sind der unverfälschte Ausdruck der von beiden Marktseiten auf sie wirksamen Kräfte. Als die Ergebnisse der sich selbst regulierenden Märkte (**„automatische Preise"**) sind sie die für die Verkehrswirtschaft charakteristischen Preise. Wenn nicht Absprachen der Anbieter oder Nachfrager untereinander vorliegen, erweisen sich die Börsenpreise, die Preise auf den offenen, nicht geordneten Märkten, die Versteigerungspreise als beweglich.

bb) gebundene, starre, autoritäre Preise

Sie sind aus dem Wechselspiel von Angebot und Nachfrage weitgehend herausgelöst, sei es durch autoritäre Anordnung (Taxen), durch kollektive Fixierung (Verbandspreise) oder durch Preisbindung der zweiten Hand (bei Verlagserzeugnissen) bzw. Preisempfehlungen (Markenartikel). Durch die Preisbindung soll der ständigen Veränderung der Preise je nach dem augenblicklichen Verhältnis von Angebot und Nachfrage vorgebeugt werden. Wenn sich auch kein Preis dauernd von der Marktlage lösen läßt, so erfolgt bei diesen Preisen, zu denen man auch die Ladenpreise rechnen kann, die Änderung nicht kontinuierlich wie bei den freien Preisen, sondern diskontinuierlich in mehr oder weniger langen Zeitabständen.

cc) regulierte, gesteuerte, beeinflußte Preise

Sie stehen zwischen den freien und gebundenen Preisen. Durch Manipulierung der angebotenen oder nachgefragten Menge sucht man zu erreichen, daß der Preis eine festgesetzte Mindesthöhe nicht unterschreitet, mitunter auch eine bestimmte Obergrenze nicht überschreitet. In einem gewissen Schwankungsbereich können sich die Preise nach dem jeweiligen Angebots-Nachfrage-Verhältnis frei bilden; sobald sie sich anschicken, die gesteckten Grenzen zu überschreiten, wird eingegriffen, indem man Ware aus dem Markt nimmt oder ihm zuführt, die Einfuhr erleichtert oder erschwert und dergleichen. Preisregulierungen finden sich bei der Kurspflege der Banken am Effekten- und Devisenmarkt, bei staatlichen Preisstützungsmaßnahmen (besonders zugunsten landwirtschaftlicher Erzeugnisse). Zu den regulierten Preisen zählen auch die Preise, die die Verkäufer (Monopole und Oligopole) beeinflussen können (**„administered prices"**).

d) Versicherungsprämien als Preise

Hinsichtlich ihrer Qualität als Preise sind die Versicherungsprämien nicht einheitlich zu klassifizieren. Insofern gehen hier vielfach auch die Meinungen auseinander.

Bei massenhaft gleichartigen Abschlüssen, wie in der Kleinlebens-, Hausrat-, Kraftverkehrsversicherung, haben die Prämien den Charakter von Marktpreisen; wo jedoch die Gefahren des Einzelfalles Berücksichtigung finden, wie in der industriellen Feuerversicherung etwa, sind sie isolierte Preise. In der Regel sind sie vom Versicherer (Anbieter) gesetzte Preise, auf die die Aufsichtsbehörde und die Versichererverbände Einfluß nehmen; selbst wo es zu einem Aushandeln der Prämien zwischen Versicherern und Versicherten kommt, ist dessen Auswirkung so gering, daß man von zweiseitig gefundenen Preisen nicht sprechen kann. In einigen Zweigen der Transportversicherung sind die Prämien ziemlich beweglich, in fast allen anderen Zweigen sind sie starre Preise. Dies ist darauf zurückzuführen, daß die Versicherer die ihre Preise (Prämien) mitbestimmenden Faktoren, insbesondere Schadenhäufigkeit und Schadenumfang, nicht so manipulieren können wie andere Wirtschaftseinheiten ihre Kosten.

4. Tendenz zu starren Preisen

Anders als den freien (beweglichen, flexiblen) Preisen haftet den **gebundenen und regulierten Preisen** naturgemäß eine größere Stetigkeit, eine beachtliche **Beharrungstendenz** an.

Nur die freien Preise bringen die Bewegungsrichtung (Tendenz) der Preisbildung eindeutig und vor allem frühzeitig zum Ausdruck. Die freien Preise sind dem Einfluß der einzelnen Wirtschaftseinheiten so weitgehend entzogen, daß man sie als frei von jeder Willkür bezeichnen kann. Bei den gebundenen und regulierten Preisen spielt dagegen immer bis zu einem gewissen Grade menschliche Willkür, politische Zweckmäßigkeit, individuelle Auffassung und Beeinflußbarkeit der über die Preise entscheidenden Persönlichkeiten hinein.

Soweit gebundene oder regulierte Preise vorliegen, verliert die Preisfindung im Vergleich mit den freien Preisen an Anonymität, weswegen die gebundenen und regulierten Preise leicht ins Kreuzfeuer politischer Gegensätze geraten. Sie sind von politischen Instanzen, Verbänden und gewissen Persönlichkeiten mehr oder weniger gemachte oder abgesprochene Preise. Wenn auch die gebundenen oder regulierten Preise, namentlich wenn sie innerhalb einer sonst freien Verkehrswirtschaft gelten, auf die Dauer den Marktgesetzen nicht zuwiderlaufen können, so ist ihre Anpassung doch nur zögernd sowohl der Höhe als auch der Geschwindigkeit nach. Dabei ist zu beobachten, daß sie leichter und schneller einer aufsteigenden als einer fallenden Tendenz folgen.

Freiheit und Starrheit der Preise sind jedoch keine absoluten Kategorien. Jedem Preis wohnt eine gewisse Beharrungstendenz inne (siehe unten D.II.5), und kein Preis läßt sich auf die Dauer unter Mißachtung der Marktlage dekretieren. Zwischen den denkbaren Extremfällen absoluter Freiheit und absoluter Starrheit der Preise läßt sich eine Spannungsreihe der verschiedenen Preise aufstellen, die vielleicht in der Reihenfolge der Preise nicht immer zutrifft, die aber die Lage der einzelnen Preise zu den Extremen der Freiheit und Starrheit annähernd wiedergibt.

Nach **abnehmender Freiheit** und **zunehmender Starrheit** ergibt sich etwa die folgende Reihe:

Freiheit der Preise	frei (reagible) Preise
	Kursnotierung an der Börse
	Preise auf offenen, nicht geordneten Märkten
	Versteigerungspreise
	durch persönliche Abmachung ausgehandelte Preise
	Submissionspreise
	Ladengeschäftspreise
	regulierte Preise
	Markenartikelpreise
	Verbandspreise (z. B. Tariflöhne)
Starrheit der Preise	obrigkeitlich normierte Preise (Taxen)

Wie die Reihe zeigt, stehen die am häufigsten vorkommenden und die für die Allgemeinheit am bedeutungsvollsten Preise ziemlich am Ende: Ladengeschäfts-, regulierte, Markenartikel- und Verbandspreise.

Im Vergleich mit der Vergangenheit, wo sich meist die Preise auf offenen, nicht geregelten Märkten, durch persönliches Aushandeln (Feilschen) in den Geschäften ergaben, scheinen sich heute die Märkte einem Zustand immer stärker vorgegebener, gesetzter und starrer Preise zuzubewegen, die das Spiel der Marktkräfte auf das Gebiet der Produktqualitäten, Präferenzen, Lieferfristen sowie sonstigen Kauf- und Zahlungsbedingungen abdrängen. Die Preise büßten an Beweglichkeit (Flexibilität) ein. Damit verloren sie auch an ihrer den Wirtschaftsprozeß allein steuernden Kraft. Einige Autoren gehen so weit, daß sie das nicht immer befriedigende Funktionieren der modernen Verkehrswirtschaften der Starrheit der Preise in vielen Wirtschaftsbereichen zuschreiben.

Erstrebt die Agrarpolitik zumeist stabile und auskömmliche Preise zugunsten der landwirtschaftlichen Betriebe, so sieht die allgemeine Wirtschaftspolitik ihr Anliegen vielerorts darin, dieser Erstarrungstendenz der Preise (nichtlandwirtschaftlicher Produkte) entgegenzuwirken, z. B. durch Kontrolle und Überwachung der Kartelle, Verbot von Preisabsprachen, Verbot von Wettbewerbsverhinderungen, Aufhebung der Preisbindung der zweiten Hand u. dgl. Da die Versicherungsprämien auf Grund von statistischen Wahrscheinlichkeitswerten über Schadenhäufigkeit und durchschnittlichen Schadenumfang kalkuliert sind, widersetzen sie sich kurzfristigen Änderungen, die aus zufälligen Schwankungen der statistischen Ausgangsgrößen hervorgehen könnten; abgesehen davon, daß die Prämien oft Bestandteil langfristiger

Verträge sind, würde eine uneingeschränkte Beweglichkeit der Versicherungsprämien die Stabilität und Liquidität namentlich der Unternehmen der Nichtlebensversicherung erheblich gefährden.

5. Interdependenz der Preise

In der Verkehrswirtschaft kommt kein Preis für sich allein zustande, und kein Preis kann sich ändern, ohne daß andere Preise davon berührt werden; **alle Preise sind mehr oder minder stark miteinander verbunden.**

Die Änderung eines Preises wirkt auf andere Preise weiter. Eine Erhöhung der Grundstoff- und Energiepreise beeinflußt die Preise all jener Güter, die diese Waren oder Leistungen benötigen; ebenso steht es mit Transporttarifen, Zinsen, Pachtpreisen, Mieten. Einer Erhöhung der Lebens- und Genußmittelpreise, der Wohnungsmieten folgt eine Anpassung der Löhne und Gehälter — in der Regel mit einer Verzögerung — an die gestiegenen Lebenshaltungskosten und erhöht zugleich die Herstellungskosten nahezu aller Güter (sofern nicht langfristig die Technik und die Marktlage eine Einsparung an Arbeitskraft erlaubt). Erhöhung der Löhne in einem Industriebereich lockt Arbeitskräfte aus anderen Bereichen an und zwingt diese zu Lohnanpassungen, wenn sie ihre Arbeitskräfte halten wollen.

Die gegenseitige Abhängigkeit (Interdependenz) aller Preise einer Volkswirtschaft ergibt sich, weil die Märkte in einem wechselseitigen Zusammenhang stehen (Interdependenz der Märkte) und weil jede Wirtschaftseinheit ihren Wirtschaftsplan unter Zuhilfenahme der gegenwärtigen oder erwarteten künftigen Preise ordnet.

Die Preise sind nicht nur willkürliches, zufälliges Gefüge von Tauschverhältnissen der Güter untereinander. Ökonomische Zwangsläufigkeiten tragen und halten sie in einer Ordnung, so daß man von einem **Preissystem** sprechen kann. Dem Einzelnen, der nur die Verhältnisse seiner eigenen Wirtschaft überschaut, mag dieser übergreifende Zusammenhang aller Preise oft entgehen.

Die sich vielfach überschneidenden und durchkreuzenden **Zusammenhänge zwischen den Preisen verschiedener Güter und Leistungen** lassen sich wie folgt gliedern:

a) Horizontale Interdependenz

Die im gleichen Zeitpunkt **für Güter der gleichen Produktionsstufe** (Güter derselben Ordnung) **auftretenden Preise** stehen miteinander in Verbindung.

Gleichgültig, ob man einen Haushalt oder einen Betrieb nimmt, was für das eine Gut infolge einer Erhöhung (Ermäßigung) seines Preises mehr (weniger) ausgegeben wird, muß bei der Knappheit der insgesamt verfügbaren Mittel (Einkommen, Kapital- und Kreditsumme) irgendwo eingespart werden, beeinträchtigt die Nachfrage nach anderen Gütern (oder setzt Mittel für eine anderweitige Verwendung frei und erhöht damit die Nachfrage nach anderen Gütern). Immer wirkt die Preisänderung bei einem Konsumgut (Gut I. Ordnung) oder bei einem Produktionsmittel (Gut höherer Ordnung) auf die Preise der komplementären oder substitutiven Güter derselben Ordnungsstufe ein. Wie stark sich dieser Einfluß geltend macht, hängt von der Bedeutung ab, die die Güter im Verbrauchs- oder Produktionsplan der betroffenen Wirtschaftseinheiten haben.

Wo die Preise starr sind, wirkt sich diese Interdependenz in einer erheblichen Variation der Nachfragemengen aus. Dies zeigt sich deutlich in der **Versicherungswirtschaft:** kompensiert nicht gleichzeitig eine allgemeine Einkommenserhöhung die gestiegenen Preise der für die Lebenshaltung wichtigen Güter, so vermindern sich die Abschlußmöglichkeiten für Versicherungsverträge.

b) Vertikale Interdependenz

Die **Preise der Fertiggüter** stehen über die **Preise der Zwischenprodukte** mit den **Preisen der Produktionsmittel** in wechselseitigem Zusammenhang.

Hohe Fertiggüterpreise gestatten höheren Aufwand an Produktionskosten, machen die Unternehmer geneigter, höhere Preise für Produktionsmittel (z. B. für Arbeitslöhne) anzulegen. Höhere Produktionsmittelpreise erzwingen, wenn die Produktion aufrechterhalten bleiben soll und wenn nicht durch technische Umstellung des Betriebs eine Einsparung möglich ist, höhere Fertiggüterpreise.

Die Preise können also ebenso die Kosten wie die Kosten die Preise bestimmen.

Hinsichtlich ihrer Abhängigkeit von der Entwicklung der Produktionskosten haben schon die Klassiker zwei entgegengesetzte **Gravitationstendenzen der Preise** erkannt:

1. **Die Preise der industriell hergestellten Waren tendieren wegen der durch die technische Entwicklung ständig vorhandenen Ausweitungsmöglichkeiten der Produktion nach den billigsten Herstellungskosten.** Die unter Beachtung der Qualität der Ware billigere Produktionsweise setzt sich durch, denn dem Unternehmer, der in diesem Bestreben Erfolg hatte, müssen die anderen Unternehmer folgen, wenn sie nicht aus dem Markt verdrängt werden wollen **(Gravitationsgesetz I).**

2. **Die Preise der landwirtschaftlich gewonnenen Produkte tendieren nach den für die Marktversorgung notwendigen höchsten Kosten.** Bei wachsendem Bedarf an landwirtschaftlichen Produkten läßt sich auf bereits unter Kultur stehendem Boden infolge des Gesetzes des abnehmenden Bodenertrages (vgl. oben C.V.2) eine Produktionserhöhung nur durch intensivere (kostspieligere) Bodenbearbeitung und auf neuen (in der Regel entfernter liegenden) Böden nur unter höherem Aufwand für den Antransport der Agrarprodukte erreichen **(Gravitationsgesetz II).**

Beide Gravitationsgesetze haben sich als gültig erwiesen. Zwar sind die absoluten Preise sowohl für landwirtschaftliche wie auch für industrielle Waren laufend gestiegen; die Preise der Agrarprodukte sind jedoch stärker gestiegen als die Preise der Industriewaren.

Relativ zu den industriell hergestellten Gütern haben sich langfristig die landwirtschaftlich gewonnenen Erzeugnisse verteuert.

Die Abhängigkeit der **Versicherungsprämien** von den sie bestimmenden Kostenfaktoren hat sich stärker durchgesetzt, seitdem der Versicherungsbetrieb der Spekulation enthoben und auf rationale Grundlagen gestellt wurde. Steigende Verwaltungskosten üben ebenso wie steigende Schadenhäufigkeiten und steigende Schadenumfänge einen Druck auf die Prämien in Richtung einer Erhöhung aus. Besonders in der Kranken-, Unfall- und Haftpflichtversicherung erweist sich die Abhängigkeit der Schadenumfänge vom jeweiligen Preis- und Einkommensniveau als ein für die Prämienkalkulation sehr ernstes und schweres Problem (Prämienangleichungsklausel in der Haftflichtversicherung!).

c) Zeitliche (temporäre) Interdependenz

Die **gegenwärtigen Preise** stehen mit den **vorangegangenen** und den **zukünftigen** (erwarteten) **Preisen** in Zusammenhang.

Da die Wirtschaftspläne der Verbrauchs- und Erwerbswirtschaften weitgehend auf den bei ihrer Aufstellung geltenden Preisen aufbauen, wirken die in den Wirtschaftsplänen verankerten, der **vorangegangenen Wirtschaftsperiode** angehörenden Preise auf die Marktverhältnisse und Preise der Zeit ein, in der die Wirtschaftspläne ausgeführt werden. Der Markt von heute baut auf dem Preis von gestern auf, und der heutige Markt und Preis wirkt weiter auf den Markt und Preis von morgen.

Jeder faktische Preis sucht sich zu halten und setzt einer Änderung Widerstand entgegen (**Trägheitsgesetz der Preisbildung** nach *von Zwiedineck-Südenhorst*).

Das Preisbewußtsein der Menschen ist von den vergangenen Preisen und ihrer Bewegungstendenz bestimmt; die bisher beobachtete Preistendenz formt auch ihre Vorstellung über die künftige Preisbewegung. Diese *„historische Verankerung der Preisbildung“* ist der Grund, warum sich die Preise nur zögernd einer Veränderung der Angebots-Nachfrage-Verhältnisse anpassen, wie insbesondere bei den Konsumgüterpreisen zu beobachten ist.

Auf den Preis von heute wirkt auch die Vorstellung, die sich die Wirtschafter von den **künftigen Preisen** oder von der Preisentwicklung machen.

Erwarten die Menschen eine Preissteigerung in der Zukunft, dann suchen sie nach Möglichkeit bereits in der Gegenwart (zu dem noch billigeren Preis) einzukaufen; rechnen sie mit Preissenkungen, dann verschieben sie möglichst ihre Käufe auf die Zukunft. Die Verkäufer ihrerseits halten mit Verkäufen zurück, wenn sie für die Zukunft bessere Preise erwarten, und sie forcieren in der Gegenwart die Verkäufe, wenn sie mit fallenden Preisen rechnen. Erwartete Preissteigerungen (Preisrückgänge) wirken nachfrageerhöhend und angebotsmindernd (nachfragemindernd und angebotsmehrend); sie lösen damit schon auf dem heutigen Markt eine Preiserhöhung (Preissenkung) aus. Auf Märkten, auf denen eine zeitliche Verschiebung der Transaktionen möglich ist, werfen die künftig erwarteten Preise ihre Schatten voraus.

Die aufgezeigte Beharrungstendenz wohnt auch den **Versicherungsprämien** inne, was u. a. damit zusammenhängen mag, daß die Versicherungsausgaben in den Haushalten und Betrieben weitgehend einen Routinecharakter annehmen. Die Frage der künftigen Prämienhöhe wird eher von den Versicherern als von den Versicherungsnehmern erwogen. Wo die Versicherer für die Zukunft mit der Notwendigkeit höherer Prämien (möglicherweise mit einer Umgestaltung des ganzen Tarifs) rechnen zu müssen glauben, sperren sie sich in der Gegenwart gegen Prämiensenkungen und schließen eventuell die Verträge nur kurzfristig ab, um sich die Chance der Prämienaufbesserung nicht zu verbauen.

d) Räumliche (regionale) Interdependenz

Indem bewegliche Waren bei unbehindertem Verkehr nach den Märkten mit den jeweils höheren Preisen strömen, ebnen sich die **Preise auf den verschiedenen regionalen und nationalen Märkten** bis auf die Unterschiede ein, die durch Transportkosten, Zölle und andere Hemmnisse bedingt sind.

Erleichterung und Verbilligung des Verkehrs verstärkt die Konkurrenz und löst die Märkte aus ihrer Isolierung mit der Wirkung, daß sich die Preise auf den lokalen und regionalen Märkten mehr und mehr angleichen. Lokal unterschiedliche Preise stehen in einem durch die Bewegungskosten der Ware bedingten Zusammenhang.

Dieser Zusammenhang ist bei Stapelgütern homogener Art (Metalle, Getreide usw.) sehr eng, lose bei allen Gütern, bei denen Qualitätsunterschiede, Präferenzen eine Rolle spielen, und er ist unterbrochen bei unbeweglichen und schwer beweglichen Gütern bzw. Dienstleistungen (Grundstücke, Häuser, Betriebsanlagen, Arbeitskräfte u. dgl.) sowie bei Gütern und Diensten, deren Grenzübertritt erheblichen Schwierigkeiten begegnet. Die zuletzt genannten Umstände bedingen eine weitgehende Verschiedenheit der nationalen (regionalen) Preisgefüge.

Übernationale Märkte mit internationaler Prämienangleichung findet man nur auf einigen Märkten der Transportversicherung und teilweise bei der internationalen Rückversicherung. Sonst sind die **Versicherungsmärkte** nationale Märkte, die durch Präferenzen, Währungsordnung, Rechtsordnung, Aufsichtsbestimmungen usw. streng voneinander geschieden sind. Innerhalb der nationalen Versicherungsmärkte ist jedoch die regionale Prämienangleichung deutlich zu beobachten.

6. Theoretische Erklärung der Preisbildung (insbesondere auf Märkten mit vollkommener Konkurrenz)

Die **Preistheorie** befaßt sich mit der **Erklärung der Preise und ihrer Tendenzen aus den Nachfrage- und Angebotskurven,** die der Niederschlag der von den Nachfragern und Anbietern eines Gutes oder Leistung getroffenen Kauf- und Verkaufsentscheidungen sind.

In ihrem Verlauf beschreiben diese Kurven, wie Nachfrager (vgl. B.III) und Anbieter (vgl. C.VII) auf Preisänderungen reagieren. In der Regel kaufen die Nachfrager mehr von einem Gut, bieten die Anbieter (Produzenten) weniger von ihm an, wenn sein Preis sinkt — und umgekehrt. Aus den Kurven kann man ablesen, welche Menge eines Gutes die Nachfrager mehr kaufen, die Anbieter weniger anbieten, wenn der Preis dieses Gutes sich um einen bestimmten Betrag ermäßigt. Der Preis, der auf dem Markt zustande kommt, hängt also einerseits von dem Verlauf der betreffenden Gesamtnachfrage- und Gesamtangebotskurve ab und — das lehrte die Marktlehre — andererseits von der Form des betreffenden Marktes, von den Wettbewerbsverhältnissen.

Von den je nach Marktform (vgl. D.I.5) unterschiedlichen Typen der Preisbildung (vollkommene Konkurrenz, Monopol, Teilmonopol mit Preisführerschaft, Oligopol, monopolistische Konkurrenz) beschränken wir uns im wesentlichen auf den Fall der **vollkommenen Konkurrenz.** Hier ergibt sich der (Gleichgewichts-)Preis aus dem Zusammenspiel von Angebot und Nachfrage. Dieser Preis ist für den einzelnen Nachfrager und Anbieter ein Datum, deshalb spricht man auch von **Preisnehmer** oder **Mengenanpasser.**

Sind die Nachfrage- und Angebotskurve gegeben, so ist der Preis des betreffenden Gutes und die Transaktionsmenge zu diesem Preis durch den Schnittpunkt der beiden Kurven bestimmt.

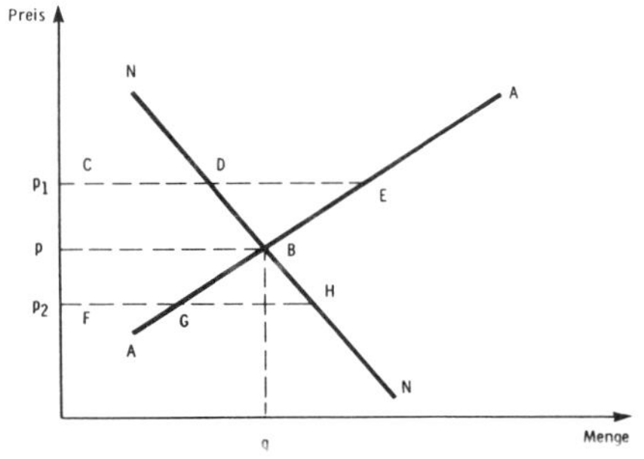

NN und AA seien („normale“) Nachfrage- und Angebotskurven; der Einfachheit halber sind sie hier als Gerade angenommen, sie könnten ebenso gekrümmt sein. Im Punkte B schneiden sich die beiden Kurven. Durch den Schnittpunkt B der beiden

Kurven ist der Preis in der Höhe p und die zu diesem Preis umgesetzte Menge mit q festgelegt. Beim Preis p fragen die Nachfrager die Menge q nach und bieten die Anbieter (Produzenten) die Menge q an. Der Preis p ist bei diesem Verlauf der Nachfrage- und der Angebotskurve der einzige Preis, bei dem nachgefragte Menge und angebotene Menge übereinstimmen, einander gleich sind.

Man nennt deswegen p den Gleichgewichtspreis und q die Gleichgewichtsmenge.

Es ist in der Regel nicht anzunehmen, daß dieser Preis auf einem Markt sofort gefunden wird. Vielleicht stellt sich der Preis zunächst einmal höher, etwa auf p_1. Zu diesem Preis p_1 bieten die Anbieter gemäß dem Verlauf der Angebotskurve AA die Menge CE an, während die Nachfrager gemäß dem Verlauf der Nachfragekurve NN nur die Menge CD abnehmen. In Höhe der Menge DE bleiben die Anbieter auf ihrer Ware sitzen. In einem solchen Fall können sich die Nachfrager für ihre Kaufabschlüsse Zeit lassen, die Anbieter aber, die für die Herstellung der Ware Kosten aufgewendet haben, müssen sich anstrengen, um zu Abschlüssen zu kommen: die Anbieter werden sich gegenseitig unterbieten. Der Preis p_1 kann sich also nicht halten, er wird sinken. — Nehmen wir den anderen Fall an, daß auf dem Markt zunächst ein niedrigerer Preis, etwa in der Höhe p_2 zustande kommt. Bei einem solchen Preis beabsichtigen die Nachfrager eine Menge FH zu kaufen, während die Anbieter nur die Menge FG auf den Markt bringen. Beim Preis p_2 können also nicht alle Nachfrager ihre Kaufabsichten verwirklichen, sie werden sich um die Ware reißen, durch Überbieten des Preises p_2 die Anbieter, die sich jetzt Zeit lassen können, zu Verkäufen zu verlocken suchen. Auch der Preis p_2 kann sich nicht halten, er wird steigen.

Wir sehen: Bei jedem Preis, der höher ist als p, wirken die Anstrengungen der Anbieter, zu Verkaufsabschlüssen zu kommen, auf eine Senkung des Preises; bei jedem Preis, der niedriger ist als p, wirken die Anstrengungen der Nachfrager, zu Kaufabschlüssen zu kommen, auf eine Erhöhung des Preises. Mit anderen Worten: Geht im Normalfall mit steigendem Preis die Nachfrage zurück und erhöht sich das Angebot, so bringen Preisbewegungen Angebot und Nachfrage auf einem Markt zum Ausgleich. Der Preis wird (tendenziell) steigen, wenn die Nachfrage im Verhältnis zum Angebot größer ist oder zunimmt, der Preis wird (tendenziell) sinken, wenn die Nachfrage im Verhältnis zum Angebot kleiner ist oder sinkt **(Preismechanismus).** Bei dem Preis p dagegen, bei dem Nachfragemenge und Angebotsmenge gleich groß sind, treten diese Änderungstendenzen nicht mehr auf. Zu diesem Preis können alle Nachfrager ihre Kaufabsichten und alle Anbieter ihre Verkaufsabsichten verwirklichen.

Der Gleichgewichtspreis „räumt" den Markt, und er verhilft dazu, daß beide Marktseiten: Anbieter und Nachfrager, ihre Wirtschaftspläne erfüllen können.

Wenn auf dem Markt einer Ware ihr Preis in Höhe von p gefunden wurde — das kann einige Zeit dauern —, dann stimmen, solange die Voraussetzungen, auf denen Kauf- und Verkaufsentscheidungen der Nachfrager und Anbieter beruhten, unverändert bleiben, bezüglich dieser Ware die Wirtschaftspläne der Marktteilnehmer überein. Auf keiner Seite besteht ein Anlaß, den Wirtschaftsplan bezüglich dieser Ware zu ändern. Ihr Markt befindet sich im „Gleichgewicht".

Eine Reihe von Umständen können dahin wirken, das Zustandekommen des Gleichgewichtspreises für eine bestimmte Ware zu verzögern. Ordnet z. B. die Regierung, wie sie es gerne zugunsten der landwirtschaftlichen Erzeuger tut, einen höheren Preis an (Preisstützung), so stauen sich unabsetzbare Vorräte, deren Einlagerung und Finanzierung die Regierung besorgen muß. Setzt sie im Interesse der Abnehmer (Konsumenten) den Preis zu niedrig an, dann kommt zum legalen Preis nur ungenügend Ware auf den Markt, die Regierung muß zu Rationierungsmaßnahmen greifen; die nicht befriedigten Nachfrager suchen sich heimlich zu einem höheren, illegalen Preis am sog. „Schwarzen Markt" einzudecken.

Keiner dieser Zustände kann auf die Dauer bestehen. Im ersten Fall, wo die Anbieter (Produzenten) keinen Anreiz empfinden, die Produktion einzuschränken, wachsen von Jahr zu Jahr die unabgesetzten Warenmengen; sie unabsehbare Zeit einzulagern wird immer unmöglicher, weil der Lagerraum und die Finanzierungsmittel eines Tages erschöpft sein werden. Im zweiten Fall fehlt zum legalen Preis den Anbietern (Produzenten) jeder Anreiz, mehr Ware auf den (legalen) Markt zu bringen; die Unterversorgung der Nachfrager vermindert sich nicht, sie wird im Gegenteil immer größer. — Die Anbieter können ein sofortiges Sinken des Preises verhindern, wenn sie die zu diesem Preis nicht abgehende Ware auf Lager nehmen (sofern es sich um eine lagerfähige Ware handelt). Wenn bei einem niedrigeren Preis mehr nachgefragt als gleichzeitig produziert wird, können die Anbieter zusätzlich Ware aus vorhandenen Lägern verkaufen. Einlagerung oder Lagerabbau sind aber nur beschränkte Zeit möglich.

Nicht jeder auf einem Markt irgendwann und irgendwo gezahlte Preis ist also schon ein Gleichgewichtspreis. Die **effektiven Preise** können von ihm abweichen. Aber auf jedem Markt sind Kräfte wirksam, die die effektiven Preise früher oder später auf den Gleichgewichtspreis hinführen. Der Gleichgewichtspreis ist gewissermaßen das **Gravitationszentrum** der effektiven Preise eines Gutes.

Der Gleichgewichtspreis ist aber selbst nicht starr und unveränderlich. Verändern sich die Nachfrage (etwa aufgrund einer Einkommenserhöhung) oder das Angebot (z. B. wegen der Zuwanderung neuer Betriebe oder der Einführung technischer Fortschritte) oder beide miteinander, was in einer Verschiebung der Kurven ausgedrückt werden kann (von N_1 nach N_2 bzw. von A_1 nach A_2), dann ändern sich mit dem Schnittpunkt der Kurven auch Gleichgewichtspreis und Gleichgewichtsmenge (von p nach p* bzw. q nach q*).

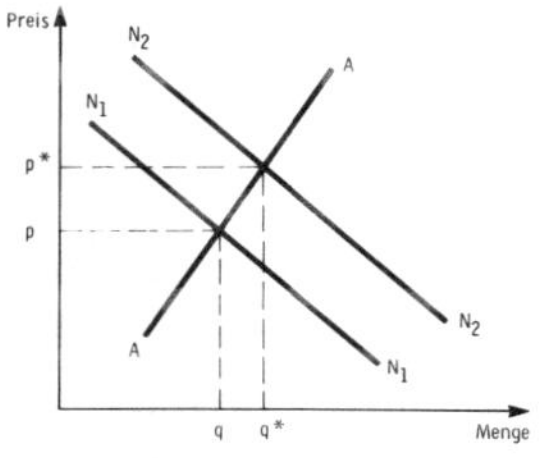

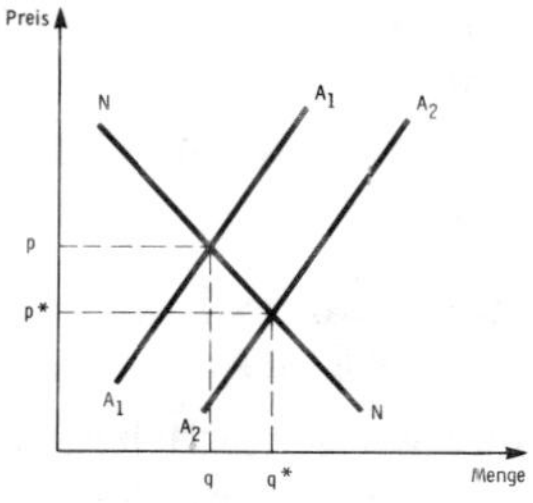

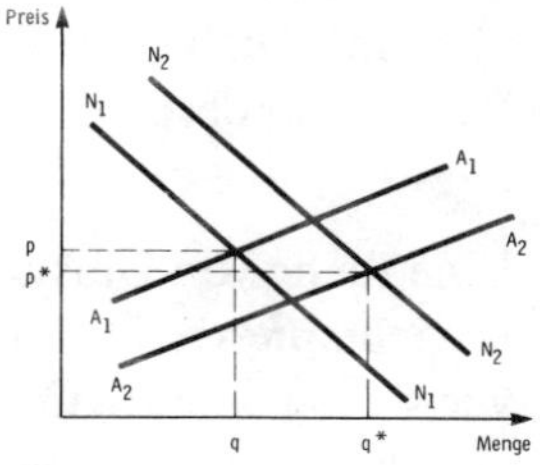

Dabei können die Reaktionen der Produzenten auf Änderungen der Nachfrage durch die **Angebotselastizität,** und die Reaktionen der Nachfrager auf eine Änderung des Angebots durch die (direkte) **Preiselastizität der Nachfrage** erfaßt werden. Je nach deren Höhe kann sich nun eine stufenweise oder allmähliche Annäherung an das neue Gleichgewicht, den neuen Schnittpunkt, ergeben. Berücksichtigt man noch die häufig zu beobachtende **zeitliche Verzögerung** zwischen Produktionsbeginn und Absatz der erzeugten Güter, ergeben sich möglicherweise auch **zyklische Schwankungen** der effektiven Preise, die beim neuen Gleichgewichtspunkt münden oder immer weiter von ihm wegführen. Klassisches Beispiel ist der sog. **Schweinezyklus.** Das linke Bild zeigt die Tendenz zum Gleichgewicht, das rechte eine explosive Bewegung der effektiven Preise (weg vom Gleichgewicht).

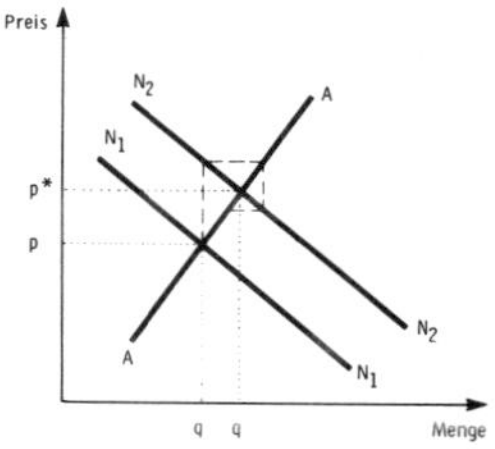

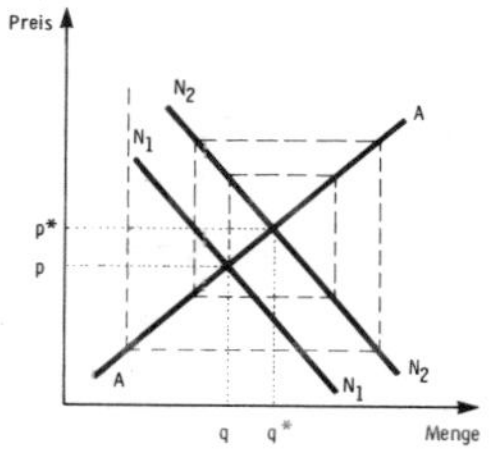

In den modernen Volkswirtschaften gibt es kaum Märkte, die den Bedingungen der vollkommenen Konkurrenz entsprechen, und nur wenige Märkte mit Bedingungen, die diesem „Modell" einigermaßen nahekommen. Die meisten und vor allem die wichtigen Märkte weisen eine Form auf, die zwischen **vollständiger Konkurrenz** und **Monopol** liegt: **monopolistische Konkurrenz** und **Oligopole.**

Auf den Märkten treten Anbieter (aber auch Nachfrager) auf, von denen jeder Einfluß auf den Preis hat. Jedoch hat die Unternehmung nicht nur mit den Reaktionen der Nachfrager auf ihre Preisforderung zu rechnen; sie hat bei ihrer *preispolitischen* Entscheidung die Möglichkeit oder die Wahrscheinlichkeit von Gegen- oder Anpassungsmaßnahmen der anderen mit ihr um den Markt ringenden Unternehmungen einzubeziehen (vgl. D.I.5 und D.I.6).

Mit dem Ziel der *Gewinnmaximierung,* das wir bislang als maßgebend unterstellt haben, konkurrieren möglicherweise **andere Ziele:** Erhaltung oder Vergrößerung des Marktanteils, Marktbeherrschung, Eroberung neuer Märkte, Schritthalten mit der Konkurrenz und dergleichen. Die Bedingungen, aus denen die Unternehmung ihre günstigste Angebots-(Absatz-)menge ableitet, komplizieren und variieren sich dadurch außerordentlich. Die Sicherung des Gewinns oder der Marktstellung geschieht nun nicht mehr allein durch den Preis. Vielmehr wird der Wettbewerb auch mit anderen Instrumenten ausgetragen. Jeder Anbieter sucht seine Ware von der anderer Anbieter zu differenzieren (durch wirkliche oder eingeredete Qualitätsverbesserungen, Kundendienst, durch das Angebot von „Objektsystemen", d. h. die Zusammenfassung von Gütern und Dienstleistungen, usw.) und bei den Abnehmern für seine Ware Präferenzen zu wecken und zu befestigen (durch Werbung, Verkaufsorganisation u. a.). Einführung oder Erhöhung der Verkaufskosten *(„selling costs")* wird eine Alternative zur Preissenkung. So verpuffen die Auswirkungen einer Preissenkung auf den eigenen Absatz, wenn ihr die Konkurrenten folgen, ihr Effekt ist vielleicht nur eine Gewinnschmälerung für alle. Wählt die Unternehmung statt dessen die Erhöhung des Verkaufsaufwands, so verankert sie ihren Namen, ihre Marke, die Qualität ihrer Leistung im Bewußtsein der Käufer, verstärkt die vorhandenen Präferenzen zu ihren Gunsten und weckt neue Präferenzen.

Besitzen die Unternehmungen aber einen **preispolitischen Spielraum** und differenzieren sie bewußt ihre Produkte, so tritt ein weiteres Problem auf, das mit der **Informationslage** von Nachfragern und Anbietern verbunden ist. So unterstellt das Modell der vollständigen Konkurrenz nicht nur, daß die Nachfrager das Güterangebot *aller* Anbieter kennen, sondern darüber hinaus Anbieter und Nachfrager über die zustandegekommenen Preise unterrichtet sind **(vollständige Preis-, Güter- und Qualitätsinformation).** Diese Bedingungen bewirken, daß es auf einem vollkommenen Markt nur einen Preis geben kann (*Gesetz der Unterschiedslosigkeit der Preise* von *William St. Jevons,* 1871). Hinzu kommt auch, daß die Qualität vieler Güter nicht „auf einen Blick" festzustellen ist, sondern sich nur durch Gebrauch offenbart.

Schon diese wenigen Andeutungen zeigen, daß für die Preisbildung auf Märkten mit monopolistischer Konkurrenz Umstände von Einfluß sind, die in der Theorie der (reinen) Konkurrenzpreisbildung nicht vorkommen und die in sich nicht nur sehr komplexer Natur sind, sondern eine außerordentliche Mannigfaltigkeit zeigen.

Unter Zugrundelegung bestimmter Annahmen über Zielsetzungen, Verhaltensweisen und Informationslage der Marktpartner lassen sich Modelle konstruieren, die im Prinzip auf *einen* Preis hinführen, eine bestimmte *Verteilung* der Preise oder wenigstens den *Bewegungsspielraum* des Preises abstecken.

Die Marktformenlehre hat der Forschung den Blick auf die Vielgestaltigkeit der Marktsituationen geöffnet, damit aber auch den Erkenntniswert der üblichen, auf vollkommene Konkurrenz oder Monopol abgestellten Preistheorien erheblich eingeschränkt. Die auf die typischen realen Marktsituationen der Gegenwart passenden Theorien sind bislang nur in Ansätzen vorhanden.

Die Methoden der modernen Preistheorie für die Erklärung der **Versicherungsprämien** heranzuziehen, ist bis jetzt nur spärlich und zaghaft versucht worden.

Dies hat seinen Grund einmal in der üblichen *monopolistischen Konkurrenz* und *Oligopolform* auf den Versicherungsmärkten, denn gerade für diese Marktformen ist die Preisbildung noch keineswegs allgemein gültig zu erklären. Der zweite Grund ist in dem Umstand zu sehen, daß die Versicherungsleistung eine sehr *spezielle Leistung* ist, die mit den allgemeinen Kategorien der Preistheorie (Erstellung und Angebot einer Ware, Angebots- und Nachfragekurven, Gleichgewichtspreis) kaum erschöpfend zu erfassen ist. Die technischen Bestimmungsgründe der Versicherungsprämien, wie Schadenhäufigkeit und durchschnittliche Schadenumfänge, sind mit den Produktionskosten einer Ware nur bedingt zu vergleichen. Soweit Höhe und Verlauf der Versicherungsprämien vom Zusammenspiel der Versicherer und Versicherungsnehmer, also vom Markt her beeinflußt werden, d. h. nicht allein von den technischen (mathematischen) Bedingungen des Versicherungsbetriebes abhängen, kann die neuere Preistheorie einige neue Aspekte auf die Theorie der Versicherungsprämien eröffnen.

E. Geld und Kredit

Die heutigen Volkswirtschaften sind, von vorübergehenden Epochen ihres Verfalls abgesehen, **Geldwirtschaften. Die Geldeinheit dient als Wertmaßstab, die Preise werden in Geldeinheiten gezahlt. Jede Wirtschaftsrechnung ist eine Geldrechnung. Im volkswirtschaftlichen Kreislauf ist der Güterkreislauf mit einem Geldkreislauf (vgl. unten F) gekoppelt.**

Neben realen Phänomenen der Gütersphäre, wie Bedürfnisse, Naturausstattung, Technik, wirtschaftliche Begabung der Bevölkerung u. dgl. bestimmen Vorgänge in der Geldsphäre das volkswirtschaftliche Getriebe. Das Geld ist nicht ein über die realen Zusammenhänge der Volkswirtschaft gezogener „Schleier", den man nur beiseitezuschieben braucht, sondern ein im volkswirtschaftlichen Kreislauf **aktiv wirksamer Faktor** voller Rätsel, und voller Tücke! Es kann das volkswirtschaftliche Leben befruchten, es kann es aber auch ersticken. Als wirtschaftspolitisches Mittel kann es Medikament und Gift sein. Es entzieht sich zuweilen exakt berechnender Handhabung, ökonomisch unmotivierte massenpsychologische Stimmungen können in ihm herrschend werden. Man kann sich ein „neutrales" Geld denken, das die realen wirtschaftlichen Zusammenhänge nicht verändert, nur den Tauschverkehr erleichtert und beschleunigt — man kann die Beachtung der *Neutralität des Geldes* als geldpolitische Richtlinie formulieren; niemand vermag aber genau zu sagen, ob und inwieweit das Geld neutral ist, wann es beginnt „aneutral" zu werden.

Das Geld ist in der modernen Geldverkehrswirtschaft eng mit dem Kredit verbunden. Der Einfluß des Geldes auf den Wirtschaftsablauf vollzieht sich im wesentlichen über Kreditvorgänge. Eine besonders wichtige Geldart, das **Kreditgeld,** entsteht aus Kreditgewährung. Nahezu alle Kreditvorgänge spielen sich heute monetär, in Geld, ab. Art und Ausmaß der Kreditgewährungen beeinflussen die Funktion und den Wert des Geldes.

Ebensowenig wie das Geld ist der Kredit gegenüber dem Wirtschaftsablauf indifferent. Er ermöglicht ohne Eingriffe in die überkommene Vermögensstruktur und Vermögensverteilung die Übertragung der Kapitalgüter in die Produktionsunternehmungen, er überbrückt die Unterschiede zwischen der Vermögensverfassung und der Produktionsverfassung einer Volkswirtschaft.

Der Kredit erhält die in den Ersparnissen und in dem zeitweise nicht benötigten Geld liegende Kaufkraft dem wirtschaftlichen Kreislauf (Kreditvermittlung), und er vermag ausgefallene oder fehlende Kaufkraft zu ersetzen (Kreditschöpfung). Er ist das Zaubermittel, die wirtschaftliche Aktivität anzuregen und zu steigern. Zu großzügig angewendet, vermag er das Geldwesen und die Wirtschaftsstruktur eines Landes zu zerstören. Er gründet im Vertrauen, einem letztlich psychologischen Tatbestand, für sein richtiges oder zulässiges Ausmaß fehlt die ausrechenbare Formel.

I. Das Geld im Wirtschaftskreislauf

1. Entstehung des Geldgebrauchs

Das Geld ist kein Urphänomen der Wirtschaft, es tritt erst mit dem Übergang von der Naturalwirtschaft zur Geldwirtschaft auf. Sein erstes Auftreten überhaupt, wie auch in den verschiedenen Kulturbereichen, läßt sich nicht datieren.

Zwei Erklärungsversuche seiner Entstehung streiten um die Anerkennung:

— **Deduktiver Erklärungsversuch**

Mangels konkreter Kenntnisse denkt man sich, daß ein *„besonders findiger Wirtschafter“ (Friedrich von Wieser,* 1851—1926) zwecks Überwindung der Unbequemlichkeiten des *„direkten Tausches“* (Zusammentreffen der passenden Tauschpartner) seine Tauschware zunächst gegen die Ware vertauschte, die am häufigsten begehrt wurde, und diese dann — in einem zweiten Akt — wieder gegen die Ware eintauschte, die er eigentlich haben wollte. Die *„marktgängigste Ware“* wurde zu einem allgemein beliebten Zwischentauschgut und mit immer häufigerer Verwendung zu Geld.

Dieser rationalistische Erklärungsversuch geht bis auf *Aristoteles* zurück und findet sich bis zu *Carl Menger* (1840—1921) und *Friedrich von Wieser.* Seine Schwäche ist, daß er mit den aus historischen Quellen und den aus den Gepflogenheiten heutiger Naturvölker sprechenden Tatbeständen schwer zu vereinbaren ist.

— **Induktiv-empirischer Erklärungsversuch**

Geld ist aus Kleinoden, Gütern, entstanden, die von den Menschen angehäuft wurden, weil ihr Besitz und ihre gelegentliche Zurschaustellung in primitiven Gesellschaften soziale Auszeichnung versprachen (Kleinod-, Hort-, Prestige-, Prunk-, Protzgeld). Nur bei besonderen Anlässen kamen sie in Verkehr: beim Erwerb von Frauen, beim Eintritt in einen Geheimbund, zur Beilegung von Streitigkeiten, als Buße, zur Bekundung der Rechtsgültigkeit von Verträgen und besonders als Gabe (Geschenk) zur Knüpfung sozialer Beziehungen. *„Im Gabenverkehr bürgert sich der regelmäßige Gebrauch eines Gutes ein, das nicht gehortet wird, sondern das einmal als Mittel des Gabenerwerbs in den Verkehr eingeführt, dann auch weiterhin von dem Empfänger zum Gelddienst verwendet wird: das Gut wird zum Vermittlungsgut im Tauschverkehr, zum Tauschgeld, Marktgeld, Kaufgeld“ (Wilhelm Gerloff).*

Die Schwierigkeit dieses Erklärungsversuchs liegt in der Vielgestaltigkeit und zutreffenden Ausdeutung des prähistorischen und ethnologischen Materials.

Viele Dinge haben in der Geschichte dauernd oder vorübergehend als Geld gedient: Bronzeplatten, Ringe, Glocken, Muscheln, Getreide, Salz, Felle, Vieh (Rind, Ziege), Tabak, Kakaobohnen, Metalle (Gold, Silber), heute stoffwertlose Papierscheine und bloße Buchungszahlen. Die längste Zeit versahen bei den meisten Völkern Edelmetalle (Gold und Silber) den Gelddienst, weil sie praktisch zu handhaben waren und in sich selbst einen beständigen Stoffwert trugen **(Metallismus).** Seit dem vorigen Jahrhundert löste sich jedoch die vom Geld repräsentierte Werteinheit (Mark, Franc, Pfund u. dgl.) von seinem Stoffwert. Geld wird immer mehr zu der in einer Zahlungsgemeinschaft zirkulierenden abstrakten Anweisung, zu einem Träger von Kaufkraft, die in einem Metallstück ebenso gut wie in einer Papiernote oder in einem Bankguthaben beurkundet sein kann **(Nominalismus).**

Das heutige Geld hat seinen ursprünglichen stofflichen Charakter abgestreift und ist zu einem Wertsymbol, einem Namen, geworden, an das sich die Wirtschaftsgesellschaft hält. Das Geld ist zwar aus einer Ware hervorgegangen, in der entfalteten Geldwirtschaft tritt es jedoch in deutlichen Gegensatz zur Ware: Während die Ware die Bestimmung hat, auf dem Markte abgesetzt zu werden und damit aus dem Umschlagsprozeß zu verschwinden, soll das Geld immer wieder auf den Markt zurückkehren, im Umlauf bleiben; bietet die Ware die Möglichkeit einer realen Befriedigung und gewinnt daraus von selbst Wert, so hat das Geld nur einen abgeleiteten (Reflex-) Wert aus dem Wert der Güter, die man sich für das Geld beschaffen kann. Das Geld wird prinzipiell nicht in seiner etwaigen Substanz (Metallgehalt) gewertet, sondern wegen seiner Funktionen innerhalb der Wirtschaftsgesellschaft.

2. Funktionen des Geldes

Die Funktionen des Geldes zerfallen nach *Eduard Lukas* und *Albrecht Forstmann* in:

a) Hauptfunktionen (elementare, primäre Funktionen)

aa) Geld als allgemeines Tauschmittel, allgemeiner Tauschmittler, Mittel des sachlichen Wertausgleichs, medium of exchange

Waren und Leistungen werden gegen Geld verkauft, und mit Geld werden Waren und Leistungen erworben. Geld ist Mittel des *„indirekten Tausches“*.

bb) Geld als allgemeiner Wertmesser, allgemeines Wertmaß, allgemeine Rechnungseinheit und Bezugsgröße, Mittel des gedanklichen Wertausgleichs, standard of value

Alle Güter und Dienste werden auf die Geldeinheit bezogen, Zufluß und Abfluß von Mitteln in Haushalten und Betrieben werden in Geldeinheiten gemessen.

Die Rechnung in Geldeinheiten ist die Grundlage der Entscheidungen der Wirtschaftssubjekte.

b) Nebenfunktionen (Konsekutivfunktionen, sekundäre Funktionen)

aa) Geld als Wertaufbewahrungsmittel, Thesaurierungsmittel, Wertträger über die Zeit, money as a store of value

Im Geld werden Werte zu ihrer Verwendung in einem späteren, günstigeren Zeitpunkt aufbewahrt (Kassenhaltung, liquide Vermögensanlage).

bb) Geld als Werttransportmittel, Wertträger durch den Raum

Der im Geld enthaltene Wert kann an einem anderen Ort reaktiviert werden. Unabhängig vom Ort seiner Entstehung kann man mit Geld an jedem gewünschten Orte Zahlung leisten.

cc) Geld als Kapitalübertragungsmittel

Es dient der Übertragung von Kapital-(Vermögens-)gütern, der Hingabe und Rückzahlung von Darlehen. Seine Eignung zum Erwerb von Kapitalgütern einschl. der Arbeitskraft (Kapitalfunktion des Geldes) ist besonders bedeutsam, weil durch sie die produzierenden Wirtschaftseinheiten in die Lage versetzt werden, die für die Produktion erforderlichen Güter, Dienste und Rechte zu erwerben.

dd) Geld als gesetzliches Zahlungsmittel, einseitiges Zahlungsmittel, Schuldentilgungsmittel

Geld dient nicht nur dem wirtschaftlichen Austauschverkehr, sondern auch zur Lösung einseitiger Zahlungsverpflichtungen (Steuern, Strafen, Schadenersatz, Alimente usw.) und zur Erfüllung einseitiger freiwilliger Leistungen (Schenkung, Vermächtnis, Erbschaftsübertragung). Die Gesetze aller Staaten sehen die schuldbefreiende Wirkung der Zahlung in gesetzlich anerkanntem Gelde vor. Auf die Dauer kann der Staat nur das Geld in der Stellung des gesetzlichen Zahlungsmittels halten, das auch im wirtschaftlichen Verkehr freiwillig gegeben und genommen wird.

Die **Verwendung des Geldes ist heute** so umfassend und allgemein, daß sich alle Verwendungsmöglichkeiten des Geldes nicht aufzählen lassen. In den grundlegenden zwei Hauptfunktionen und den davon abhängigen vier Nebenfunktionen sind nahezu alle Geldverwendungen eingeschlossen. Gutes, „gesundes“ Geld soll vor allem die beiden Hauptfunktionen gemeinsam erfüllen: Geld kann jedoch „erkranken“, wenn sich wie z. B. in der ersten deutschen Inflation nach 1919 beide Funktionen trennen — damals wurde vielfach in US-Dollar gerechnet und in Mark bezahlt. Wo das Geld seine Tauschmittelfunktion einbüßt — ein bekanntes Beispiel sind die deutschen Inflationen nach dem Ersten und Zweiten Weltkrieg — kann trotz des weiterbestehenden Aufnahmebefehls des Staates von Geld im eigentlichen Sinne nicht mehr gesprochen werden; im Wirtschaftsverkehr werden andere Zahlungsvereinbarungen getroffen (Kompensationsgeschäfte, Realtausch).

3. Was ist Geld?

Das Gut, das im Wirtschaftsverkehr die beiden Hauptfunktionen: allgemeines Tauschmittel und allgemeines Wertmaß, erfüllt, nennen wir Geld. Die aufgeführten Nebenfunktionen werden in der Regel von diesem Gut miterfüllt.

Damit haben wir die **Definition des Geldes** gefunden:

Geld ist ein generelles Gut nominaler Geltung, das in der Wirtschaftsgesellschaft als allgemeines Tauschmittel und Wertmaß dient.

Außer dem eigentlichen Geld treten im wirtschaftlichen Verkehr noch Zahlungsmittel auf, die wie Scheck und Wechsel nur in einem beschränkten Kreis, etwa unter den Geschäftsleuten, umlaufen; sie sind *Geldsurrogate.* Eigentliches Geld kann zu einem Geldsurrogat „degenerieren“, wenn es aufhört, die beiden Hauptfunktionen miteinander zu erfüllen. Zu den Geldsurrogaten sind auch die verschiedenen Arten von Sperrmark zu zählen, die nach 1931 aus ehemals echtem Geld geschaffen wurden und die von Ausländern nur in beschränktem Umfang in Deutschland verwendet werden konnten; die Sperrmark wurde mit einem je nach den Verfügungsbeschränkungen wechselnden Abschlag (Disagio) gehandelt.

Das Geld bewegt sich in der Wirtschaftsgesellschaft als **allgemeines Tauschmittel** — es prägt die Wirtschaftsgesellschaft zu einer *„Zahlungsgemeinschaft“* — und als **allgemeines Wertmaß** — durch das Geld wird die Wirtschaftsgesellschaft zu einer *„Bewertungsgesellschaft“ (K. Skoda).*

Der Umgang mit Geld und das Denken in Geld sind heute so allgemein geworden, daß nicht allein materielle Güter, sondern auch immaterielle, wie Kunstwerke, in Geld geschätzt werden; in Pervertierung des Menschlichen erfolgt nicht selten die Einschätzung jeder menschlichen Tätigkeit nach ihrem Gelderfolg (Einkommen) und die Bedeutung eines Menschen wird an seiner Verfügungsmacht über Geldmittel abgelesen. Das Geld hat zwar die früheren Stände- und Klassenschichtungen der Gesellschaft aufgehoben; sein Besitz hat jedoch neue Unterschiedlichkeiten und Gegensätzlichkeiten in die Gesellschaft — bezeichnenderweise auch in die der Sowjetunion und der DDR! — hineingebracht.

Juristisch ist Geld das gesetzliche Zahlungsmittel.

In einem geordneten Geldwesen fällt dieses mit dem Geld im volkswirtschaftlichen Sinne zusammen. Wo das Geldwesen aber in Unordnung gerät, in Inflationszeiten, sucht der Staat das von ihm proklamierte Geld als gesetzliches Zahlungsmittel zu halten, während im volkswirtschaftlichen Sinne meist ein anderes Geld fungiert; so war die Mark bis 1923, die Reichsmark bis 1948 gesetzliches Zahlungsmittel; allgemeines Zahlungsmittel und vielfach auch Wertmaß war in Deutschland jedoch der US-Dollar. Wirtschaftlich ausschlaggebend ist nicht das Geld, das der Staat als gesetzliches Zahlungsmittel proklamiert, sondern das Geld, das im Wirtschaftsverkehr tatsächlich die Funktion als allgemeines Tauschmittel und Wertmaß erfüllt.

4. Erfordernisse funktionsfähigen Geldes

Damit das Geld seine Funktionen als allgemeines Tauschmittel und Wertmaß erfüllt, muß es den nachstehenden Erfordernissen genügen:

a) Erfordernisse wesentlicher Art

— Wertbeständigkeit

Nur wenn die durch das Geld repräsentierten Ansprüche auf Güter und Leistungen in Raum und Zeit unverändert bleiben, kann es an jedem Ort und zu jedem Zeitpunkt ohne Nachteil für einen der Tauschpartner als Tauschmittel und ohne Verfälschung der Relationen als Wertmaß dienen. Ziel der *Geldpolitik* muß es sein, das zwischen Geld und Gütern bestehende Austauschverhältnis zu wahren, und zu verhindern, daß dieses Austauschverhältnis von der Geldseite her verändert wird („Prinzip der Neutralität des Geldes“).

— Knappheit

Wenn der Geldwert stabil bleiben soll, dann muß die durch die umlaufende Geldmenge repräsentierte Kaufkraft übereinstimmen mit dem Wert der auf den Märkten erscheinenden Güter- und Leistungsmenge. Die Geldmenge darf nicht beliebig, etwa unter politischen Gesichtspunkten, geändert werden. Ein Zuviel an Geld ließe die Preise ansteigen, ein Zuwenig sinken. Bei stoffwerthaftem Geld (Metallgeld) ist die Knappheit der Geldmenge durch die Knappheit des erreichbaren Geldstoffes (Gold und Silber), also ohne Bezugnahme auf die umzusetzende Güter- und Leistungsmenge, gegeben; bei stoffwertlosem Geld (Papiergeld, Buchgeld) muß dessen Menge entsprechend dieser Güter- und Leistungsmenge reguliert werden.

— **Elastizität**

Da die umzusetzende Güter- und Leistungsmenge sich unterschiedlich auf die einzelnen Regionen einer Volkswirtschaft verteilt, im Jahresablauf saisonalen Schwankungen unterliegt, in längeren Zeiträumen konjunkturellen Veränderungen unterworfen ist und in langfristiger Entwicklung nach den bisherigen Erfahrungen wächst, muß die Geldmenge zwar immer knapp, aber doch entsprechend diesen wechselnden Umsatzbedürfnissen veränderlich (elastisch) gehalten werden. Wo die Geldmenge durch die erreichbare Geldstoffmenge begrenzt ist, läßt sich dieses Erfordernis nur schwer, wenn überhaupt, erfüllen. Die Menge stoffwertlosen Geldes dagegen kann elastisch gehalten werden.

— **Vertrauen**

Die allgemeine, ungezwungene Annahme des Geldes als Tauschmittel und seine Verläßlichkeit als Wertmaß beruht letztlich auf dem Glauben der Öffentlichkeit an seine **Wertbeständigkeit.**
Die „Massengewohnheit der Annahme des Geldes" wird wesentlich dadurch gefördert, daß der Staat dem Gelde den Rechtscharakter des gesetzlichen Zahlungsmittels beilegt; sie wird jedoch entscheidend beeinträchtigt, wenn der Staat unter Mißbrauch der ihm durch die Gesetzgebung gebotenen Möglichkeiten die Geldmenge nach politischen Gesichtspunkten verändert, insbesondere ein Haushaltsdefizit durch Schöpfung zusätzlichen Geldes deckt. Die Erfahrung hat gezeigt, daß schwache Regierungen unbequemen Entscheidungen (Ausgabenkürzungen, Steuererhöhungen) nur zu gerne ausweichen, indem sie die Gesetzgebungshoheit zu einem Druck auf die Zentralbank mißbrauchen. Das Vertrauen in die Wertbeständigkeit des Geldes hängt in hohem Maße von dem Glauben der Allgemeinheit an die Stabilität und Gewissenhaftigkeit der staatlichen Organe ab. Durch positive oder negative Propaganda hervorgerufene massenpsychologische Einflüsse vermögen sich u. U. stärker auf den Geldwert auszuwirken als die tatsächlichen Verhältnisse. Manche Geldordnung krankt am Vertrauensschwund der Öffentlichkeit.

b) Erfordernisse technischer Art

— **Leichte Transportabilität und Aufbewahrungsmöglichkeit**

Geld mit hohem spezifischem Wert seiner Einheit (Edelmetalle) läßt sich einfacher transportieren und aufbewahren als geringwertige, sperrige Substanzen oder gar Vieh. Die höchste Transportabilität und die leichteste Aufbewahrungsmöglichkeit bieten Papier- und Giralgeld.

— **Geeignete Stückelung**

Die einzelnen Geldzeichen müssen in solcher Wertgröße und Menge vorhanden sein, daß sich mit ihnen jeder beliebige Wertbetrag im Verkehr zusammenstellen läßt.

— **Einheitlichkeit des Geldsystems**

Die verschiedenen Geldformen (Münzen, Noten, Überweisungsguthaben) müssen leicht und ohne Verluste je nach Bedarf ineinander umwechselbar sein. Es darf sich kein Disagio (Abschlag) der einen Geldform gegenüber einer anderen herausbilden.

Die **Erfüllung all dieser Erfordernisse** für ein voll funktionsfähiges Geld stellt die für die Geldordnung und Geldversorgung verantwortlichen Organe (Staat, Banken) vor eine deswegen so schwere Aufgabe, weil der jeweilige Umsatzbedarf an Geld keineswegs genau bekannt ist und weil das massenpsychologische Moment des Vertrauens in das Geld sich jeder Berechnung entzieht. Völker, die in ihrer jüngsten Geschichte erhebliche Geldentwertungen (Inflationen) durchgemacht haben, reagieren auf jedes Schwächezeichen ihres Geldes viel empfindlicher als andere Völker, denen diese Erfahrungen bislang fehlen.

5. Arten des Geldes

Danach, wie das Geld in den Wirtschaftsverkehr eingeschleust werden kann, unterscheiden sich — volkswirtschaftlich bedeutsam — die Arten des Geldes:

a) Warengeld, Stoffgeld, Sachgeld, commodity money

Dieses Geld entsteht dadurch, daß eine bestimmte Ware mit ihrem Wert im Wirtschaftsverkehr die Funktion des allgemeinen Tauschmittels und des Wertmaßes übernimmt.

Es kann ebensogut als Tauschmittel wie als Ware (zur Befriedigung eines realen Bedürfnisses) verwendet werden. Irgendein Sachgut (Vieh, Metalle, Salz, Getreide) wird zu Geld. Das erste Geld der Menschheit war ein Warengeld. Im Laufe der Zeit beschränkten sich die für das Warengeld in Betracht kommenden Güter immer mehr auf die Edelmetalle (Gold und Silber). Aus ihnen wurden Münzen geschlagen (vermutlich erstmals im 7. Jahrhundert v. Chr. in Kleinasien), die im Wert ihres Metallgehaltes im Zahlungsverkehr umliefen, die folglich ohne Wertverlust auch als Metall verwendet (eingeschmolzen) werden konnten.

In modernen Geldverkehrswirtschaften, wo in der Regel das Gold zum bevorzugten Geldstoff erhoben wurde, vollzieht sich die Schöpfung des Warengeldes derart, daß Private nach ihrem Belieben Gold (in Barren) bei einer vom Staat autorisierten Stelle (der Münze) einreichen und diese die eingelieferte Goldmenge unter Beachtung eines bestimmten Verhältnisses in Goldmünzen ausgeprägt dem Einlieferer zurückgibt. In

England geschah dies unentgeltlich, in anderen Staaten gegen eine Prägegebühr (Schlagsatz). Im Deutschen Reich erfolgte dies auf Grund des Münzgesetzes von 1873 im Verhältnis von 1 Pfund Feingold = 139 ½ Zehnmarkstücke. Die Mark war damit ihrem Stoffwert nach als der 1395ste Teil eines Pfundes Feingold definiert. Geld mit unbeschränkter Zahlkraft (Kurantgeld) waren, von kleinen Beträgen abgesehen, die in Scheidemünzen geleistet wurden, nur Goldmünzen zu 10 und 20 Mark (bis 1907 neben den noch umlaufenden Silbertalern). Mit Ausbruch des ersten Weltkrieges 1914 wurde die freie Goldprägung im Deutschen Reich, ebenso in den anderen Staaten, eingestellt; das Zeitalter der Goldwährung war zu Ende.

Gold als Warengeld erschien und erscheint noch heute vielen als die ideale Geldart. In jeder Münze ist ihr voller Wert als Gold verkörpert, und sie wird in allen Staaten, entsprechend dem Währungsfuß umgerechnet, als Zahlungsmittel genommen. Die Knappheit des umlaufenden Geldes wird durch die Knappheit des vorhandenen Goldes gewährt. Unverkennbar haftet dem reinen Goldgeld ein schwerer Nachteil an: Die in einem Land umlaufende Geldmenge kann sich nur im Ausmaß neu zufließenden Goldes erhöhen, und sie vermindert sich automatisch mit dem Abfluß von Gold ins Ausland, unabhängig von dem Geldbedarf des betreffenden Landes.

Mit der im Laufe des 18. Jahrhunderts in allen Ländern eingetretenen Steigerung der Umsätze hat die Goldproduktion nicht Schritt halten können. Eine Unterversorgung der Menschheit mit Geld und die daraus entstehenden depressiven Wirkungen auf das Wirtschaftsleben wären die unausbleibliche Folge gewesen, wenn man nicht die starre Bindung des Geldumlaufs an die vorhandene Goldmenge gelockert und — zunächst unbemerkt — andere Geldarten eingeführt hätte.

b) Kreditgeld, bank money

Kreditgeld entsteht — nicht wie das Warengeld durch Einlieferung von Geldstoff, sondern — durch die Kreditgewährung einer Bank.

Wie beim Warengeld liegt auch beim Kreditgeld die Initiative zur Geldschöpfung bei denen, die das Geld benötigen und deshalb einen Kredit beantragen; während bei Warengeld die Münze bzw. die Notenbank jede eingelieferte Geldstoffmenge in Geld (Münzen) umformen muß, steht es bei Kreditgeld in der Entscheidung der Bank, ob sie den Kredit gewähren oder ablehnen will. Gewährt die Bank den Kredit, dann stellt sie dem Kreditsuchenden in der Höhe des gewährten Kredits Zahlungsmittel zur Verfügung, vermehrt dadurch die umlaufende Geldmenge. Bei Rückzahlung des Kredits vermindert sich die umlaufende Geldmenge wieder.

Kreditgeld schöpfen:

1. die mit dem Privileg der Notenausgabe ausgestatteten Banken **(Notenbanken)**, indem sie dem Kreditnehmer Noten aushändigen oder ein Guthaben einräumen, auf das der Kreditnehmer zu Zahlungszwecken ziehen kann;

2. die **Geschäftsbanken,** die das Notenprivileg nicht besitzen, durch Einräumung von Guthaben, die über die bei ihnen gemachten Einlagen hinausgehen.

Ob und inwieweit die Geschäftsbanken in der Lage sind, solche zusätzlichen Guthaben einzuräumen, ist umstritten. Soweit die Geschäftsbanken Kredite nur im Umfang des bei ihnen zusammengeflossenen Geldes gewähren **(Kreditvermittlung),** vermehren sie die umlaufende Geldmenge nicht; anstelle des Einlegers verwendet der Kreditnehmer die im Geld verkörperte Kaufkraft.

Eine Vermehrung des Geldumlaufs tritt dagegen ein, wenn die Geschäftsbanken in der Lage sind, insgesamt mehr an Krediten zu gewähren, als sie selbst in der Form von Einlagen entgegengenommen haben **(Kreditschöpfung).**

Die Lehre über die Fähigkeit der Geschäftsbanken, zusätzliche Kredite zu *„schöpfen"*, geht auf den in Schottland geborenen Londoner Bankdirektor *Henry Dunning Macleod* (1821—1902) zurück, sie wurde von *Joseph Schumpeter* (1883—1950) und *Albert Hahn (Volkswirtschaftliche Theorie des Bankkredits,* 1. Aufl. 1920) ausgebaut, von den Bankpraktikern zunächst jedoch strikt abgelehnt. Ihr Kerngedanke ist in vereinfachter Darstellung:

Jede Bank macht die Erfahrung, daß von den von ihr gewährten Krediten nur ein Bruchteil — sagen wir ¼ — in bar abgehoben wird; über den Rest verfügen die Kreditnehmer, indem sie durch Scheck- oder Überweisungsaufträge die Bank veranlassen, ihr Konto zu belasten und dem Scheck- oder Überweisungsempfänger auf dessen Konto Gutschrift zu erteilen. Der vom Kreditnehmer beabsichtigte Zahlungsvorgang ist ohne Inanspruchnahme von Bargeld durch bloße Umbuchung von einem Konto der Bank auf ein anderes Konto derselben Bank erledigt worden. Selbst wenn Zahlungsleistender und Zahlungsempfänger ihre Konten bei verschiedenen Banken haben, nehmen die beteiligten Banken unter sich ebensolche Umbuchungen vor. Veranschlagt unter diesen Voraussetzungen die Bank der Sicherheit wegen die Quote der von ihr bar abverlangten Kredite mit ⅓, so ist sie in der Lage, beispielsweise Kredite bis zur Höhe von 3 Millionen DM einzuräumen, wenn sie eine Barreserve (eingelegtes Geld) in Höhe von 1 Million hat; im Umfang von 2 Millionen DM hat die Bank über die Höhe der bei ihr zusammengeflossenen Einlagen hinaus zusätzliche Kredite gewährt und damit Geld geschöpft. Je kleiner die Barabhebungsquote ist und je kleiner die Bank ihre notwendige Barreserve ansetzt, desto höher kann der Betrag der zusätzlichen Kredite sein.

In dem Streit um die Kreditschöpfungslehre haben sich heute die Standpunkte soweit einander genähert, daß unter bestimmten Vorbedingungen und in einem beschränkten Maße die Möglichkeit der Kreditschöpfung zugegeben wird.

Das **Kreditgeld** hat den **Nachteil,** daß durch zu großzügige Kreditgewährung seitens der Banken der Geldumlauf ungebührlich aufgebläht werden kann. Andererseits vermag sich keine andere Geldart dem wechselnden Zahlungsbedarf so elastisch anzupassen wie das Kreditgeld. Unter der Voraussetzung, daß von den Banken nur kurzfristige, der Güterversorgung dienende Kredite gewährt werden, deren Rückzahlung am Fälligkeitstermin gesichert ist, kann mit Hilfe des Kreditgeldes der Geldumlauf in Übereinstimmung mit dem Güterumlaufsvolumen der Volkswirtschaft gehalten werden. In klassischer Weise erfüllt diese Voraussetzung die Kreditgewährung auf Grund eines Handelswechsels (nicht Finanzwechsel). Der Handelswechsel bescheinigt eine im Verkehr vorhandene Ware, die Wechselsumme entspricht dem Warenwert, und nach längstens drei Monaten, wenn die Ware aus dem Verkehr verschwunden ist, strömt das bei der Diskontierung des Wechsels ausgegebene Kreditgeld wieder in die Bank zurück, der Geldumlauf vermindert sich um den Wechselbetrag **(Rückstromprinzip).**

Da heute der Handelswechsel seine Beliebtheit als Kreditunterlage erheblich eingebüßt hat, fällt den Banken, insbesondere der Zentralnotenbank, eine erhöhte Verantwortung in der Prüfung der Zulässigkeit der von ihnen zu gewährenden Kredite zu, wenn der Geldwert stabil gehalten werden soll. Während sich die Menge des Warengeldes ohne Rücksicht auf den volkswirtschaftlichen Geldbedarf nach der Menge des verfügbaren Geldstoffes (Gold) richtet, bietet das Kreditgeld die Möglichkeit, durch Variation der Kreditbedingungen (Erhöhung oder Ermäßigung des Zinssatzes, Erleichterung oder Erschwerung der Sicherheiten) den Geldumlauf zu regulieren entsprechend dem Umsatzbedarf. Die Hauptmasse des Geldes ist in der Gegenwart Kreditgeld.

c) Autonomes Geld

Es entsteht dadurch, daß der Empfänger einer Ware oder Leistung zu ihrer Bezahlung Geld schöpft.

Nicht ein Geldstoffbesitzer wie beim Warengeld und nicht ein Kreditgeber wie beim Kreditgeld, sondern der Käufer schöpft hier das Geld.

Empfänger der Ware oder Leistung und geldschöpfende Stelle in einem ist:

1. der **Staat (direktes autonomes Geld),** wenn er zur Deckung seiner Ausgaben (Käufe) Staatspapiergeld oder Scheidemünzen verwendet. Ausgabe von **Staatspapiergeld** ist i. d. R. die Folge ungeordneter Staatsfinanzen. Die Ausgabe von **Scheidemünzen** findet sich in allen Staaten, denn diese — zum Unterschied von Warengeld stofflich unterwertigen — Münzen kleiner Werthöhe aus Kupfer, Messing, Nickel oder Silber dienen dem täglichen Kleinverkehr, für den die kleinsten Goldmünzen (Warengeld) oder die Noten mit dem niedrigsten Nennbetrag (Kreditgeld) zu groß sind;

2. die **Zentralnotenbank.** Da Staatspapiergeld aus böser Erfahrung Mißtrauen in der Öffentlichkeit begegnet, ist es Praxis vor allem in Kriegszeiten geworden, die Zentral-

notenbank gesetzlich zu verpflichten, dem Staat zur Deckung seiner Ausgaben Noten oder Guthaben zur Verfügung zu stellen **(indirektes autonomes Geld).**

In Wahrheit mißbraucht der Staat das allgemeine Vertrauen, das sich die Zentralnotenbank erworben hat, für seine Zwecke. Der in einigen neueren Geldordnungen vorgesehene, gewissermaßen normale Fall autonomer Geldschöpfung seitens der Zentralnotenbank ist der Ankauf bestimmter Wertpapiere am sog. „offenen Markt" **(Offenmarkt-Politik, open market policy)**; die gekauften Effekten bezahlt die Zentralnotenbank mit ihren Noten oder durch Einräumung von Guthaben.

Während beim Warengeld die umlaufende Geldmenge durch den Geldstoff begrenzt wird, bei ordnungsmäßig ausgegebenem Kreditgeld die Umsatzwerte selbst die Geldmenge bestimmen, ist für die Ausgabe autonomen Geldes nur der nicht durch Steuereinnahmen gedeckte Staatsbedarf oder die Entscheidung der Zentralnotenbank, in welchem Ausmaße sie Effekten erwerben will, maßgebend. Die Ausgabe autonomen Geldes erhöht einseitig die Geldmenge, ermöglicht der ausgebenden Stelle eine zusätzliche Nachfrage und muß sich deshalb preissteigernd auswirken, den Geldwert senken. Soll dieser inflatorische Effekt des autonomen Geldes vermieden werden, dann muß seine Menge streng auf den Betrag begrenzt bleiben, der in der Hauptmasse des anderen Waren- oder Kreditgeldes keinen Einfluß auf die Preise auszuwirken vermag; die Ausgabe von Scheidemünzen und die Kredite der Zentralnotenbank an den Staat sind deswegen in geordneten Geldsystemen an bestimmte Höchstbeträge gebunden. Auf diesen inflatorischen Effekt des autonomen Geldes zielt auch die Offenmarkt-Politik ab: In Zeiten allgemeiner Geschäftsunlust und allgemeinen Preisfalls (Depressionszeiten) soll das durch die Effektenkäufe der Zentralnotenbank in die Wirtschaft gepumpte zusätzliche Geld anregend wirken, neue Nachfrage schaffen und so den Preisfall stoppen. Wenn nach gelungener Ankurbelung der Wirtschaft die Zentralnotenbank die Wertpapiere wieder verkauft, zieht sie damit das dafür seinerzeit ausgegebene autonome Geld aus dem Verkehr zurück. Die Wertpapierkäufe richtig zu dosieren, ist die schwierige Aufgabe der Zentralnotenbankleitung. Dient aber die Offenmarkt-Politik dazu, vom Publikum nicht abgenommene Staatsanleihen in großem Umfang bei der Zentralnotenbank unterzubringen, so ist, sofern nicht anderwärts eine Kompensation stattfindet, Überversorgung der Wirtschaft mit Geld die unausbleibliche Folge. Autonomes Geld paßt sich dem wechselnden Geldbedarf der Volkswirtschaft kaum an und gefährdet immer die Stabilität sowie die Knappheit des Geldes und zerstört das Vertrauen in das Geld, sofern es nicht in einer untergeordneten, subsidiären Rolle neben den anderen Geldarten gehalten wird.

6. Formen des Geldes

Die Arten des Geldes unterscheiden sich danach, wer das Geld schöpft d. h. in den Verkehr bringt, und welche Gesichtspunkte für die Geldschöpfung maßgebend sind.

Die Formen des Geldes hingegen beziehen sich auf die äußere Gestalt, in der das Geld auftreten kann.

a) Einteilung

aa) Zeichengeld,

das in einem körperlichen Zeichen in Erscheinung tritt,

(1) **Münzgeld,**

ein in Metallplättchen geprägtes Geld.

Die Münze repräsentiert Warengeld, wenn sie in Höhe einer eingelieferten Metallmenge geschlagen wurde, Kreditgeld, wenn sie nach Maßgabe eines eingeräumten Kredits ausgegeben wurde, oder autonomes Geld, wenn sie vom Empfänger einer Ware (Staat) zu deren Bezahlung geschaffen wurde.

(2) **Papiergeld, Notengeld,**

mit Wertbeträgen bedruckte Papierstücke.

Die Note kann repräsentieren: Warengeld, wenn sie als Bestätigung (Zertifikat) einer vorhandenen, im Tresor der Zentralnotenbank oder des Staates eingelagerten, also nicht zirkulierenden Geldstoffmenge umläuft; Kreditgeld, wenn die Note über die eingelieferte Geldstoffmenge hinaus oder ohne Geldstoffeinlieferung auf Grund einer Kreditgewährung in den Umlauf gelangt; autonomes Geld, wenn der Staat oder die Zentralnotenbank zur Bezahlung empfangener Leistungen Noten ausgibt.

bb) Giralgeld, Buchgeld,

ein ohne körperliches Zeichen (Münzen oder Noten) nur als Zahl in den Büchern der Banken bestehendes Geld.

Die **meisten Zahlungen,** nahezu alle der Firmen untereinander, erfolgen heute durch Umschreibung von einem Konto auf ein anderes Konto innerhalb des Bankensystems oder innerhalb des Gironetzes der Sparkassen. Als oberste Verrechnungsstellen der Banken und Sparkassen untereinander fungieren die Zentralnotenbank und die Girozentralen.

Auch dem Giralgeld kann **jede Geldart** zugrunde liegen: ein Warengeld, wenn in Werthöhe des eingelieferten Geldstoffes ein Konto eröffnet wurde; ein Kreditgeld, wenn im Zuge einer Krediteinräumung eine Gutschrift auf dem Konto des Kreditnehmers erteilt oder ihm die Überziehung seines Kontos gestattet wurde; ein autonomes Geld, wenn der Staat oder die Zentralnotenbank als Empfänger einer Ware oder Leistung mit der Erteilung einer Gutschrift zahlt.

Während die Menge der ausgegebenen Münzen und Noten in der Regel bekannt ist, läßt sich die Menge des in einer Volkswirtschaft vorhandenen Giralgeldes nicht exakt angeben, weil sich die Konten, die dem Zahlungsverkehr dienen sollen (Giralguthaben), von denen, die der Anleger von Ersparnissen dienen (Sparguthaben), nicht eindeutig abtrennen lassen. Wenn man auch üblicherweise nur die scheck- und girofähigen Guthaben (Sichtguthaben, cash deposits) der privaten Banken, Sparkassen und Postscheckämter, aber nicht die Termin- und Sparguthaben (Kündigungsdepositen, time deposits, saving deposits), zum Giralgeld zählt, so ist es doch nicht ausgeschlossen, daß Spargelder zumindest vorläufig auf Sichtkonten gehalten werden, und aus Sparkonten in beschränktem Umfange Zahlungen geleistet werden. Sparguthaben können durch Kündigung in Geld umgewandelt werden.

b) Formen des Geldes in der Volkswirtschaft

Die beiden Formen des Geldes: Zeichengeld und Giralgeld, treten nicht gleichmäßig in allen Bereichen der Volkswirtschaft auf. Giralgeld wird vorwiegend für Zahlungen zwischen den Unternehmungen, im sog. Geschäftskreislauf verwendet. Das Zeichengeld dient nahezu ausschließlich für die Einkommenszahlungen der Unternehmungen an die Haushalte und für die Einkäufe der Haushalte bei den Unternehmungen, Geschäften usw.; es läuft vorwiegend im sog. Einkommenskreislauf um.

In welcher Gestalt das Geld jeweils auftritt, ob als Münze, Note oder Guthaben, ist für seine volkswirtschaftliche Wirkung, wenn überhaupt, nur von nachgeordneter Bedeutung. Wenn man noch während des Ersten Weltkrieges in allen Ländern glaubte, den inflationistischen Tendenzen, die sich aus der kriegsbedingten Ausdehnung des Kreditgeldes und autonomen Geldes ergaben, zuvorkommen zu können, wenn man durch verstärkte Propaganda für bargeldlose Zahlung den Münz- und Notenumlauf in Grenzen hielt, so übersah man, daß es nicht auf die Form des Geldes ankommt, sondern auf die Mächtigkeit des Geldstroms im Verhältnis zum Güter- und Leistungsstrom innerhalb der Volkswirtschaft.

Die **Geldmenge,** um deren Kontrolle die Zentralbank im Sinne einer Stabilerhaltung des Geldwertes bemüht sein sollte, muß deshalb neben dem von ihr selbst zu verantwortenden Bargeldumlauf auch das Giral- oder Kreditgeld berücksichtigen. Die *Deutsche Bundesbank* veröffentlicht zur Zeit Angaben über die Geldmenge gemäß vier verschiedener Definitionen: (1) Die **Zentralbankgeldmenge** ist die Summe aus Bargeldumlauf und den Sichtguthaben von Geschäftsbanken bei der Zentralbank (genauer: Mindestreserve-Soll, berechnet mit konstanten Mindestreservesätzen auf Basis von Januar 1974); sie kann von der Bundesbank unmittelbar beeinflußt werden und ist daher eine wichtige geldpolitische Instrumentvariable. (2) Unter M_1 versteht man die Summe aus Bargeldumlauf (ohne Kassenbestände der Kreditinstitute) und Sichtguthaben inländischer Nichtbanken bei den Banken und der Zentralbank. (3) Addiert man zu M_1 noch die Termineinlagen inländischer Nichtbanken bei Kreditinstituten mit einer Befristung bis unter vier Jahren, erhält man M_2. (4) Berücksichtigt man zusätzlich noch die Spareinlagen inländischer Nichtbanken bei Banken mit gesetzlicher Kündigungsfrist, ergibt sich die Geldmenge M_3. Das nachstehende Schaubild und die folgende Tabelle zeigen diese Größen für die Bundesrepublik in den letzten Jahren auf.

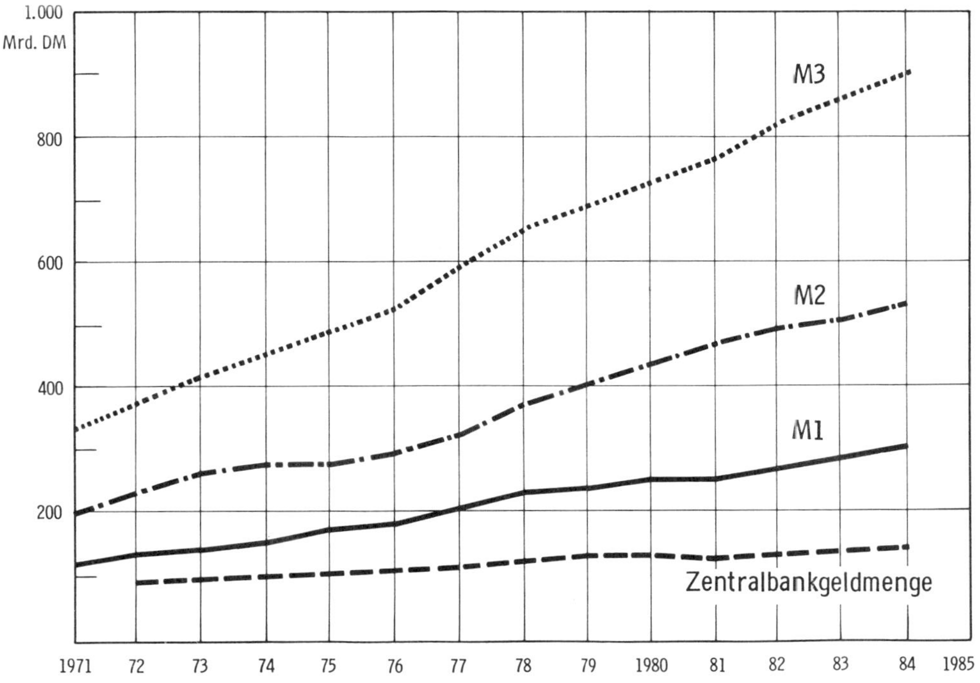

Geldvolumen M_1	=	Bargeldumlauf (ohne Kassenbestände der Kreditinstitute; deshalb stimmt die Summe aus Banknotenumlauf und Scheidemünzen hiermit nicht überein) + Sichteinlagen inländischer Nichtbanken
Geldvolumen M_2	=	M_1 + Termingelder inländischer Nichtbanken mit Befristung bis unter 4 Jahre

Jahr	Banknotenumlauf	Scheidemünzen
1971	39 494	3 665
1972	44 504	4 444
1973	46 247	4 728
1974	50 272	5 129
1975	55 143	5 407
1976	59 038	5 700
1977	65 567	6 098
1978	74 799	6 578
1979	79 385	6 989
1980	83 730	7 461
1981	83 790	7 816
1982	88 574	8 120
1983	96 073	8 619
1984	100 636	8 956

Quelle: Monatsberichte der Deutschen Bundesbank (in Mio. DM)

II. Der Geldwert

Es bleibt die Frage, welche Faktoren das Austauschverhältnis zwischen Geld und Gütern, den sog. Geldwert, bestimmen.

Unter **Geldwert, Kaufkraft oder Tauschwert des Geldes** versteht man die **Menge an Gütern, die für eine Geldeinheit zu bekommen ist.**

Welche Menge an Gütern für eine Geldeinheit erhältlich ist, hängt von den auf den Märkten geltenden Preisen ab. Je höher die Preise sind, die man anlegen muß, desto kleiner ist die für eine Geldeinheit (1 DM z. B.) erhältliche Gütermenge; je niedriger die Preise sind, desto größer ist diese Menge. Allgemeines Steigen der Preise ist gleichbedeutend mit Sinken des Geldwerts, allgemeines Sinken der Preise mit Zunahme des Geldwerts.

Der Geldwert bewegt sich also umgekehrt wie das Preisniveau.

Das Preisniveau selbst — seine absolute Höhe — ist zwar nicht meßbar. Wohl aber kann man aus dem Vergleich von **Preisindexzahlen,** die aus den an verschiedenen Zeitpunkten geltenden Preisen errechnet wurden, mit hinlänglicher Genauigkeit ablesen, ab das Preisniveau gleichgeblieben, gestiegen oder gesunken, der Geldwert demnach unverändert, gesunken oder gestiegen ist.

Da man in die Berechnung nicht alle Preise einbeziehen kann, beschränkt man sich auf die Beobachtung der Preise der wichtigsten Güter und Leistungen in der Annahme, daß die Preise der anderen, ausgelassenen Güter und Leistungen sich nicht wesentlich anders entwickeln oder gesamtwirtschaftlich gesehen nur eine untergeordnete Bedeutung haben. In der Regel verhalten sich die Preise sehr unterschiedlich, die einen bleiben gleich, die anderen steigen, und wieder andere sinken. Es genügt nicht einfach, einen Durchschnitt aus allen einbezogenen Preisen zu errechnen, denn für die Menschen haben die verschiedenen Güter eine sehr verschiedene Bedeutung. Eine geringe Preiserhöhung jener Güter, die die Haushalte alltäglich und in großer Menge kaufen müssen, hat schwerer wiegende Folgen als eine vergleichsweise große Preiserhöhung bei Gütern, die sie nur selten und in kleinen Mengen benötigen. Man muß den einzelnen Preisen ein der Bedeutung der verschiedenen Güter für die Haushalte entsprechend abgestuftes „Gewicht“ beilegen. Art und Menge der von einem Haushalt gekauften Güter werden von seinen Präferenzen, seiner Größe und Zusammensetzung, vor allem aber von der Höhe seines Einkommens bestimmt.

Bei der Berechnung des **Preisindex für die Lebenshaltung,** der bezüglich des Geldwerts in erster Linie in Frage kommt, geht man so vor, daß eine repräsentative Auswahl von Haushalten verschiedener Größe und Einkommensstufen veranlaßt wird, ein Jahr lang alle Ausgaben in einer „Wirtschaftsrechnung“ aufzuschreiben. Aus diesen Wirtschaftsrechnungen stellt man die Mengen aller Güter und Leistungen in einem „Verbrauchsschema“ oder „Warenkorb“ zusammen. Mit Hilfe der jeweils erhobenen Preise berechnet man den Gesamtwert dieses Warenkorbes. Diesen setzt man für das Basisjahr (etwa 1970) gleich 100. In den folgenden Jahren wiederholt man mit den jetzt geltenden Preisen die Berechnung des Gesamtwerts des gleichen Warenkorbes und sieht, um wieviel er über oder unter seinem Gesamtwert des Basisjahres liegt, um wieviel Prozent er sich nach oben oder unten geändert hat.

Das Statistische Bundesamt berechnet zur Zeit **fünf** Preisindizes für die Lebenshaltung, und zwar für

— alle Haushalte
— 4-Personen-Haushalte von Angestellten und Beamten mit höherem Einkommen
— 4-Personen-Arbeitnehmerhaushalte mit mittlerem Einkommen des alleinverdienenden Haushaltsvorstandes
— 2-Personen-Haushalte von Renten- und Sozialhilfeempfängern
— die einfache Lebenshaltung eines Kindes.

Beim zuerst genannten Index ist Grundlage ein Durchschnittshaushalt mit 2,7 Personen und 1 294 DM monatlichen Lebenshaltungsausgaben nach den Verbraucherverhältnissen von 1970. Beim 2. Index liegen monatliche Lebenshaltungsausgaben von rund 1 996 DM und beim 4. Index von rund 532 DM zugrunde (auch im Basisjahr 1970). Der bekannteste dieser Indizes ist der dritte, dabei beliefen sich die Verbrauchsausgaben dieser Haushalte im Basisjahr 1970 auf monatlich rund 1 157 DM.

Die Entwicklung der erwähnten Preisindizes für die Lebenshaltung in der BRD zeigt die umseitige Tabelle.

Der unvermeidbare Nachteil dieser Berechnungsmethode ist, daß in jedem Jahr der gleiche Warenkorb (der des Jahres 1970) zugrunde gelegt wird, zwischenzeitlich eingetretene Änderungen in der Menge und Qualität der Ware oder in den Einkaufsgewohnheiten nicht berücksichtigt werden können. Um diesen Fehler möglichst klein zu halten, erhebt man die „Wirtschaftsrechnungen" in nicht zu langen Abständen neu und berechnet die Indexzahlen auf Grund eines der Gegenwart näherliegenden Basisjahres. Kleinen Änderungen der Indexzahlen gegenüber ist Vorsicht am Platze, sie können sich aus den nie ganz ausschaltbaren statistischen „Fehlern" ergeben!

Preisindex der Lebenshaltung

Jahr	alle privaten Haushalte Basis			4-Personen-HH mit höherem Einkommen			4-Personen-HH mit mittlerem Einkommen			2-Personen-HH			Kind		
	1970	1976	1980	1970	1976	1980	1970	1976	1980	1970	1976	1980	1970	1976	1980
1970	100			100			100			100			100		
1972	111,1			111,1			110,7			110,6			111,8		
1974	127,1			127,1			126,3			126,3			129,4		
1976	140,8	100		140,7	100		140,2	100		141,9	100		149,4	100	
1978	150,1	106,7		149,8	106,7		148,9	106,1		149,9	105,7		154,1	105,1	
1980		117,1	100		117,3	100		116,0	100		114,8	100		115,0	100
1982			111,9			112,2			112,0			112,1			111,0
1984			118,2			118,7			118,4			118,7			117,0

Quelle: Wirtschaft und Statistik, diverse Jahrgänge

Die Tabelle zeigt, daß sich alle Preisindizes für die Lebenshaltung in der BRD von 1970 bis 1978 von 100 auf rund 150, also rund 50 v. H., erhöht haben und daß diese Tendenz auch in den folgenden Jahren angehalten hat. Auf derartige Zahlen gründet sich die Behauptung, daß wir uns in einer *„schleichenden Inflation"* mit einer durchschnittlichen Preissteigerung und dementsprechenden Geldentwertung von 5 bis 6 v. H. pro Jahr befinden. Für die einzelnen Ausgabeposten der Haushalte haben sich die Preise jedoch unterschiedlich entwickelt: für industrielle Verbrauchsgüter z. B. sind die Preise weniger gestiegen als für Dienstleistungen oder Wohnung.

Allen Kritiken und Zweifeln an den Preisindizes muß man entgegenhalten, daß Indexzahlen die einzige Möglichkeit bieten, über die Änderungen des Preisniveaus bzw. des Geldwertes eine annähernde quantitative Aussage zu machen. Der optische Eindruck des Alltags (insbesondere der der Hausfrauen) ist meist irreführend, weil Preiserhöhungen die Menschen i. d. R. mehr erregen und sich nachhaltiger in ihr Bewußtsein eingraben als Preissenkungen. Erhöhung der Lebensmittelpreise erregt die Gemüter, die Preissenkung gewisser Industriewaren nimmt man nur gelegentlich zur Kenntnis!

Zweckmäßigerweise trennt man von diesem **Binnenwert** den **Außenwert** des Geldes. Dieser drückt sich im **Wechselkurs** aus, d. h. im Preis, den ein Inländer (etwa in DM) für eine ausländische Währungseinheit (z. B. englische Pfund: £) bezahlen muß. Sinkt der Wechselkurs — man spricht auch vom **Devisenkurs,** weil ausländische Zahlungsmittel Devisen genannt werden —, d. h. das englische Pfund wird gegenüber der DM billiger, so spricht man von „Abwertung" des englischen Pfundes; aus deutscher Sicht stellt dies eine Aufwertung der DM dar.

Könnte man die beiden Währungsgebiete England und Bundesrepublik Deutschland als einen räumlich homogenen Markt ansehen und bestünde vollkommene Markttransparenz, dann würde sich der Wechselkurs so einspielen, daß beispielsweise bei einem Wechselkurs 4 DM/£ für 4 DM in der Bundesrepublik die gleiche Gütermenge zu haben wäre, wie für 1 £ in England **(Kaufkraftparitätentheorie).**

In der Realität sind aber die für die Gültigkeit dieser Theorie notwendigen Voraussetzungen nicht erfüllt. Mangelnde Marktübersicht und räumliche Inhomogenität hemmen (z. B. durch Transportkosten) oder verhindern sogar (z. B. bei privaten Dienstleistungen) den internationalen Handel, so daß der Wechselkurs bestenfalls das (durchschnittliche) Verhältnis von £-Preisen und DM-Preisen solcher Güter widergibt, die auch tatsächlich international gehandelt werden.

Eine wichtige Kenngröße für den Außenwert des Geldes sind die **terms of trade,** die das Realaustauschverhältnis zwischen verschiedenen Währungsgebieten angeben und aus dem Index der Durchschnittswerte für die Einfuhr und dem Durchschnittswertindex für die Ausfuhr berechnet werden.

Bis in die jüngste Vergangenheit konnten sich Wechselkurse nach dem Zweiten Weltkrieg nur innerhalb sehr enger Grenzen frei bilden. Es herrschten **fixe** Wechselkurse mit geringen Schwankungsbreiten (± 1 %) innerhalb der sogenannten **Interventionspunkte** vor. Dabei mußte — in der Bundesrepublik — die Deutsche Bundesbank bei Ungleichgewichten auf dem Devisenmarkt intervenieren, entweder durch Aufkauf von Devisen (unterer Interventionspunkt) oder Anbieten aus eigenen Devisenbeständen (oberer Interventionspunkt).

Seit 1973 sind die meisten Wechselkurse freigegeben worden und können sich prinzipiell frei bewegen. Allerdings haben einige europäische Länder — nach verschiedenen Vorstufen wie der „Schlange", „blockfloating" u. a. — im Rahmen des im Jahre 1979 in Kraft getretenen *Europäischen Währungssystems (EWS)* vereinbart, ihre Wechselkurse untereinander stabil zu halten (innerhalb einer Schwankungsbreite von rund ± 2,25 %). Neue Elemente dieses Systems sind der ECU (European Currency Unit) und der Abweichungsindikator, auf die hier jedoch nur hingewiesen werden kann.

Dem Geldwert kommt aber nicht nur statistische Bedeutung zu. Vielmehr legen z. B. das *Stabilitätsgesetz* und das *Bundesbankgesetz* die Geldwertstabilität — oder auch **Preisstabilität** — als wirtschafts- und geldpolitisches Ziel fest. Allerdings gehen die Meinungen darüber auseinander, ob die Wertbeständigkeit des Geldes überhaupt ein nützliches und erstrebenswertes Ziel der Wirtschaftspolitik sein kann.

Für die Stabilerhaltung des Geldwertes kann angeführt werden, daß zum einen durch laufende Preissteigerungen in erster Linie die Besitzer von Geldvermögen geschädigt werden; Preissteigerungen insofern unerwünscht oder „ungerecht" sind, da sie Geld- und Sachvermögensbesitzer unterschiedlich treffen (der Wert des Realvermögens folgt den Preissteigerungen, das Geldvermögen nicht). Zum anderen werden die Bezieher von längerfristig fixierten Einkommen (etwa Rentner) oder Branchen mit (staatlich) festgesetzten Preisen (z. B. Landwirtschaft) besonders hart betroffen, jedenfalls, wenn Änderungen der Vertragsbedingungen nicht möglich sind oder die Anpassung der Nominaleinkommen bzw. -preise mit zeitlichen Verzögerungen erfolgen. Durch *Geldwertsicherungsklauseln* (Indexklauseln) wird versucht, diesen unerwünschten Effekten — die auch die Einkommensverteilung zwischen kontraktbestimmten Einkommen (wie Löhne und Gehälter, Mieten, Pachten) und Residualeinkommen (Gewinne), verändern — entgegenzuwirken. Solche Indexierungen (etwa der Renten durch die dynamische Rente oder der Löhne) sind in der Bundesrepublik — von Ausnahmen abgesehen (Leibrenten, Erbbauzinsen) — verboten. Preissteigerungen sind weiter negativ zu beurteilen, weil sie die privaten Ersparnisse und die private Altersversorgung beeinträchtigen und eine erhöhte Unsicherheit in die Zukunftsplanung der Wirtschaftssubjekte tragen.

Von den Befürwortern einer „leichten" Inflation *(„schleichende Inflation")* wird angeführt, daß — da die Einkäufe der Maschinen, Waren, Materialien usw. zeitlich immer den Verkäufen vorangehen — laufende Preissteigerungen zusätzliche Gewinne („Scheingewinne") bringen und damit den Wirtschaftsablauf anregen. In einer leichten Inflation sehen manche das geeignete Mittel zur Erhaltung der Vollbeschäftigung. So hat sich gezeigt, daß **Arbeitslosigkeit und Inflationsrate** in einem eigenartigen Verhältnis zueinander stehen *(Phillips-Kurve)*, das anzeigt, daß geringere Inflationsraten mit wachsender Arbeitslosigkeit verbunden sind oder die wirtschaftspolitischen Anstrengungen zur Verringerung der Arbeitslosigkeit nur durch jeweils steigende Inflationsraten erkauft werden können.

Zu den Wirtschaftszweigen, auf die sich eine *Geldentwertung* besonders ungünstig auswirkt, gehört das **Versicherungswesen.**

Vollwertversicherungen zwingen zur Vermeidung von Unterversicherungen die Versicherungsnehmer zu Summenerhöhungen und bringen damit steigende Prämieneinnahmen zur Deckung der angestiegenen Schadensummen. Anders steht es bei **Erstrisikoversicherungen** (Haftpflichtversicherung) und **Bruchteilversicherungen;** ist die Deckungsgrenze nicht zu knapp gewählt worden, beanspruchen die innerhalb dieser liegenden Schäden entsprechend den erhöhten Preisen für Sachgüter und Leistungen erhöhte Schadensummen bei nominal gleichbleibender Prämienzahlung. Vor allem entwerten sich aber bei allen Versicherungen, die Deckungskapitalien oder Prämienreserven verlangen (Lebens- und Krankenversicherung), die Realwerte dieser Reserven — eine Anpassung der Versicherungssummen wird nur zu steigenden Prämien möglich — und vielfach verlieren die Menschen das Interesse an einer sich in ihrem Realwert laufend verringernden Versicherungsnahme. Wo es um sehr langfristige Verträge geht (Lebensversicherung) erweist sich auch bei einer nur mäßigen jährlichen Preissteigerung jede anfänglich ausreichend gewählte Versicherungssumme an ihrem möglicherweise über ein oder mehrere Jahrzehnte später liegenden Auszahlungstag als unzulänglich.

In der Bruttoprämie (Tarifprämie) ist neben dem Risikoanteil (und gegebenenfalls Sparanteil) ein Verwaltungskostenanteil enthalten. Die Summe der Verwaltungskostenanteile aller bei einer Gesellschaft eingehenden Prämien ist dazu bestimmt, die aus der Bearbeitung der Versicherungsverträge entstehenden Ausgaben an Gehältern und anderen Kosten zu decken. Wo die Versicherer mit festen Prämien arbeiten, erweisen sich bei Geldwertsenkungen und den damit verbundenen Erhöhungen der Gehälter und anderen Kosten die in den Bruttoprämien einkalkulierten Verwaltungskostenanteile bald als unzureichend; da der Versicherer während der Vertragsdauer keine Handhabe hat, die Prämie zu erhöhen, können Verluste entstehen. Diese Gefahr ist besonders groß bei langfristigen Verträgen, weswegen die Versicherer bei drohender Geldentwertung Neuabschlüsse und Erneuerungen nur mehr kurzfristig vornehmen.

Versicherung beruht letztlich auf der Möglichkeit, die Auswirkungen gefährdender Ereignisse der Zukunft bereits in der Gegenwart wenigstens in annähernden Werten zu berechnen. Diese wahrscheinlichkeitsmäßige Berechnung wird jedoch unmöglich, weil das Ausmaß der zukünftig eintretenden Geldentwertung und des damit steigenden Aufwandes für Entschädigungen und Verwaltungskosten sich in keiner Weise voraussehen läßt. Nimmt man die Erfahrung hinzu, daß Geldentwertungen (Inflationen), wo sie eingetreten sind, die Tendenz zur Beschleunigung zeigen — ehe man sich aufrafft, sie energisch zu beenden —, dann wird klar, daß auch die Einkalkulation eines Geldentwertungszuschlages, abgesehen von der durch ihn bewirkten Prämienverteuerung, die dem Versicherer drohende Gefahr nicht beheben kann; wer vermag vorauszusehen, ob der Geldentwertungszuschlag ausreichen wird, die gestiegenen Aufwendungen für Versicherungsleistungen und Verwaltungskosten zu decken? Zu dem Risiko, das der Versicherer infolge einer vorübergehenden oder dauernden Erhöhung der Wahrscheinlichkeit des Anfalls von Versicherungsleistungen trägt, tritt in Zeiten fortschreitender Geldentwertung das Risiko steigenden Kostenaufwandes hinzu, das, weil die Ursachen der Geldentwertung zumeist in politischen Umständen (schwachen Regierungen!) liegen, unkalkulierbar ist. Dieses zusätzliche, versicherungsfremde Risiko kann die Existenz der auf Wahrscheinlichkeitsannahmen fußenden Versicherungsbetriebe bedrohen. Gegenmaßnahmen sind allerdings auch für die Versicherungswirtschaft selbst möglich. Neben „Prämienanpassungsklauseln“, Verkürzung der Vertragslaufzeit und laufenden Prämienerhöhungen wie in der Kraftfahrzeug-Versicherung, versuchen die Versicherungsunternehmen durch eine vorsichtige Prämienkalkulation und ihre Kapitalanlagepolitik dieses Risiko aufzufangen (Strategie der *realen Kapitalerhaltung*).

III. Der Kredit im Wirtschaftskreislauf

1. Was ist Kredit?

In der Form der Natural-, Sach-, Vieh-, Saat- und Landleihe findet sich der Kredit bereits in naturalwirtschaftlichen Zeiten. Heute tritt der Kredit in der Regel als Geldkredit auf, indem man sich des Geldes als Kapitalübertragungsmittel bedient. Nahezu alle Kreditvorgänge vollziehen sich in der Gegenwart monetär. Obwohl Geld und Kredit, worauf schon die eine besonders wichtige Geldart, nämlich das Kreditgeld (vgl. oben E.I.5b) hinweist, vielfach in enger Verflechtung miteinander auftreten, sind beide doch wesensmäßig sehr verschiedene Tatbestände des Wirtschaftslebens.

Das Wort Kredit kommt von lateinisch **credere,** was glauben, vertrauen bedeutet. Jemand hat Kredit, genießt Kredit, wenn man dem Betreffenden glaubt, daß er die versprochene Leistung (Rückzahlung des Darlehens und Zahlung der Zinsen) absprache- und termingemäß vollbringen werde. Diese Vertrauensgrundlage, auf der jedes Kreditverhältnis beruht, reicht jedoch nicht aus, das Wesen der Kreditgeschäfte selbst zu charakterisieren; eine Reihe anderer Geschäfte sind nämlich ebenfalls vertrauensdurchsetzt: Versicherungs-, Miet-, Pacht-, Termin-, Lieferungsgeschäfte. Das Vertrauen in die Leistungsfähigkeit und Leistungswilligkeit des Schuldners ist die Voraussetzung dafür, daß es überhaupt zu Käufen, Anstellungs- und Lohnkontrakten, Vorausleistungen u. dgl. kommt.

Im Wirtschaftsleben meint man mit Kredit die sogenannten **Kreditgeschäfte,** die zwar ein Vertrauensverhältnis — wie viele andere Geschäfte auch — voraussetzen, in ihrem Wesen aber **in der befristeten und entgeltlichen Übertragung von Verfügungsmacht über Real- oder Geldwerte vom Kreditgeber (Gläubiger) auf den Kreditnehmer (Schuldner)** bestehen.

Der wirtschaftliche Alltag zeigt uns die mannigfachsten Anlässe solcher zeitweiliger Kaufkraftübertragungen, und es ist nicht zuviel behauptet, wenn man sagt, daß ohne diese unser heutiges Wirtschaftsleben nicht bestehen könnte.

2. Arten des Kredits

Wie üblich lassen sich verschiedene Arten des Kredits unterscheiden:

a) nach dem Zweck der Kreditgewährung

aa) Konsumtivkredit (Konsumentenkredit)

Unter Vorwegnahme (Antizipation) künftigen Einkommens dient er dem Verbrauch des Schuldners, sei es, daß dieser in Not geraten ist oder einen Gegenstand (langlebiges Gebrauchsgut) erwerben will, den er erst durch Ersparnisse aus einer Reihe von Einkommensperioden bezahlen kann (Abzahlungskäufe). Unter Berufung auf *Aristoteles,* das Alte Testament und die Kirchenväter haben die Laterankonzilien von 1139 und 1179 für den damals vorherrschenden Konsumtivkredit das sogenannte *Kanonische Zinsverbot* (Zinsforderung sei Wucher) ausgesprochen. Da aber ohne Zinszusage keine Geldmittel zu bekommen waren, mußte die römische Kurie für ihre Finanzbedürfnisse versteckt oder offen doch Zinsen zahlen. Nachdem der Konsumtivkredit seit Anfang des Industriezeitalters — vom Staatskredit abgesehen — zurückgegangen und nur noch von zweifelhaften Elementen (Wucherern) getätigt wurde, hat er in den letzten Jahrzehnten als Abzahlungs- und Teilzahlungskredit zur Stützung des Absatzes industriell erzeugter Gebrauchsgüter (Autos, Haushaltsgeräte und -maschinen, Rundfunk- und Fernsehgeräte), insbesondere in den USA, aber auch in der Bundesrepublik Deutschland, erhebliche Bedeutung gewonnen.

bb) Produktivkredit (Produzentenkredit)

Er dient der Gütererzeugung und Güterbereitstellung, entweder als Produktionskredit (Warenumschlags-, Betriebsmittelkredit) zur Durchführung der laufenden Güterbeschaffung oder als Investitions-(Anlage-)kredit der Finanzierung der Gütererzeugungsanlagen (Fabriken, Betriebe, Läden). Durch den Produktivkredit erhält der Unternehmer über sein eigenes Vermögen hinaus die Mittel zur Verfügung, die er zur Kombination der Produktionsfaktoren in der Richtung einer Steigerung der Gütererzeugung und der besonderen Güterversorgung der Volkswirtschaft benötigt. Der Wiederaufbau der deutschen Wirtschaft nach 1945 ist einem umfangreichen Produktivkredit zu danken gewesen. Für die Entwicklungsländer spielt er eine ähnliche bedeutsame Rolle.

b) nach der Sicherheit der Kredite

aa) Personalkredite (ungedeckte Kredite, Blankokredite)

Die Person des Kreditnehmers wird als ausreichende Sicherheit für die Kreditgewährung angesehen.

bb) Realkredite (gedeckte Kredite)

Für die Kreditgewährung werden daneben noch bestimmte reale Sicherheiten gefordert: Hypotheken-, Lombard-, Bürgschaftskredite usw.

Während im allgemeinen die Bankpraktiker den gedeckten Kredit als den sicheren ansehen, weisen Theoretiker darauf hin, daß die Forderung einer „Deckung" bereits ein Mißtrauen in die Kreditwürdigkeit des Kreditnehmers zum Ausdruck bringt. Auch bleibt zu erwägen, daß die Verwertung der Sicherheiten nicht immer leicht und ohne Verlust zu bewerkstelligen ist.

c) nach der Person des Kreditgebers und Kreditnehmers

aa) Privatkredite

Von Privatpersonen gegebene und in Anspruch genommene Kredite.

bb) Bankkredite

Von Banken (Sparkassen, Hypothekenanstalten, Notenbank) gegebene und beanspruchte Kredite.

cc) Staatskredite

Kreditgeber oder Kreditnehmer sind öffentliche Körperschaften (Staat, Länder, Gemeinden).

Je nach dem Sitz des Kreditnehmers und -gebers kann man noch Inlands- und Auslandskredite unterscheiden; bei letzteren spielen politische Momente mit.

Während die Privat- und Bankkredite nach kaufmännischen und ökonomischen Überlegungen beansprucht, gewährt und kontrolliert werden, überwiegen bei den Staatskrediten in der Regel politische Gesichtspunkte, wenn sie nicht überhaupt dem Ausgleich eines Staatsdefizits dienen. Neuerdings wird Kreditaufnahme des Staates zur Bestreitung der nicht durch Steuereinnahmen gedeckten Staatsausgaben *(deficit spending)* als Mittel der Konjunkturpolitik vorgesehen, z. B. in der Bundesrepublik Deutschland durch das Gesetz zur Förderung der Stabilität und des Wachstums der Wirtschaft *(Stabilitätsgesetz)* vom 8. Juni 1967.

d) nach der Zeitdauer der Kreditgewährung

In Anlehnung an das Bilanzschema für die Bankenstatistik unterscheidet man:

— **kurzfristige Kredite** mit einer Laufzeit bis weniger als sechs Monate,

— **mittelfristige Kredite** mit einer Laufzeit von sechs Monaten bis weniger als vier Jahre,

— **langfristige Kredite** mit einer Laufzeit von vier und mehr Jahren.

Da die zeitliche Abgrenzung etwas willkürlich ist, beschränkt man sich, um die Unterschiede hervorzuheben, auf die Gliederung in kurzfristige und langfristige Kredite.

Die kurzfristigen Kredite sind für die Finanzierung der laufenden Umsätze gedacht. Zu ihnen zählen der Kontokorrentkredit (Kredit in laufender Rechnung), Diskont- und Wechselkredit, Akzeptkredit, Rembourskredit, Lombardkredit, tägliches Geld

(Tagesgeld), Schatzwechselkredit und Schatzanweisungen. Der Kreditnehmer soll sie aus in nächster Zeit zu erwartenden Erlösen (Einnahmen) tilgen.

Die langfristigen Kredite sollen Finanzierungsbedürfnissen dienen, die der Schuldner erst aus den Einnahmen einer Vielheit von Wirtschaftsperioden (Jahren) schrittweise tilgen kann. Die wichtigsten Arten sind der Hypothekarkredit, der Baukredit (Baugeldkredit, Baugeldhypothekarkredit) und der Anlagekredit (Obligationen, Anleihen). Dieser dient auch der Vor- oder Zwischenfinanzierung der Industrie: der von der Bank gewährte Kredit wird bei nächster Gelegenheit durch eine Emission von Aktien oder Obligationen zurückgezahlt.

Entscheidend für den kurzfristigen Kredit ist im Grunde nicht die formelle Rückzahlungsvereinbarung, sondern die tatsächliche Fähigkeit des Schuldners, den erhaltenen Geldbetrag in der vereinbarten kurzen Zeit zurückzuerstatten. Die Bank muß es vermeiden, daß infolge Zahlungsunfähigkeit des Schuldners der kurzfristige Kredit immer wieder verlängert werden muß, der formal kurzfristig gewährte Kredit praktisch zu einem langfristigen wird. Der Leiter einer kreditgewährenden Bank muß *„einen Wechsel von einer Hypothek unterscheiden können“ (Felix Somary).*

e) nach der Herkunft der Kreditmittel

Diese volkswirtschaftlich wichtige Unterscheidung geht von der Frage aus, ob der Kredit aus ersparten Einkommensteilen der Einkommensbezieher oder aus eigens zum Zwecke der Kreditgewährung geschaffenen Mitteln gewährt wird. Danach sind auseinanderzuhalten:

aa) vermittelter (vermittelnder) Kredit

Die Bank gewährt den Kredit aus Mitteln, die ihr von den Einkommensbeziehern als Ersparnisse zeitweise anvertraut worden sind. Sie tritt praktisch nur als Kreditvermittler auf, indem sie nur im Rahmen der ihr anvertrauten Einlagen Kredite gewährt. Mit der Bildung von Ersparnissen verzichtet der Einkommensbezieher in Höhe der Ersparnisse auf den Bezug von Gütern; durch die Vermittlung der Banken wird diese Möglichkeit des Warenbezuges auf den übertragen, der den Kredit beansprucht. Durch die Kreditvermittlung wird das Verhältnis der im Wirtschaftskreislauf auftretenden nominalen Kaufkraft zu dem Güterstrom der Wirtschaft nicht geändert. Im Umfang der Ersparnisse macht an Stelle des Einkommensbeziehers der Kreditnehmer die in ihnen liegende Kaufkraft geltend. Die Summe der umlaufenden Kaufkraft-(Geld-)beträge erfährt durch den vermittelnden Kredit keine Änderung.

bb) zusätzlicher (geschöpfter) Kredit

Die Bank gewährt den Kredit zusätzlich zu den ihr anvertrauten Mitteln; er stammt nicht aus ersparten Einkommensteilen, sondern aus von ihr geschöpften Geldbeträgen. Welche Möglichkeiten der Geld- und damit Kreditschöpfung den Banken zur Verfügung stehen, wurde oben (vgl. E.I.5b) dargestellt. Zum Unterschied vom vermittelten Kredit geht dem zusätzlichen Kredit kein Konsumverzicht der Einkommensbezieher voraus; durch die Kreditschöpfung wird seitens der Banken zusätzlich Kaufkraft geschaffen und in den Kreislauf eingeschleust. Deswegen wirkt zusätzlicher Kredit inflatorisch (preissteigernd), wenn nicht innerhalb des durch die Reaktionsgeschwindigkeit des Preissystems gegebenen (kurzen) Zeitraums das Gütervolumen entsprechend gesteigert werden kann. Nicht inflatorisch wirkt zusätzlicher Kredit, soweit er nicht angelegte (gehortete) Ersparnisse kompensiert, auf Vorräte absatzfähiger Waren stößt und soweit die zusätzliche Kaufkraft von den Kreditnehmern nicht ausgegeben, sondern zur Erhöhung ihrer Barreserven (Liquiditätssteigerung!) benutzt, also gehortet wird. Zusätzlicher Kredit kann ein Mittel der Wirtschaftsbelebung sein, überreichlich angewendet wirkt er auf den Wirtschaftsprozeß verheerend und kann das Geldwesen der Volkswirtschaft zerstören.

3. Kreditmärkte

a) Einteilung

Auf den Kreditmärkten treffen Angebot und Nachfrage von bzw. nach Krediten zusammen. Die Kreditmärkte weisen Eigentümlichkeiten auf, die sie von den meisten anderen Märkten erheblich unterscheiden. Üblicherweise werden sie eingeteilt in

aa) organisierte und unorganisierte Kreditmärkte,

je nachdem ob Kreditnehmer und Kreditgeber (Sparer) mittelbar oder unmittelbar miteinander in Verbindung treten und das Kreditgeschäft tätigen. Ersparnisse und ausleihbare Vermögensteile werden nur selten und in untergeordnetem Maße direkt an die Kreditbedürftigen ausgeliehen. Die Regel ist vielmehr, daß diese Mittel über Organisationen (Kapitalsammelstellen), wie Banken, Sparkassen, Kreditgenossenschaften, Versicherungsgesellschaften, an die Kreditnehmer fließen. Die volkswirtschaftlich ausschlaggebenden Kreditmärkte sind organisierte Märkte. Von gelegentlichen Freundschaftsdarlehen abgesehen, kommt unorganisierte Kreditgewährung nur bei privaten Hypothekarkrediten an Haus- und Grundbesitzer häufiger vor. Da die genannten Organisationen in der Anlage der ihnen anvertrauten Gelder jeweils besondere Prinzipien verfolgen, sich auf die Finanzierung verschiedener Wirtschaftsbereiche spezialisieren und unterschiedlichen gesetzlichen Anlagevorschriften unterliegen, fließen damit die Kreditmittel automatisch in voneinander getrennte Kanäle, die nur manchmal in einer gewissen Verbindung miteinander stehen. Die Folge ist, daß sich keineswegs ein einheitlicher Preis für die Kredite, ein allgemein üblicher Zinssatz, herausbildet. In den einzelnen Kanälen können sich Kreditangebot und Kreditnachfrage verschieden zueinander verhalten: Überfluß in dem einen Kanal und Mangel in einem anderen Kanal vermögen sich nur sehr beschränkt auszugleichen. Die weitgehende Organisierung der Kreditmärkte ist eine Ursache für die Verschiedenartigkeit der Zinssätze, die sich in charakteristischen Relationen der einzelnen Zinssätze untereinander hartnäckig behauptet (**„Zinsstruktur"**).

Namentlich die **Versicherungsgesellschaften** können die ihnen zugeflossenen Mittel keineswegs nach der höchst erreichbaren Verzinsung anlegen. Nur innerhalb der vom Gesetzgeber und den Aufsichtsbehörden zugelassenen Möglichkeiten sind die Versicherungsgesellschaften in der Lage, die ihnen verfügbaren Gelder auszuleihen, wobei sich allerdings der Staat gerne eine bevorzugte Rolle als Nachfrager nach Versicherungsgeldern sichert.

bb) Geldmärkte und Kapitalmärkte

Diese aus der Praxis stammende Unterscheidung der Kreditmärkte danach, ob auf ihnen kurzfristige oder langfristige Kredite umgesetzt werden, ist wegen der Verschiedenartigkeit der auf den genannten Kreditmärkten umgesetzten Mittel unumgänglich; die Bezeichnung ist insofern unglücklich gewählt, als auf beiden Märkten Kapitalien, und zwar in der Regel in Geldform, umgesetzt werden.

(1) Der Geldmarkt

ist der **Markt für kurzfristige Ausleihungen.** Er versorgt die Wirtschaft mit kurzfristigen Betriebsmittel- und Umschlagskrediten. Der Geldmarkt hat primär die Aufgabe, zeitweise Betriebsmittelüberschüsse der einen Wirtschaftseinheiten (Haushalte, Betriebe, Staat) und zeitweisen Bedarf an zusätzlichen Betriebsmitteln seitens anderer Wirtschaftseinheiten wechselseitig auszugleichen; weiter soll er bei schwankender Umsatzbedürftigkeit der Volkswirtschaft die Geldschöpfung der geldausgebenden Stellen dem jeweiligen Geldbedarf der Volkswirtschaft anpassen. Im Vollzug dieser beiden Funktionen hat der Geldmarkt *„die Aufgabe, den reibungslosen Verlauf und die mögliche Höchstleistung jenes Wirtschaftsprozesses mit zu gewährleisten, der auf der Grundlage der jeweils gegebenen Kapitalapparatur der Volkswirtschaft zu entwickeln ist" (Eduard Lukas).* Gelegentlich dient der Geldmarkt vorübergehend (sekundär) auch der Aufgabe, langfristige Anlagen vorzufinanzieren, wenn die für den Investitionsbedarf erforderlichen langfristigen Ersparnisse vorläufig nicht oder nur zu auf die Dauer untragbaren Zinsen zur Verfügung stehen; diese *„Ersatzfunktion" (Lukas)* des Geldmarktes für den Kapitalmarkt birgt in sich die Gefahr inflatorischer Preissteigerungen, es sei denn die durch die Neuinvestitionen entstehenden zusätzlichen Einkommen treffen, wie z. B. in Depressionszeiten, auf einen in der Volkswirtschaft bereits vorhandenen Warenvorrat (aus Lägern oder nicht ausgenutzten Anlagen für kurzfristige Produktionen).

Da der Geldmarkt in der Hauptsache von der Zentralnotenbank gespeist wird, versteht man in Bankkreisen unter ihm speziell den Markt für den Handel mit disponiblen Guthaben bei der Zentralnotenbank (wie tägliches Geld, Monatsgeld, Dreimonats-, Halbjahres- und Jahresgeld) und zentralbankfähige Geldmarkttitel (wie Schatzwechsel, unverzinsliche Schatzanweisungen des Bundes und der Länder, bankgirierte Warenwechsel und Bankakzepte). Geschäftspartner dieses **Geldmarktes im engeren Sinne** sind ausschließlich Zentralnotenbank und Kreditinstitute. Ein Spezialmarkt innerhalb des Geldmarktes ist der Markt für sogenannte Privatdiskonte, d. h. für Wechsel, die von Industrie- und Handelsfirmen einwandfreier Bonität ausgestellt, mit dem Übertragungsvermerk (Giro) einer angesehenen Bank versehen sind und über einen ziemlich hohen Mindestbetrag lauten. Sie werden zu einem täglich an der Börse festgestellten Privatdiskontsatz (Privatsatz) gehandelt, der in der Regel unter dem offiziellen Diskontsatz der Zentralnotenbank liegt. Durch den Privatdiskontmarkt werden vor allem den bekannten Großfirmen billige Wechselkredite zugeführt.

Die Zinssätze, die im Handel mit den Geldmarkttiteln bedungen werden, gruppieren sich normalerweise um den Diskontsatz der Zentralnotenbank. Die laufend und relativ stark schwankenden Sätze des Geldmarktes spiegeln die jeweilige Versorgung der Geschäftsbanken mit Zentralnotenbankgeld wider: Zuflüsse von Zentralbankgeld verflüssigen den Geldmarkt und bringen die Zinssätze zum Sinken; Abflüsse von Zentralbankgeld aus dem Bereich der Geschäftsbanken versteifen den Geldmarkt und bewirken einen Anstieg der Geldmarktsätze. Durch Einsatz ihrer kreditpolitischen Mittel vermag die Zentralnotenbank auf dem Geldmarkt expansiv („Politik des billigen Geldes") oder kontraktiv einzuwirken.

(2) Der Kapitalmarkt

Er ist der **Markt für langfristige Ausleihungen.** Er hat primär die Aufgabe, die einer langfristigen Bindung fähigen Einkommensersparnisse in Form langfristiger Kredite oder durch unmittelbare Beteiligung an den Produktionsunternehmungen diesen zuzuleiten; er vollzieht den *„Brückenschlag zwischen Sparer und Investor" (Lukas).* Sekundär dient er der Unterbringung langfristiger Konsumtivkredite, insbesondere von Staatsanleihen, der einzelwirtschaftlichen Auflösung früher erfolgter Sparleistungen durch Abstoßung (Verkauf) der langfristig gewährten Kredite oder Beteiligungen an einen anderen Sparer, der Umlagerung zwischen den verschiedenen Anlagemöglichkeiten und der Beeinflussung des Geldmarktes mit Hilfe der Offen-Markt-Politik der Zentralnotenbank (Ersatzfunktion für den Geldmarkt).

Der Kapitalmarkt **zerfällt** in **zwei** typisch voneinander getrennte **Spezialmärkte,** nämlich den Markt für festverzinsliche Werte, den sogenannten **Rentenmarkt (Darlehen, Obligationen, Pfandbriefe),** und den **Markt der Dividendenpapiere (Aktien).**

In beiden Fällen ergibt sich die tatsächliche Verzinsung (Rendite) für den Besitzer eines Papiers aus dem Verhältnis des erhaltenen Zinses oder der erhaltenen Dividende zu dem Betrag (Kurs), den er für den Erwerb des Papieres aufgewendet hat. An den deutschen Börsen erfolgt heute die Kursnotierung als Stücknotierung (in DM pro Stück). Die Emissionshäuser der Papiere nehmen in der Regel eine Kurspflege vor, d. h., sie greifen bei starken Kursschwankungen mit An- oder Verkäufen ein, um allzu starke Kursausschläge nach oben oder unten zu verhindern — eine Maßnahme, die bei sehr krassen und langdauernden Kurssprüngen natürlich versagt.

(3) Geldmarkt und Kapitalmarkt

Geldmarkt und Kapitalmarkt sind keine voneinander scharf abgegrenzten Märkte. Sie stehen vielmehr in Zusammenhang analog dem *Prinzip der kommunizierenden Röhren (Lukas)* —, weil sie beide gewisse Ersatzfunktionen füreinander ausfüllen und weil die auf ihnen Anlage suchenden Geldmittel zwischen lang- und kurzfristiger Anlage je nach der günstigeren Ertragslage hin- und herwandern. Im ganzen erweist sich jedoch der Geldmarkt als viel beweglicher, den wechselnden Einflüssen stärker unterworfen und auf sie rascher reagierend als der schwerfälligere, mehr beharrende Kapitalmarkt.

b) Tendenzen der Kreditmärkte

Aus der Erfahrung kann man den Kreditmärkten die folgenden charakteristischen Tendenzen ablesen:

1. **Die Geldmarktsätze bewegen sich in größeren Ausschlägen nach oben und unten als die Anleiherenditen.**

2. **Kursschwankungen der Aktien sind größer als die der Rentenwerte.**

3. **Vor dem ersten Weltkrieg lagen die Renditen der Aktien in der Regel höher als die Renditen der Renten; seitdem ist in Deutschland und in einigen anderen Ländern eine Umkehrung dieses Verhältnisses zu beobachten.** Diese Änderung dürfte darauf zurückzuführen sein, daß sich nach den Inflationen die Aktien als wertbeständiger erwiesen haben als die festverzinslichen Papiere. Da die Aktie einen Anteil am Realvermögen eines Unternehmens repräsentiert, ist sie gegen Geldwertänderungen immun und deswegen heute für die Geld- und Vermögensanlage beliebter; außerdem nimmt sie, anders als die auf ihrem Nominalwert beharrenden festverzinslichen Obligationen, an dem Vermögenswachstum des Unternehmens teil. Das mit Aktienbesitz verbundene Verlustrisiko wird heute geringer eingeschätzt im Vergleich mit der automatisch eintretenden Wertminderung der Rentenwerte im Falle schleichender oder akuter Inflationen (Geldwertsenkungen).

4. **Die Rentenkurse pflegen anzuziehen, wenn Aktienkurse ihren Tiefststand aufweisen; sie pflegen nachzugeben, wenn sich die Aktienkurse ihrem Höchststand nähern.** In Depressionszeiten, wo die Aktien niedrigere oder gar keine Dividenden einbringen, wendet sich das Interesse des anlagesuchenden Publikums mehr den festverzinslichen Werten zu. In Zeiten der Hochkunjunktur, wo die Aktien hohe und steigende Dividenden abwerfen, geht das Interesse an den festverzinslichen Papieren zurück.

5. **Im Konjunkturverlauf geht der Geldmarkt wegen seiner größeren Empfindlichkeit dem Rentenmarkt und dieser dem Markte der Aktienwerte in seinen Bewegungen voraus.** Geldmarkt und Rentenmarkt zeigen in der Regel bevorstehende Änderungen im Konjunkturverlauf vor dem Aktienmarkt an, weswegen für die Konjunkturprognose diese Märkte laufend aufmerksam beobachtet werden.

Ihre vorübergehend disponiblen Gelder legen die **Versicherungsunternehmen** auf Bankkonten oder soweit zulässig in Geldmarktwerten an. In der langfristigen Anlage ihrer Mittel, insbesondere der Reservekapitalien, sind die Versicherungsgesellschaften strengen Vorschriften unterworfen; da sie Aktien nur in beschränktem Umfang erwerben dürfen, sind sie heute die wichtigsten Nachfrager für festverzinsliche Papiere.

4. Die Banken und und ihre Aufgaben

Hauptträger des Kreditgeschäfts sind die Banken. Nach herrschender Auffassung ist eine **Bank eine Wirtschaftseinheit, die Einlagen, Kredite entgegennimmt (Passivgeschäft) und diese Mittel in Form von Krediten ausleiht (Aktivgeschäft).**

Neben dem ihr Wesen bestimmenden Kreditgeschäft übernehmen die Banken in zunehmendem Maße noch andere Geschäfte, wie den Zahlungsverkehr, An- und Verkauf von Devisen und Wertpapieren, Vermögensverwaltung, Treuhandgeschäfte, Edelmetallhandel, Vermietung von Safes u. dgl.

Das Kernproblem beim bankmäßigen Kreditgeschäft besteht darin, die Fristigkeit der von der Bank gewährten Aktivkredite (Ausleihungen) so in Einklang mit der Fälligkeit der von ihr hereingenommenen Passivkredite (ihrer Einlagen) zu halten, daß sie jederzeit allen Zahlungsverpflichtungen nachkommen kann.

Diese als **„goldene Bankregel"** bezeichnete Wahrung der Harmonie zwischen ihren Aktiv- und Passivgeschäften kann die Bank in strenger Form befolgen, wenn sie die Fristigkeiten im Aktiv- und Passivgeschäft genau aufeinander abstimmt: *„Eine Bank soll keinen anderen Kredit geben als den, welchen sie selbst erhält" (Adolph Wagner).* Praktisch halten sich die Banken an eine weniger strenge Auslegung dieser Regel, indem sie ihre Aktivanlagen so wählen, also solche Kredite geben, daß sie den an sie herantretenden Auszahlungsforderungen jederzeit genügen können. Der strengen Form der Bankregel folgen die Hypothekenbanken: Sie stimmen die Fälligkeit der gewährten Hypothekarkredite auf die Fälligkeit der von ihnen ausgegebenen Pfandbriefe ab. Die übrigen Banken folgen der Regel in der etwas loseren Form. Namentlich ist es die Praxis der großen deutschen Geschäftsbanken seit jeher gewesen, ihr Aktivgeschäft so aufzubauen, daß sie an den ihnen erfahrungsgemäß bekannten Auszahlungsterminen das erforderliche Geld bereit haben. Eine strenge Symmetrie zwischen Aktiv- und Passivgeschäft ist in normalen Zeiten nicht notwendig, weil ja in der Masse der Bankeinleger den Abhebungen immer auch Neueinzahlungen ge-

genüberstehen. In kritischen Situationen kann mit der Unterstützung anderer befreundeter Banken, der Zentralnotenbank und letzten Endes des Staates gerechnet werden, weil eine Krediterschütterung seitens auch nur einer Bank unabsehbare Folgen für alle hätte.

Die Banken sind außerordentlich vielgestaltig. Sie lassen sich nach verschiedenen Gesichtspunkten gliedern:

a) Nach ihrer juristischen Form

in Privatbankiers (Einzelfirma oder Personalgesellschaft), Aktienbanken, Genossenschaftsbanken, öffentliche Kreditinstitute (Staatsbanken, Landschaften, Sparkassen).

b) Nach der Art der von ihnen bevorzugt betriebenen Geschäfte, und zwar

aa) nach ihren Passivgeschäften

1. **Notenbanken,** deren Mittel die von ihnen ausgegebenen Banknoten sind. Während anfänglich alle Banken Noten ausgeben konnten, ist die Notenausgabe heute in der Regel einer einzigen Bank als Privileg verliehen;

2. **Depositenbanken,** die vorwiegend täglich fällige oder kurzfristig kündbare Einlagen entgegennehmen;

3. **Finanzbanken** (Hausbanken, Konzern- und Verwaltungsbanken), die mit dem in seiner Fälligkeit zu übersehenden und zu regulierenden Geld nahestehender Unternehmungen arbeiten, Einlagen von Außenstehenden also nicht annehmen;

4. **Pfandbriefbanken,** die gegen Pfandbriefe Kapitalien auf festbestimmte, unter Umständen jahrzehntelange Dauer erhalten;

5. **Kapitalanlagebanken,** die große private Vermögen verwalten oder die als Investmentgesellschaften (Investment Trusts) einen durch Ausgabe von Aktien, Obligationen oder Zertifikaten erworbenen Wertpapierfonds verwalten. Die Investmentgesellschaften, die in England und in den USA aufgekommen und nach dem letzten Krieg auch in Deutschland eingeführt worden sind, bieten auch dem kleinen Sparer, wenn er ihre Aktien, Obligationen oder Zertifikate erwirbt, die Möglichkeit, sich ohne allzu großes Risiko auch an höher rentierenden Anlagen in Aktien und Obligationen zu beteiligen.

bb) nach ihren Aktivgeschäften

1. Institute, die **kurzfristige Kredite** gewähren: Kontokorrent-, Diskont-, Wechsel- und Lombardbanken usw.;

2. Institute, die **langfristige Kredite** gewähren: Realkreditinstitute, Hypothekenbanken, Bodenkreditinstitute;

3. **Finanzierungs-, Gründungs- oder Emissionsbanken;** sie beteiligen sich an der Gründung, Umwandlung oder Fusionierung von Unternehmen und an der Emission von Aktien, Obligationen und Anleihen, indem sie kurzfristige Kredite für Anlagezwecke zur Verfügung stellen, die in absehbarer Zeit aus dem Verkauf der Aktien und Obligationen zurückgezahlt werden sollen.

c) Nach Vielfalt oder Spezialität ihrer Geschäftstätigkeit

aa) Spezialbanken,

die nur bestimmte Kreditgeschäfte oder diese nur für bestimmte Kreise betreiben. In England, Frankreich sowie in den USA ist das Bankwesen verhältnismäßig stark spezialisiert.

bb) Universalbanken,

die alle Zweige des Kredit-, Zahlungs- und Kapitalverkehrs, allerdings mit Ausnahme der Noten- und Pfandbriefausgabe sowie des langfristigen Realkredits, betreiben („Warenhäuser" unter den Kreditbanken). Die Universalbank kann durch eine entsprechende Mischung ihrer Kreditgeschäfte ihre Rentabilität verbessern und das Risiko verringern. Der Typ der Universalbank hat sich in der zweiten Hälfte des 19. Jahrhunderts in dem kapitalarmen Deutschland vor allem für die Industriefinanzierung entwickelt.

d) Nach ihrem geographischen Arbeitsbereich

aa) Zentrale Großbanken

(Zentralinstitute, Filialgroßbanken), die im ganzen Währungsgebiet, manchmal auch darüber hinaus, unter zentraler Leitung, meist mit einem großen Filialsystem, arbeiten. Der Überlegenheit des großen Zentralinstituts steht als Nachteil eine Vernachlässigung des Kreditbedarfs der mittleren und kleineren Industrie, des Handwerks und Kleinhandels, eine Bevorzugung der Großindustrie und die geringe Rücksichtnahme auf lokale Belange gegenüber.

bb) Regional-, Provinz- oder Lokalbanken

mit räumlich begrenztem Arbeitsgebiet. Es sind, verglichen mit den zentralen Großbanken, meist kleinere und mittlere Banken, die sich durch die Betreuung der kleineren und mittleren Firmen und die mehr persönliche Geschäftshandhabung den Großbanken überlegen zeigen. Ihr volkswirtschaftlicher Vorzug ist, daß sie die in dem betreffenden Bezirk (Stadt, Land, Provinz) aufkommenden Ersparnisse und Gelder auch wieder dem Bezirk als Kredite zuleiten. Nachteilig kann die Gefahr einseitiger Kreditengagements sein, weil in dem jeweiligen Bezirk nicht immer eine breite Streuung der Kredite möglich ist.

5. Die (Zentral-)Notenbank und ihre Geschäfte

Den anderen Banken, die man zusammenfassend als **Geschäftsbanken** bezeichnet, steht als einzigartige Bank die **Notenbank** gegenüber.

Eine Notenbank ist eine **Bank, die als Geld zirkulierende Noten ausgeben kann.**

Da freie Notenausgabe durch jede Bank leicht zu unbeschränkter Geldschöpfung führen kann, ist dieses Recht heute in der Mehrzahl der Staaten einer einzigen oder einer kleinen Gruppe untereinander in Verbindung stehender Banken vorbehalten (Einbanksystem an Stelle des früheren Vielbankensystems); die Notenausgabe ist zentralisiert **(Zentralnotenbank).** Die Notenbank kann eine Staatsbank, eine Aktienbank, ein gemischtwirtschaftliches Unternehmen oder eine Gesellschaft eigenen Rechts mit privatem oder öffentlichem Kapital sein.

Die **„Deutsche Bundesbank"**, die Zentralnotenbank in der Bundesrepublik Deutschland, ist „eine bundesunmittelbare juristische Person des öffentlichen Rechts", deren Grundkapital dem Bunde zusteht. Sie unterhält in jedem Land eine Hauptverwaltung mit der Bezeichnung Landeszentralbank; sie führt die in ihrem Bereich anfallenden Geschäfte und Verwaltungsangelegenheiten durch. Der Gesetzgeber wollte dadurch eine Ausgewogenheit zwischen der Zentrale (Zentralbankrat und Direktorium) und der Außenverwaltung (Landeszentralbanken) erreichen. Die Deutsche Bundesbank ist auf Grund des Gesetzes über die Deutsche Bundesbank vom 26. 7. 1957 errichtet worden.

Die einzigartige Stellung der Zentralnotenbank ergibt sich aus ihrem Doppelcharakter. Sie ist einmal eine **Währungsbehörde,** insofern sie mit der Aufgabe betraut ist, im Rahmen der gegebenen Währungs- und Kreditverfassung den Zahlungsmittelumlauf hoheitlich zu regeln. Zum anderen treibt sie als **„Bank der Banken"** Einzelgeschäfte im Verkehr mit anderen Banken des In- und Auslands und ist die letzte Liquiditätsquelle der Banken eines Landes. Das Bankwesen eines jeden Landes ist ein Verbundsystem vieler Banken, das auf die Zentralnotenbank mehr oder weniger angewiesen ist, mit der Folge, daß die Notenbank über ihre Währungsfunktion hinaus auch die Bedürfnise und Notwendigkeiten der anderen Banken zu berücksichtigen hat. Entsprechend der historischen Entwicklung der Notenbanken aus privaten Depositenbanken und entsprechend den wirtschaftspolitischen Anschauungen des Liberalismus hat man im 19. Jahrhundert mehr den privaten Charakter der Notenbank betont; in den letzten Jahrzehnten wird dagegen das Schwergewicht mehr auf ihre öffentliche Aufgabe im Rahmen des staatlichen Währungssystems verlegt.

In dem **Verhältnis zwischen Staat und Notenbank** steht man vor einem nicht einfach zu lösenden Dilemma. Auf der einen Seite fordert man die **Unabhängigkeit** der Notenbank von der Regierung, um zu verhindern, daß die staatlichen Organe bzw. die Parlamente mit Hilfe von Währungsmanipulationen etwaige unangenehme Folgen ihrer wirtschafts- und finanzpolitischen Entscheidungen verschleiern, die möglicherweise eine Währungszerrüttung (Inflation) heraufbeschwören; das kann leicht dann eintreten, wenn die Notenbank gezwungen ist, nicht durch Steuereinnahmen gedeckte Staatsausgaben (Budgetdefizite) mit Hilfe ihrer Noten zu finanzieren. Andererseits kann aber keiner Regierung oder keinem Parlament zugemutet werden, einer Notenbank gegenüberzustehen, die durch Sperrung finanzieller Mittel, Verweigerung von Krediten oder durch andere monetäre Maßnahmen die Wirtschaftspolitik der Regierung lahmlegen oder ins Gegenteil verkehren kann. Oft werden wirtschaftspolitische Ziele aufgestellt, die sich zusammen nicht verwirklichen lassen, wie etwa die des sogenannten „magischen Dreiecks“: Geldwertstabilität, Vollbeschäftigung und Autonomie der Sozial-(Tarif-)Partner. Will die Regierung die unbedingte Vollbeschäftigung unter Wahrung der freien Lohnvereinbarung zwischen Gewerkschaften und Arbeitgeberverbänden, so muß ihr unter Umständen die Notenbank in den Weg treten, sofern diese zur Einhaltung der Geldwertstabilität verpflichtet ist, denn diese kann gerade durch unangemessene Lohnsteigerungen im Zustand der Vollbeschäftigung gefährdet sein. Grundsätzlich ist das aufgezeigte Dilemma zwischen Notenbank und Regierung (Parlament) wohl kaum zu lösen; was man unter den heutigen politischen Verhältnissen erhoffen kann, ist, daß durch eine verständnisvolle Zusammenarbeit aller Beteiligten, des Staates, der Notenbank und der Sozialpartner, ein akuter Ausbruch der in dem Dilemma liegenden Gefahren vermieden wird.

Das Verhältnis zwischen Notenbank und Regierung hat, wofür Deutschland ein Beispiel bietet, laufend gewechselt. Die alte Reichsbank unterstand der Leitung und Aufsicht des Reichskanzlers (Bankgesetz von 1875). Nach der ersten Inflation sah das Bankgesetz von 1924 die völlige Unabhängigkeit der Reichsbank von der Reichsregierung vor. Das im Dritten Reich ergangene Gesetz über die Deutsche Reichsbank von 1939 unterstellte die Reichsbank den Weisungen und der Aufsicht des „Führers und Reichskanzlers“. Das nach der neuerlichen Währungszerrüttung erlassene, derzeit geltende Gesetz über die Deutsche Bundesbank von 1957 macht die Bundesbank zwar von den Weisungen der Bundesregierung unabhängig, verpflichtet sie aber *„unter Wahrung ihrer Aufgabe die allgemeine Wirtschaftspolitik der Bundesregierung zu unterstützen“* (§ 12 des Gesetzes); zu diesem Zweck ist eine Zusammenarbeit von Regierung und Notenbank vorgesehen. Inwieweit die im Stabilitätsgesetz (§ 13 Abs. 3) vorgesehene *„Unterstützung“* der Regierung diese Autonomie einschränkt, ist umstritten. Die ausländischen Notenbankgesetze variieren ebenfalls zwischen vollständiger Abhängigkeit und weitgehender Unabhängigkeit der Notenbank von der Regierung, wobei sich in der praktischen Handhabung ebenfalls die Tendenz zu einem Partnerschaftsverhältnis zwischen Regierung und Notenbank beobachten läßt.

Eine **Beschränkung der Notenausgabe** ist erforderlich, individualwirtschaftlich, weil sich die Notenbank zum Unterschied von den anderen Banken ihre Kreditmittel durch die Notenausgabe selbst beschaffen kann, und volkswirtschaftlich, weil die Noten als Geld zirkulieren, ihre Menge das Preisniveau (damit den Geldwert), den Konjunkturspiegel und das Austauschverhältnis zu fremden Währungen (Wechsel- und Devisenkurs) beeinflußt. Die Begrenzung der Notenausgabe erfolgt einmal durch Beschränkung der Zentralnotenbank auf gewisse kurzfristige Kreditgeschäfte am Geldmarkt und auf gewisse Kapitalmarktgeschäfte (Offen-Markt-Politik) und einschneidender durch eine quantitative Begrenzung ihrer Notenausgabe. Die quantitative Grenze der Notenausgabe lag früher in einem absoluten Maximalbetrag der auszugebenden Noten oder in deren Relation zum vorhandenen Goldbestand der Notenbank (in England auf Grund der Peelschen Bankakte von 1844, in Deutschland auf Grund der Bankgesetze von 1875 und 1924, in den USA auf Grund des Bundesreservegesetzes von 1913). Neuere Notenbankgesetze, wie auch das Bundesbankgesetz von 1957, verzichten auf die ausdrückliche Festlegung einer Notenumlaufsgrenze, überbürden der Notenbank aber die moralische Verpflichtung, den Geldumlauf und die Kreditversorgung der Wirtschaft mit dem Ziel, die Währung zu sichern, zu regeln (§ 3 des Gesetzes über die Deutsche Bundesbank vom 26. 7. 1957); die Zentralnotenbank kann Noten nur in einem mit dem ihr aufgegebenen Ziel zu vereinbarenden Maße ausgeben.

IV. Die kreditpolitischen Instrumente der Zentralnotenbank

Das in einer Volkswirtschaft ausleihbare Geld stammt aus den Ersparnissen der Wirtschaftssubjekte, aus vorübergehend im Wirtschaftsverkehr freigesetzten, im Augenblick nicht benötigten Geldbeträgen, aus vom Ausland zufließenden, von der Zentralnotenbank in inländisches Geld umzuwechselnden Fremdwährungsbeträgen, aus der giralen Geldschöpfung der Geschäftsbanken und der notalen sowie giralen Geldschöpfung der Notenbank. Da die Giralgeldschöpfung der Geschäftsbanken, wie wir gesehen haben, nur beschränkt möglich ist, hat es in der Hauptsache die Notenbank in der Hand, die aus den anderen Quellen stammende Kreditmenge auf die Höhe zu regulieren, die gesamtwirtschaftlich als erforderlich angesehen wird. Je nachdem, wie die Zentralnotenbank Noten in den Verkehr fließen oder bei sich Giralgeldguthaben entstehen läßt, kann sie den Bestand der insgesamt vorhandenen Kreditmöglichkeiten vergrößern oder verkleinern und dadurch den Wirtschaftsablauf beeinflussen: Erleichterung der Kreditmöglichkeiten regt normalerweise die Geschäftstätigkeit an, ihre Erschwerung oder Verteuerung drosselt die Geschäftsabschlüsse. Vereinfacht kann man sagen, daß die Geldmenge (in der Definition von M_1 und M_2) in einem relativ festen Verhältnis zur Zentralbankgeldmenge steht (vgl. zu den Definitionen E.I.6). Durch die Regulierung des Umfanges der Kreditmöglichkeiten, d. h. durch ihre Kreditpolitik, soll die Zentralnotenbank auf die Erreichung des ihr gesetzten Zieles (Stabilität des Preisniveaus, Ausgleich der Konjunkturschwankungen usw.) hinwirken.

Zur **Steuerung des Kreditspielraumes** kann sich die Zentralnotenbank der folgenden **fünf Mittel (Instrumente)** bedienen:

1. Diskontpolitik

Durch Festsetzung des Zinssatzes (Diskontsatzes), zu dem sie bereit ist, Wechsel (Handelswechsel, Bankakzepte, Schatzwechsel) anzukaufen, und zwar je nach ihrer Befugnis von allen Wechseleinreichern — also auch von Nichtbanken — **(Direktdiskontgeschäft)** oder nur von Banken **(Rediskontgeschäft)**, kann die Zentralnotenbank die Inanspruchnahme des Wechselkredites seitens der Geschäftswelt beeinflussen.

Dem offiziellen **Diskontsatz** der Notenbank kommt eine zentrale Bedeutung zu, weil die Geschäftsbanken bei der Gewährung von Wechselkrediten die Möglichkeit nicht außer acht lassen dürfen, unter Umständen gezwungen zu sein, die von ihnen diskontierten Wechsel zur Geldbeschaffung (Rediskontierung) an die Notenbank weiterzugeben; sie müssen, um Verluste zu vermeiden, darauf sehen, von ihren Wechseleinreichern keinen geringeren Zinssatz (Diskontsatz) zu erhalten, als sie ihn im Falle der Rediskontierung ihrerseits an die Notenbank bezahlen müssen. Die Geschäftsbanken halten sich infolgedessen bei ihrem Diskontgeschäft in der Regel an den Diskontsatz der Zentralnotenbank. Darüber hinaus richten sich eine Reihe anderer Zinssätze und Entgelte nach dem jeweiligen Diskontsatz der Zentralnotenbank: die Zinssätze für Kassenkredite an den Staat, für Lombardkredite, für die von den Geschäftsbanken gewährten Kredite (Sollzinsen) und erhaltenen Einlagen (Habenzinsen), für Ratenzahlungs- und Stundungskredite; aus dem Versicherungswesen wäre hier der Zuschlag für Prämienratenzahlung und die Verzinsung der fällig gewordenen Entschädigungen zu nennen.

Die Tätigkeit der Deutschen Bundesbank ist auf das Rediskontgeschäft beschränkt (§ 19 des Gesetzes über die Deutsche Bundesbank vom 26. 7. 1957). Außer den Schatzwechseln darf die Bundesbank nur gute Handelswechsel kaufen, die innerhalb von drei Monaten fällig werden und aus denen drei als zahlungsfähig bekannte Verpflichtete haften; von dem Erfordernis der dritten Unterschrift kann abgesehen werden, wenn die Sicherheit des Wechsels in anderer Weise gewährleistet ist.

Die Diskontpolitik, anfänglich das einzige währungspolitische Instrument der Notenbank, ist nur wirksam, wenn die Geschäftsbanken auf die Rediskontierung der von ihnen hereingenommenen Wechsel angewiesen sind, sie die Diskontsatzänderung an ihre Kundschaft (Kreditnehmer) weitergeben und die Kreditnehmer auf die Zinssatzänderung „normal" reagieren, d. h. bei Zinssatzerhöhung ihre Kreditnachfrage einschränken, bei Zinssatzermäßigung ihre Kreditnachfrage ausdehnen. Wenn die Diskontpolitik auch nur ein begrenzt wirksames Instrument ist, so erweist sie sich doch nicht als so wirkungslos, wie manchmal behauptet wird: es gibt immer noch zinsempfindliche Wirtschaftszweige; da der amtliche Diskontsatz für die allgemeinen Zinssätze repräsentativ geworden ist, hat die Diskontsatzänderung für viele eine psychologische Wirkung, wird sie als Signal einer bevorstehenden Änderung der allgemeinen Wirtschaftslage gewertet.

Wegen der Verbindung des Kapitalmarktes mit dem Geldmarkt wirken Diskontsatzänderungen auch auf den Kapitalmarkt weiter und beeinflussen dadurch auch die Investitionsentscheidungen der Unternehmer.

2. Kreditauslese und Kreditkontingentierung

Um unerwünschte Kreditnachfrage abzuwehren, kann die Zentralnotenbank im Rahmen der Diskontpolitik bestimmte Wechsel von der Diskontierung bzw. Rediskontierung ausschließen (**„selektive Kreditpolitik"**), wie es die Deutsche Bundesbank zeitweise mit Bauwechseln und Teilzahlungswechseln getan hat, und sie kann für die Geschäftsbanken Refinanzierungskontingente festsetzen (**Kreditkontingentierung**). Der Ausschluß bestimmter Kreditpapiere vom Rediskont (Aufstellung einer Negativliste) hält die Banken von den entsprechenden Geschäften nur dann ab, wenn sie sich auf andere Weise kein Zentralbankgeld beschaffen können. Die Kreditkontingentierung veranlaßt die Geschäftsbanken, ihr Kreditvolumen nur soweit auszudehnen, als es das festgesetzte Rediskontierungskontingent noch gestattet.

Da für die Zentralnotenbank kein Kontrahierungszwang — wie z. B. für Bahn und Post — besteht, kann sie die Sonderbehandlung einzelner Wechselgattungen (Teilzahlungs-, Export-, Bauwechsel) und die Kreditkontingentierung (Kreditrationierung) zur Unterstützung ihrer Diskontpolitik einsetzen. Zum ersten Mal hat die frühere Reichsbank am 7. April 1924 zur Sicherung der Ende 1923 stabilisierten Währung die Kreditkontingentierung angewendet.

3. Offenmarkt-Politik (open-market-policy)

Wenn den Geschäftsbanken überreichlich Einlagen zugeflossen sind und der Geldmarkt sehr flüssig ist, kann die Diskontpolitik der Zentralnotenbank unwirksam werden, weil die Geschäftsbanken nicht auf die Rediskontierung der von ihnen hereingenommenen Wechsel bei der Notenbank angewiesen sind; die Notenbank hat den Einfluß auf den Geldmarkt verloren. In Depressionszeiten kann die Scheu der Geschäftswelt, Kredite aufzunehmen, so stark sein, daß selbst ein sehr niedriger Diskontsatz keinen Anreiz bietet; auch in diesem Falle greift die Diskontpolitik der Notenbank nicht durch. In solchen Situationen kann die von der Bank von England und den US-amerikanischen Federal Reserve Banks entwickelte Offenmarkt-Politik die Notenbank in den Stand setzen, wieder Einfluß auf das Kreditvolumen zu gewinnen.

Durch Verkauf von Wertpapieren aus ihrem Portefeuille an die Banken oder an das Publikum („offener Markt") kann die Liquidität der Geschäftsbanken verringert werden, weil in Höhe des Kaufpreises Geld an die Zentralnotenbank zurückfließt und somit unwirksam wird. Indem die Notenbank Wertpapiere ankauft, fließt die Kaufsumme als Geld in die Wirtschaft und erhöht die Liquidität der Geschäftsbanken. Wenn die Geschäftsbanken nicht selbst, sondern das Publikum diese **Käufe oder Verkäufe von Wertpapieren tätigen,** werden dessen Einlagen bei den Geschäftsbanken davon berührt. Mit Hilfe ihrer Offenmarkt-Transaktionen bekommt die Notenbank die Geschäftsbanken in die „Zange", so daß sie ihrer Diskontpolitik folgen müssen. Die Offenmarkt-Politik der Notenbank ist das einzige kreditpolitische Mittel, das nicht nur auf den Geldmarkt wirkt (durch Ausweitung oder Verengung des Kreditpotentials der Geschäftsbanken), sondern unmittelbar auch auf den Kapitalmarkt: die Wertpapierkäufe der Notenbank heben deren Kurse, was gleichbedeutend ist mit einer Senkung des langfristigen Zinssatzes (Anregung für Investitionskredite!); Wertpapierverkäufe der Notenbank bringen die Effektenkurse zum Fallen, womit der langfristige Zinssatz steigt (Hemmung für Investitionsabsichten!).

In ausreichendem Maße eingesetzt, sind Offenmarkt-Operationen wirksamer als die diskontpolitischen Maßnahmen, insbesondere dann, wenn die Wirtschaft weitgehend zinsunempfindlich geworden ist. Ein für die Währung des Landes höchst gefährliches Mittel ist sie jedoch, wenn sie dazu mißbraucht wird, den Kurs von Staatsemissionen zu stützen, die der Markt nicht mehr aufzunehmen bereit ist. Die USA befinden sich nahe an diesem Punkt.

Zur Regelung des Geldmarktes darf die Deutsche Bundesbank am offenen Markt Schatzwechsel, Schatzanweisungen, Schuldverschreibungen des Bundes und der Länder, gewisse Schuldbuchforderungen und zentralbankfähige Wechsel zu Marktsätzen kaufen und verkaufen (§ 21 des Gesetzes über die Deutsche Bundesbank). Die Einbeziehung privater Wertpapiere in die Offenmarkt-Operationen ist vorerst nicht vorgesehen. Zu Offenmarkt-Transaktionen wurde die ehemalige Reichsbank durch eine Änderung des Reichsbankgesetzes im Jahre 1933 ermächtigt.

4. Mindestreservepolitik

Die Geschäftsbanken haben bei der Zentralnotenbank eine gewisse Quote ihrer Einlagen als Guthaben zu unterhalten. Im Umfang dieser Mindestreserve können sie also keine Kredite gewähren.

Die Verpflichtung der Kreditinstitute, eine gewisse Mindestreserve bei der Notenbank zu unterhalten, ist zur Sicherung der jederzeitigen Zahlungsbereitschaft (Liquidität) der Banken eingeführt worden, sie dient jedoch jetzt dazu, die Kreditgewährungsmöglichkeit der Geschäftsbanken zu regulieren, namentlich dann, wenn die Notenbank nicht über einen hinreichenden Manövrierfonds an Wertpapieren für die Offenmarkt-Politik verfügt. Eine Erhöhung der Mindestreservesätze entzieht nicht nur eine höhere Quote der bei den Banken getätigten Einlagen der Ausleihbarkeit („Abschöpfung des Geldmarktes"); weil die Mindestreserveeinlagen der Banken von der Notenbank nicht oder nur sehr gering verzinst werden, sind die Banken gezwungen, die Zinssätze für die von ihnen gewährten Kredite zu erhöhen, denn sie müssen ja auch für die in die Reserve geleiteten Einlagenquoten die Habenzinsen bezahlen. Eine Ermäßigung der Mindestreservesätze macht bisher gebundene Mittel für Kreditgewährungen frei und setzt die Banken in die Lage, den Zinssatz ihrer Ausleihungen zu ermäßigen, weil jetzt eine größere Quote ihrer Einlagen zinstragend angelegt werden kann. Mit der Variation der Mindestreservesätze hat die Notenbank die Geschäftsbanken an der Kandare: Je höher diese Sätze sind, desto mehr sind die Geschäftsbanken auf die übrigen Refinanzierungskredite der Notenbank angewiesen, desto mehr müssen sie sich den Kreditbedingungen der Notenbank unterwerfen — und umgekehrt. Die Mindestreservesätze haben jedoch dort eine Obergrenze, wo sie die Rentabilität des privaten Bankgeschäfts bedrohen. Eine totale Kontrolle der Kredit- und damit der Geldmenge ergibt sich beim sogenannten *„Chicago-Plan" (Simon, Milton Friedman),* der eine 100 prozentige Mindestreserve vorsieht.

In Deutschland wurden Rahmenbestimmungen über die Liquiditätsreserven der Banken 1934 im Reichsgesetz über das Kreditwesen eingeführt, aber wegen der bald einsetzenden Rüstungs- und Kriegsfinanzierung nie ausgefüllt. Wirksame Vorschriften hat erst die alliierte Gesetzgebung für die Westgebiete erlassen. § 16 des Bundesbankgesetzes gibt der Deutschen Bundesbank das Recht, zur Beeinflussung des Geldumlaufs und der Kreditgewährung Mindestreservesätze bis zu 30 % für Sichteinlagen, bis zu 20 % für Termineinlagen und bis zu 10 % für Spareinlagen festzusetzen. Innerhalb dieser Grenzen kann sie die Vom-Hundert-Sätze nach allgemeinen Gesichtspunkten, insbesondere für einzelne Gruppen von Instituten, verschieden bemessen sowie bestimmte Verbindlichkeiten bei der Berechnung ausnehmen.

5. Einlagenpolitik

Um zu verhindern, daß das gewaltige Volumen der öffentlichen Gelder bei anderen Banken gehalten wird und diese dadurch in die Lage kommen, sich bei ihren Kreditbewilligungen unabhängig von der Notenbank zu bewegen, sind in einer Reihe von Ländern (aber nicht in den USA) die öffentlichen Stellen verpflichtet worden, ihre **Guthaben bei der Zentralnotenbank** zu unterhalten, wenn diese es für notwendig hält. Die Einhaltung des Kreditplafonds kann die Notenbank nur dann wirksam kontrollieren, wenn die ganze öffentliche Kassenhaltung über sie läuft. Dieses „jüngste Notenbankinstrument" könnte flexibel angewendet werden, indem die Notenbank die Quoten an öffentlichen Geldern variiert, die bei anderen Banken unterhalten werden dürfen und damit kreditwirksam werden. Eine dahingehende Ermächtigung ist der Deutschen Bundesbank in § 17 des Bundesbankgesetzes gegeben.

6. Kombination der Steuerungsmittel

Die Notenbank, hier die Deutsche Bundesbank, verfügt über eine Reihe von Steuerungsmitteln, die sinnvoll miteinander kombiniert eine sehr wirksame Regulierung des volkswirtschaftlichen Geld- und Kreditvolumens nach der expansiven oder kontraktiven Richtung herbeiführen können. *„Die Tatsache, daß die Zentralbank sich in immer neuen Variationen und Kombinationen des vielfältigen, komplizierten Instrumentariums zur Beeinflussung des Kreditvolumens bedient, läßt den Schluß zu, daß es (auch ohne die Probleme, die die internationalen Zahlungs-, Geld-, Kredit- und Kapitalströme mit sich bringen) eine überaus schwierige Aufgabe ist, die inländische Liquidität in einer dem währungspolitischen Optimum entsprechenden Weise zu steuern" (Helmut Lipfert).* Durch Auswahl, Kombination und Dosierung der jeweils zu ergreifenden Maßnahmen, auch noch so meisterhaft angewandt, kann die Zentralnotenbank wohl ihren zugegeben sehr entscheidenden Anteil zu dem ihr aufgegebenen wirtschaftspolitischen Ziel der Währungssicherung, Konjunkturstabilisierung, Vollbeschäftigung, des volkswirtschaftlichen Wachstums und dgl. beitragen. Ob die von ihr ergriffenen Maßnahmen jedoch den erstrebten Effekt in genügendem Maße zeitigen, hängt von einer Reihe anderer Faktoren ab, auf die sie keinen oder nur einen unzulänglichen Einfluß hat, wie das Verhalten der Menschen als Konsumenten und Produzenten, das Verhalten der Sozialpartner, die Steuer- und Budgetpolitik der Regierung, die internationale politische und wirtschaftliche Lage und anderes mehr.

F. Die Erfassung des gesamtwirtschaftlichen Ablaufs: Kreislauf und Sozialprodukt

I. Der volkswirtschaftliche Kreislauf

1. Entstehung der Kreislaufvorstellung

Von den vielfältigen Beziehungen der Wirtschaftssubjekte unter- und miteinander und ihrer Umwelt haben wir nur wenige ausdrücklich betrachtet und untersucht: Die Nachfrage der Haushalte und das Güterangebot der Unternehmen; hinzukommen das Angebot der Haushalte an Faktorleistungen und die Nachfrage der Unternehmen nach Faktorleistungen; die Kreditbeziehungen der Haushalte und Unternehmen mit den Banken und die „Steuerungsmöglichkeiten" der Zentralbank.

Könnte man — vielleicht von einem anderen Planeten aus mit einem sehr leistungsfähigen Fernrohr — den sich in einer Volkswirtschaft abspielenden Güter- und Leistungsverkehr überschauen, so ergäbe sich ein verwirrendes Bild der Hin- und Herbewegung von Gütern unterschiedlicher Fertigungsstufe und Zweckbestimmung, der einseitigen und zweiseitigen Dienstleistungen mannigfachen Inhalts. Die Beobachtung würde einen unausgesetzten Verbrauch und eine ebenso unausgesetzte Erzeugung von Gütern und Diensten in einem zeitweise wachsenden, gelegentlich jedoch beharrenden oder gar zurückgehenden Umfang zeigen. Neben der Bewegung von Gütern und Diensten könnten wir ein Netzwerk von Zahlungsvorgängen, neben der Vielzahl von Realwertübertragungen eine nicht geringere Anzahl von Geldtransaktionen beobachten, die miteinander gekoppelt erscheinen. Für den Beobachter auf jenem Stern wie auch für uns, die wir innerhalb dieses Wirtschaftsprozesses stehen und mit einem Teilstück desselben existentiell verbunden sind, entsteht die Aufgabe, in diesem anscheinenden Durcheinander nach einem sinnvollen Zusammenhang, nach einem Faden zur Entwirrung dieses Knäuels, nach dem Konstruktionsschema dieses Netzwerkes realer und nominaler Transaktionen zu suchen.

Die vorangegangenen Abschnitte haben — in den Grundzügen wenigstens — aufgezeigt, wie sich der Wirtschaftsprozeß einer Verkehrswirtschaft abspielt, welche gestaltenden Kräfte auf ihn einwirken, wie sich aus den Planungen und Entscheidungen der verschiedenen Wirtschaftseinheiten die Güter- und Kaufkraftströme ergeben, die auf den Märkten zusammentreffen, und wie die hier zustande gekommenen Preise ihrerseits wieder die Überlegungen der Wirtschaftssubjekte beeinflussen.

Dabei ließen sich eine ganze Anzahl von mehr oder weniger regelmäßigen (gesetzmäßigen) Zusammenhängen der verschiedensten Vorgänge innerhalb des Wirtschaftskreislaufs beobachten und in vielen Fällen auch begründen. Unsere Untersuchung setzte bei der Betrachtung der einzelnen, der Übersichtlichkeit halber typenmäßig erfaßten Wirtschaftseinheiten (Haushalte, Unternehmungen oder Firmen, Staat, Banken) ein, sie begann jeweils auf der Ebene der **Mikroökonomik,** und sie zeigte, wie sich die Wirtschaftseinheiten in den Wirtschaftsprozeß einfügen und welche Tendenzen in ihm durch das Verhalten der Wirtschaftssubjekte hervorgerufen werden. Die gewonnenen Erkenntnisse, eingeschlossen jene, die aus Raummangel übersprungen werden mußten, können wir im Geiste zu einem — wegen der Unvollständigkeit unseres Wissens noch lückenhaften — Mosaik des gesamtwirtschaftlichen Prozesses zusammenfügen: Mühsam und im ganzen höchst unvollständig können wir uns auf die Ebene der **Makroökonomik** erheben.

Struktur und Bewegung des Gesamtprozesses der Volkswirtschaft schweben uns als Erkenntnisziel vor; aber auf diesem Wege, der uns zwar viele wertvolle Einblicke in die kausalen Bedingtheiten des Gesamtprozesses bietet, besteht wenig Aussicht, eine präzisere Vorstellung des volkswirtschaftlichen Gesamtprozesses in absehbarer Zeit zu gewinnen. Unter bewußter Zurückstellung seiner einzelwirtschaftlichen Bedingtheit muß deshalb die Erforschung des volkswirtschaftlichen Prozesses in seiner Gesamtheit in Angriff genommen werden.

Es ist das Verdienst des Hauptes der physiokratischen Schule, des französischen Arztes *François Quesnay* (1694—1774), dieses Ineinandergreifen aller wirtschaftlichen Transaktionen im **Modell eines Kreislaufs** dargestellt zu haben. Die Entdeckung des Blutkreislaufs durch *William Harvey* (1628) hat ihm wohl die Vorstellung eines ähnlichen Kreislaufs im Wirtschaftsprozeß nahegelegt. In seinem 1758 veröffentlichten *„Tableau économique“* hat *Quesnay* das volkswirtschaftliche Geschehen als ein in sich geschlossenes System von Tauschbeziehungen zwischen den drei Sektoren der Grundeigentümer, der Urerzeuger (Landwirte, Bergarbeiter) und Manufakturisten (einschließlich der Händler) erfaßt. Neben anderen volkswirtschaftlichen Forschern hat sich *Karl Marx* (1818—1883) sehr eingehend mit dem Kreislaufschema befaßt. Er hat es der modernen industriellen Wirtschaft angepaßt und nach den Bedingungen eines störungsfreien Kreislaufs innerhalb der Volkswirtschaft gesucht.

Die von diesen und anderen Forschern nur gedanklich erarbeiteten Zusammenhänge der wirtschaftlichen Transaktionen sind dank neuerer statistischer Methoden in der volkswirtschaftlichen Gesamtrechnung der Gegenwart mit den faktischen Zahlenwerten ausgefüllt worden.

Dabei sind verschiedene Darstellungsformen der in quantifizierbaren Strömen zum Ausdruck kommenden Wirtschaftstätigkeit eines Landes (einer Region) für einen bestimmten Zeitraum möglich: graphisch, algebraisch, matrixmäßig, kontenmäßig. Wir wenden uns hier nur der graphischen Darstellung zu. Auf die Aufstellung von

Gleichungssystemen oder ökonometrischen Gesamtmodellen (algebraische Methode), von Input-Output-Tabellen (Matrixmethode) sowie von Nationalkonten im Sinne der volkswirtschaftlichen Gesamtrechnung (kontenmäßige Darstellung) wird verzichtet.

2. Der geschlossene Kreislauf

a) Der einfache geschlossene Kreislauf

Vereinfacht und schematisch denken wir uns auf der einen Seite alle **Hauhalte**, H (Verbrauchswirtschaften), und auf der anderen Seite alle **Unternehmungen**, U (Produktionsbetriebe), jeweils in einer sehr großen und deshalb sehr uneinheitlichen Gruppe vereinigt. Da wir nicht alle einzelnen Transaktionen zwischen allen einzelnen Haushalten und jedem einzelnen Unternehmen verfolgen können, fassen wir diese (was nicht immer unbedenklich ist) zu großen Gruppen zusammen und verfolgen nur die Beziehungen zwischen diesen Gruppen. Möglicherweise entschwinden dabei gewisse Transaktionen innerhalb der Gruppe unserem Blick. Insbesondere werden wir später uns genötigt sehen, die Gruppe „Unternehmungen" in Teilgruppen aufzuspalten; denn sie umfaßt jetzt alle Betriebe zur Herstellung von Rohstoffen, Halbfabrikaten und Fertigwaren, ferner aller Absatz-(Handels-), Dienstleistungs-, Beratungsbetriebe. Wir setzen uns auch über die Tatsache hinweg, daß bei kleineren landwirtschaftlichen und kommerziellen Betrieben Haushalt und Betriebe nicht immer voneinander getrennt sind.

aa) Güterkreislauf und Geldkreislauf

Beschränken wir uns zunächst auf die **Transaktionen zwischen** den so gruppierten **Haushalten und Unternehmungen, so sind diese durch zwei Güterströme und zwei Geldströme verbunden, die sich jeweils zu einem Güterkreislauf und einem Geldkreislauf ergänzen.**

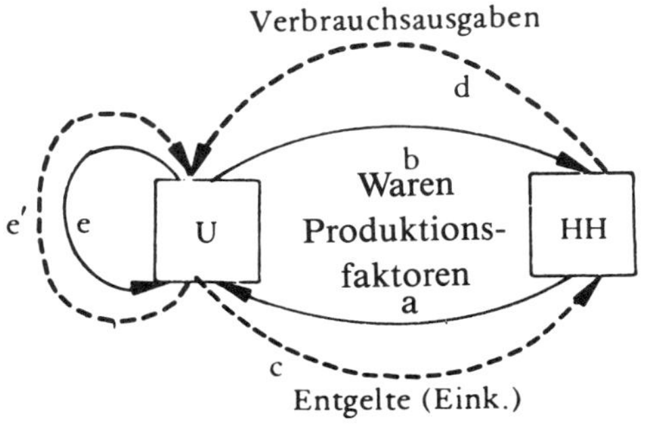

Der **Güterkreislauf** besteht aus den beiden Strömen

(a) der **Produktionsfaktoren.** In der Hauptsache sind dies die produktiven Dienste (Arbeitsleistungen), die von den Haushalten an die Unternehmungen fließen, damit diese mit ihrer Hilfe Waren und Dienste beschaffen;

(b) der **Waren,** d. h. alle Güter und Dienste, die die Haushalte von den Unternehmungen entgegennehmen.

Die Güter (Produktionsfaktoren und Waren) fließen in unserer Darstellung im Uhrzeigersinn.

Der damit gekoppelte **Geldkreislauf** besteht aus den beiden Strömen

(c) der **Einkommen,** d. h. der von den Unternehmungen für die Produktionsfaktorleistungen bezahlten Entgelte;

(d) der **Preiszahlungen** (Verbrauchsausgaben); Zahlungen der Haushalte an die Unternehmungen für die von diesen gekauften Waren (und Dienste).

Das Geld fließt in unserer Darstellung in einer dem Uhrzeigersinn entgegengesetzten Richtung.

Güterstrom und Geldstrom haben entgegengesetzte Richtung.

Die Haushalte verwenden das für die gelieferten Faktorleistungen bezogene Einkommen zum Ankauf von Waren bei den Unternehmungen; und diese wiederum bezahlen mit dem Erlös ihrer Warenlieferungen an die Haushalte die zur Warenbereitstellung notwendigen Produktionsfaktoren (Arbeitskräfte usw.).

Während die Arbeitsleistungen (häusliche Dienste), die in der Gruppe der Haushaltungen selbst genutzt werden, ihres geringen Umfanges wegen vernachlässigt werden können, müssen wir beachten, daß in dem Strom b sinngemäß nur Verbrauchsgüter und Gebrauchsgüter enthalten sind, wie sie von Haushalten erworben werden („Konsum"). Die Unternehmungen stellen aber auch Güter (Waren) her, die nicht an Haushalte, sondern an andere Unternehmungen geliefert werden; für diese Güter müssen wir noch den Güterstrom e und den entgegengesetzten Geldstrom e' einfügen. Es sind das jene Güter, die nicht zu Konsumgütern ausreifen, sondern in die Produktion zurückgehen, wie gewisse Maschinen, Werkzeuge und dgl. („Investitionen").

b) Einbeziehung des Staates

In einem ersten Schritt können wir das Bild des einfachen geschlossenen Kreislaufs näher an die Wirklichkeit heranführen, wenn wir den aus keiner Volkswirtschaft wegzudenkenden Staat einbeziehen. Wie verändert die staatliche Aktivität den einfachen geschlossenen Kreislauf?

Fassen wir die Gesamtheit der öffentlichen und halböffentlichen Körperschaften in einer Gruppe **Staat,** S, zusammen, die wir in unserem Bild an irgendeiner Stelle einfügen, so können wir feststellen:

Der Staat zieht aus dem Güterkreislauf einen Teil der Produktionsfaktorleistungen auf sich ab und nimmt für seine Zwecke Waren von den Unternehmungen in Anspruch.

Die aus dem Güterkreislauf vom Staat abgezogenen Produktionsfaktorleistungen (Arbeitskräfte: Beamte, Angestellte, Arbeiter, Soldaten) werden in unserem Schaubild dargestellt durch Strom f, die für staatliche Zwecke von den Unternehmungen in Anspruch genommenen Waren werden dargestellt durch Strom g.

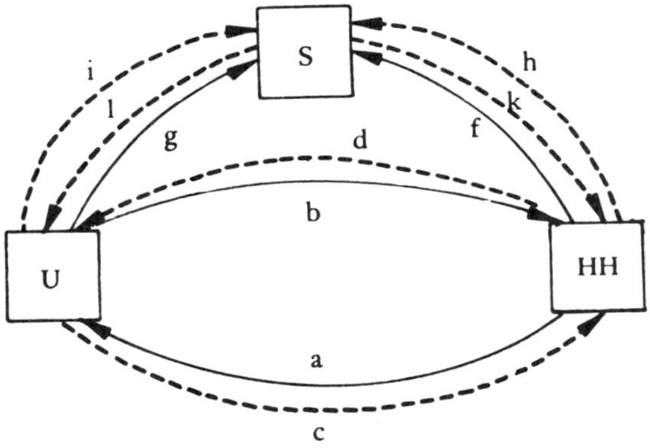

Der Staat zieht von den Haushaltungen Teile ihrer Einkommen als Einkommen-, Lohn- und sonstige Steuern und von den Unternehmungen einen Teil der Erlöse als sog. Betriebsteuern (Umsatz-, Gewerbe-, Verbrauchsteuern) auf sich ab. Die so vereinnahmten Geldbeträge verwendet der Staat zur Bezahlung der von ihm in Anspruch genommenen Produktionsfaktoren und der von ihm gekauften Waren.

Die von den Haushaltungen durch den Staat abgezogenen Einkommensteile (abzüglich der vom Staat bezahlten Transfers) werden in unserem Schaubild dargestellt durch Strom h und die von den Unternehmungen abgezogenen Betriebsteuern (abzüglich der vom Staat erhaltenen Subventionen) durch Strom i. Die Geldbeträge, die der Staat für die in Anspruch genommenen Produktionsfaktorleistungen ausgibt, werden dargestellt durch Strom k, die Geldbeträge, die der Staat für Waren ausgibt, durch Strom l.

Den beiden Strömen h und i (Einkommensteuern, Betriebsteuern) entspricht in unserer Darstellung kein Strom, der reale Güter oder Dienste enthält. Das sieht so aus, als ob der Staat für die von ihm vereinnahmten Gelder keine Gegenleistung vollbringt. Gegen eine solche Auffassung wenden sich die Anhänger der romantischen bzw. universalistischen Schule der deutschen Nationalökonomie. Sie weisen darauf hin, daß der Staat für die von ihm vereinnahmten Steuern immaterielle Güter (Sicherheit, Ordnung, nationale Werte, kurzum das gesellschaftliche und politische Fundament der Volkswirtschaft) darbietet; die Steuern erscheinen dann als der Preis für diese immateriellen Güter und Dienste, gewissermaßen als Zins für das von der Wirtschaft genutzte „Kapital höherer Ordnung". Wenngleich hinter der Rolle des Staates als Partner des Wirtschaftsprozesses seine von *Friedrich List* (1789—1846) so stark betonte Aufgabe als Wahrer und Förderer der „produktiven Kräfte" nicht übersehen werden darf, so müssen wir uns in der Darstellung des volkswirtschaftlichen Kreislaufs auf im Prinzip meßbare „materielle" Tatbestände beschränken. Es entzieht sich wissenschaftlicher Erkenntnis, ob die für immaterielle Dienste gezahlten Preise (Steuern) wertgerecht sind oder nicht; bei anderem Vorgehen liefe man außerdem Gefahr, schlechthin jede Staatsleistung positiv zu beurteilen und in ihrer möglichen Auswirkung auf die Geld-Mengen-Verhältnisse der materiellen Güter und Dienste (Geldwert!) zu verkennen.

c) Die Banken im Kreislauf

Um den Wirkungen des Kredits auf den volkswirtschaftlichen Kreislauf nachgehen zu können, müssen wir die **Banken,** B (Zentralnotenbank und Geschäftsbanken), als eine Gruppe in das Bild einfügen. Die Zusammenfassung aller Banken in einer Gruppe rechtfertigt sich aus dem besonderen Umstand, daß die Geschäftsbanken in der Regel ein System bilden, das von der Zentralbank mehr oder weniger gesteuert wird.

Wie jede andere Unternehmung benötigen die Banken zur Bewältigung ihrer Aufgaben Arbeitskräfte (von anderen Produktionsfaktorleistungen abgesehen) und lenken einen Teil von den Haushalten auf sich ab (Strom m). Die Entgelte dafür sind im Strom s enthalten. Mit diesen Arbeitskräften erstellen sie zugunsten der Unternehmungen, der Haushalte und des Staates gewisse Dienstleistungen (An- und Verkauf von Effekten, Devisen; Kontenführung, Abwicklung des Zahlungsverkehrs und dgl.); die Ströme dieser Dienstleistungen sind mit n_1, n_2, n_3 und die Entgeltströme mit o_1, o_2, o_3 bezeichnet.

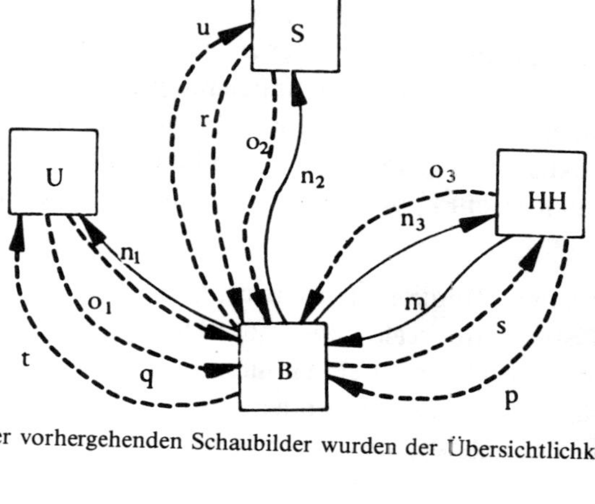

(Alle Transaktionen der vorhergehenden Schaubilder wurden der Übersichtlichkeit halber weggelassen).

Die volkswirtschaftlich entscheidenden Aufgaben der Banken sind:

(1) die Entgegennahme ersparter Einkommensbeträge von den Haushalten und zeitweise freigesetzter, im Augenblick nicht benötigter Gelder von den Unternehmungen und vom Staat; die Weitergabe der so bei ihnen zusammenströmenden Gelder zu nutzbringender Verwertung an andere Unternehmungen und an den Staat im Wege der Kreditgewährung.

Die ersparten Einkommensbeträge, die von den Banken entgegengenommen werden, sind enthalten im Strom p, die zeitweise freigewordenen Gelder der Unternehmungen im Strom q und die des Staates im Strom r. Die Weitergabe der bei den Banken zusammenströmenden Gelder an Unternehmungen verdeutlicht der Strom t, die Weitergabe an den Staat der Strom u.

Daß auch Haushalte Kredite (Teilzahlungskredite) in Anspruch nehmen, wollen wir uns im Strom s enthalten denken.

Diese als **Kreditvermittlung** bezeichnete Tätigkeit der Banken ist begleitet von Zinszahlungen für die Einlagen der Haushalte, Unternehmungen und des Staates (jeweils enthalten in den Strömen s, t und u) sowie von Zinszahlungen für beanspruchte Kredite (enthalten in den Strömen p, q und r);

(2) die Versorgung der Wirtschaftseinheiten mit den zur Bewältigung der volkswirtschaftlich wünschenswerten Transaktionen (Käufen, Beschäftigungen) notwendigen Zahlungsmitteln (Geld) im Wege der Kreditausdehnung (notale oder girale Kreditschöpfung) oder der Krediteinschränkung, je nachdem wie sich die Waren- und Geldströme im Kreislauf zueinander verhalten bzw. verhalten sollen.

Eine Mehrversorgung der Wirtschaft mit Kaufkraft (Geld) durch zusätzlichen Kredit dient der Kompensation von selbst im Kreislauf ausgefallenen Kaufkraftbeträgen (Hortungen) und der Anreicherung mit Kaufkraft zwecks Intensivierung der Wirtschaftstätigkeit. Minderversorgung der Wirtschaft mit Kaufkraft (Geld) durch Krediteinschränkung soll eine Bremsung der wirtschaftlichen Aktivität bewirken. Die **Kreditmanipulation** der Banken bezweckt also eine direkte oder indirekte Regulierung der in den Kreislaufbahnen fließenden Güter- und Geldströme nach wirtschaftspolitischen Zielen der gleichgewichtigen Anpassung beider Ströme aneinander.

3. Öffnung des Kreislaufs

Berücksichtigt man, daß sich der Wirtschaftsprozeß nicht ausschließlich innerhalb einer Volkswirtschaft vollzieht (geschlossener Kreislauf), so haben wir noch die Bahnen der Transaktionen mit anderen Volkwirtschaften einzufügen **(offener Kreislauf).** Für jede nationale Volkswirtschaft läßt sich ein gleiches Kreislaufbild zeichnen; wir könnten um unsere Volkswirtschaft einen Kranz Kreislaufbilder anderer Volkswirtschaften lagern und die Waren- und Geldströme zeichnen, die die anderen Volkswirtschaften mit unserer verbinden. Da eine solche Ausführlichkeit nur wieder den Überblick verwirrt, fassen wir — nach irgendeinem Gesichtspunkt — die anderen Volkswirtschaften zu Gruppen zusammen, hier der Einfachheit halber zu einer einzigen Gruppe **Ausland,** A, deren interne Vorgänge ebenfalls wegbleiben. Wir zeichnen nur die Gesamtheit aller Außenwirtschaftsbeziehungen des Inlandes summarisch ein und bekommen damit den Einfluß der sog. Zahlungsbilanz auf den inländischen Kreislauf in den Griff.

Inländische Produktionsfaktorleistungen fließen dem Ausland zu, wie in gleicher Weise ausländische Faktorleistungen vom Inland verwertet werden. Die Unternehmungen U verkaufen Waren und Dienste an das Ausland, und ausländische Unternehmungen verkaufen nach dem Inland.

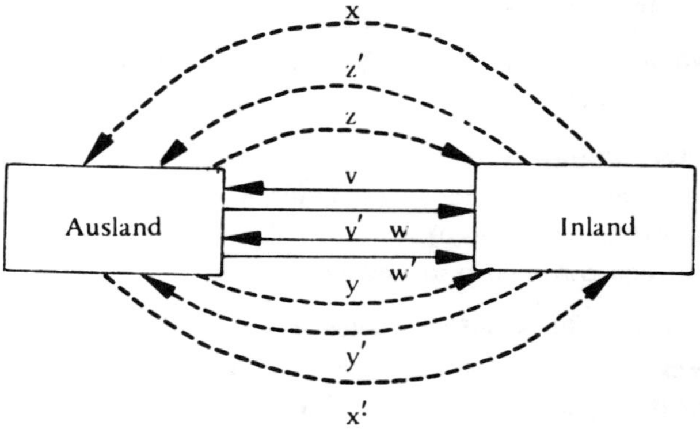

Inländische Produktionsfaktorleistungen (inländische Arbeitskräfte und Ersparnisse arbeiten z. B. im Ausland) verdeutlicht Strom v, ausländische Produktionsfaktorleistungen Strom v'. Den Verkauf von Waren und Dienstleistungen an das Ausland zeigt Strom w, den Einkauf ausländischer Waren Strom w'.

Dieser Waren- und Leistungsverkehr über die Grenze ist von entgegengesetzten Geldströmen begleitet.

Diese Geldströme werden in unserem Schaubild dargestellt durch den Einkommensstrom y bzw. y' und den Preiszahlungsstrom z bzw. z'. Je nach dem Saldo aus den abströmenden und zuströmenden Leistungen und Waren ergibt sich eine Vermehrung oder Verminderung der inländischen Ströme.

Daneben gibt es noch eine Reihe von Zahlungen inländischer Haushalte, Unternehmungen, Banken und des Staates an ausländische Wirtschaftseinheiten und umgekehrt von diesen an inländische Wirtschaftseinheiten. Dabei handelt es sich um einseitige Zahlungen des Staates, z. B. für Wiedergutmachung und Entwicklungshilfe sowie um Beitragszahlungen an internationale Organisationen oder um Geldkapitalbewegungen privater Wirtschaftssubjekte zwischen dem In- und Ausland wie z. B. die laufenden Überweisungen der Gastarbeiter in ihre Heimatländer oder einen kurzfristigen Kredit einer französischen Bank an eine deutsche Bank (kurzfristiger Kapitalverkehr) oder den Erwerb festverzinslicher Wertpapiere oder Aktien ausländischer Herkunft durch einen Deutschen (langfristiger Kapitalverkehr), dargestellt durch die Ströme x und x'.

4. Verfeinernde Ausgestaltung des Kreislaufbildes

a) Quantitatives Kreislaufschema

Unser Schaubild zeigt nur die Bahnen (Richtung) der Güter- und Geldströme **(formales Kreislaufschema).** Wichtig ist jedoch, welche realen und nominalen Wertmassen sich jeweils in diesen Bahnen bewegen. Durch eine verschiedene Breite der einzelnen Bahnen kann die verschiedene Größe dieser Wertbewegungen ausgedrückt werden. Erst aus der Mächtigkeit der einzelnen Ströme zueinander können ökonomische Schlußfolgerungen gezogen werden. Vermag die Theorie die verschiedenen Strombreiten mit mathematischen Symbolen zu charakterisieren, so kommt es für praktische Zwecke auf die statistisch-ökonomische Messung der tatsächlichen Strombreiten an.

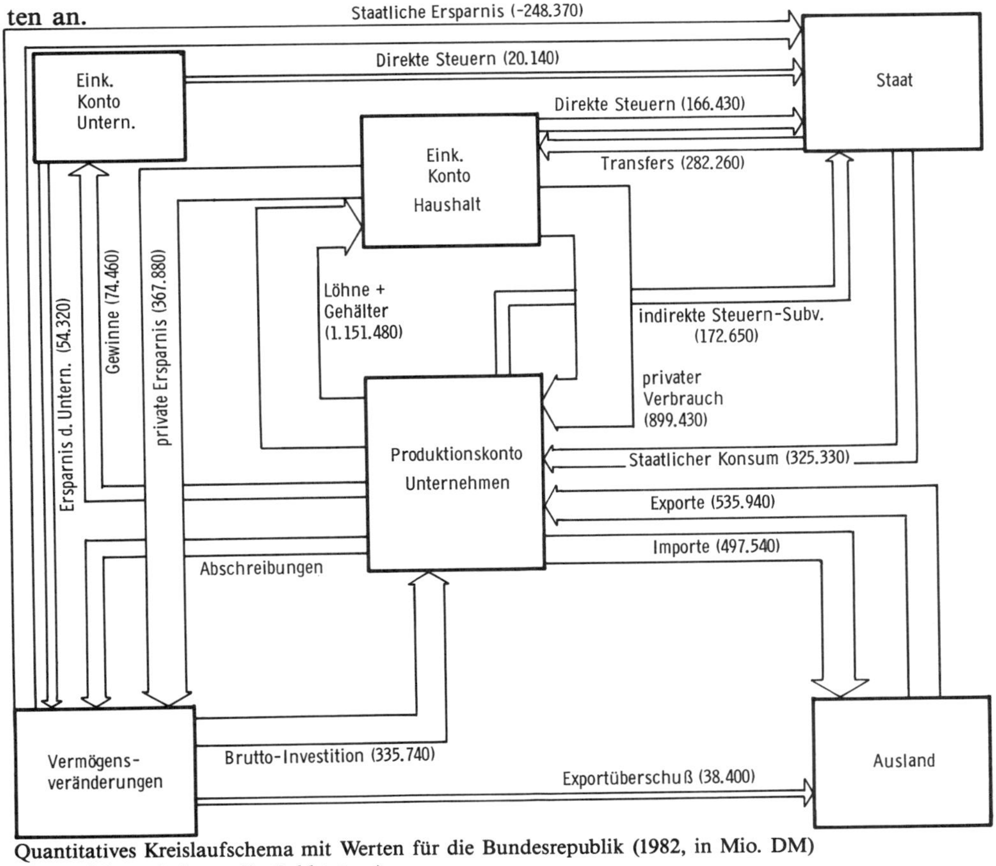

Quantitatives Kreislaufschema mit Werten für die Bundesrepublik (1982, in Mio. DM) (eingezeichnet sind nur die Geldströme)

b) Die Entscheidungszentren des volkswirtschaftlichen Prozesses

Bleiben wir bei unserem noch sehr abstrakten Bild des volkswirtschaftlichen Kreislaufs, so erkennen wir die fünf großen Komplexe, in denen die Entscheidungen über Richtung, Umfang und Zusammensetzung der in den aufgezeigten Bahnen fließenden realen und nominalen Werte fallen. Der verkehrswirtschaftliche Prozeß gestaltet sich aus den Entscheidungen, die in den Wirtschaftsplänen der Haushalte, Unternehmungen, des Staates, der Banken und der ausländischen Wirtschaftseinheiten niedergelegt sind; letztere selbstverständlich nur soweit sie den Kreislauf der inländischen Volkswirtschaft berühren. Wovon diese Entscheidungen bestimmt sind, wie sie sich (auf den verschiedenen Märkten) aufeinander abstimmen und so einen, wenn auch nicht immer vollkommen funktionierenden Kreislauf entstehen lassen, haben wir in den vorhergehenden Kapiteln untersucht.

Unsere fünf Gruppen von Wirtschaftseinheiten: Haushalte, Unternehmungen, Staat, Banken und Ausland stellen große Sektoren dar, die jeweils eine Menge von Wirtschaftseinheiten umschließen. Die zwischen den Wirtschaftseinheiten einer Gruppe oder zwischen deren Untergruppen sich abspielenden innersektorellen Transaktionen können wir um den Preis zunehmender Komplizierung aufdecken, wenn wir nachträglich diese Gruppen (Sektoren) in Untergruppen aufspalten und die in diese eingehenden und von ihnen ausgehenden Ströme verfolgen. Je mehr wir uns auf diese Weise der Wirklichkeit nähern, desto vielfältiger und unübersichtlicher wird das Bild. Je nach der Problemlage muß der Volkswirt seinen Weg in der Mitte zwischen der überschaubaren, dafür wirklichkeitsfernen Abstraktion und dem in der Vielfalt der Beziehungen verschwimmenden Bild der Wirklichkeit suchen.

In den Entscheidungszentren sind es **Menschen,** die die Entscheidungen über den Geld- und Güterfluß treffen.

Das bedeutet, daß hier neben den sachlichen und technischen, berechenbaren und voraussehbaren Notwendigkeiten auch die geistigen und seelischen, unberechenbaren und oft nicht voraussehbaren Eigentümlichkeiten der Menschen eine wesentliche Rolle spielen, welche die Entscheidungen treffen und beeinflussen.

Der **Wirtschaftskreislauf** ist keine nach mechanischen Gesetzen ablaufende Apparatur.

Eine Voraussage darüber, was in diesem Kreislauf eintreten wird, wenn an irgendeiner Stelle eine bedeutungsvolle Anzahl von Wirtschaftseinheiten ihre bisherigen Wirtschaftspläne ändert, verlangt viel Einfühlungsvermögen in die Überlegungen der auf diese Änderungen reagierenden Menschen in den anderen Wirtschaftseinheiten. Eine ex-ante-Konzeption des Kreislaufs — eine theoretische Vorwegnahme dessen, was sich im Kreislauf abspielen wird — ist in einer Zentralverwaltungswirtschaft zutreffender zu erreichen, wenn sichergestellt ist, daß sich die Menschen gemäß den Absichten des Gesamtplanes entscheiden, als in einer Verkehrswirtschaft, wo die Entscheidungen der in den Kreislauf verflochtenen Menschen ohne Ausrichtung auf einen übergeordneten Gesamtplan nach individuellen und subjektiven Überlegungen getroffen werden. Dies ist ein entscheidendes Problem für die Wirtschaftspolitik, insoweit sie den Ablauf des Wirtschaftsprozesses steuern oder beeinflussen möchte.

c) Die Vermögensbestände

In den Kreislaufbahnen bewegen sich unausgesetzt die realen Ströme der Güter- und Dienstleistungen und die nominalen Ströme der Einkommen, Preiszahlungen und Geldübertragungen. Aus diesen Strömen werden laufend Werte für den menschlichen, industriellen, kollektiven Verbrauch entnommen, und laufend werden ihnen neue Werte aus der produktiven Tätigkeit der Unternehmungen zugeführt. Damit haben wir den volkswirtschaftlichen Prozeß noch nicht in seiner Gesamtheit erfaßt, auch wenn wir davon absehen, daß uns infolge der Gruppenbildung eine Menge von Transaktionen der Gruppenmitglieder untereinander entglitten ist. Diesem Mangel könnten wir durch eine weitgehende Aufspaltung der Gruppen (Sektoren) zu einem erheblichen Teil abhelfen.

Was wir bisher übergangen haben, ist, daß

1. **aus dem Güterkreislauf laufend Güter und Dienste entnommen werden zur Behebung des an den vorhandenen Produktionsanlagen unabwendbar infolge der Produktion eintretenden Verschleißes, zum Ausbau der Produktionsapparatur, zur Vergrößerung der in der Industrie und im Handel angelegten Lager und zur Vermehrung der Ausstattung der Haushalte mit langfristigen Gebrauchsgütern** (Wohnungen, Autos, Kühlschränke usw.). Derartige **Investitionsgüter** werden in ihrem vollen Umfang in der laufenden Periode erzeugt, ihre Nutzleistungen liefern sie jedoch erst in späteren Perioden in die dann stattfindenden Kreisläufe. Diese Güter dienen dem Aufbau der **Realvermögensbestände** der Volkswirtschaft. Umgekehrt fließen Nutzleistungen der in der Vergangenheit geschaffenen und überkommenden Realvermögenskomplexe in den Kreislauf der laufenden Periode;

2. **aus dem Geldkreislauf dauernd Beträge abgezweigt werden zur Behebung des Verschleißes (Abschreibungen) und zur Vergrößerung der Geldvermögensbestände bei den Unternehmungen, bei den Haushalten, beim Staat usf.** Geldbeträge werden aus der laufenden Periode zurückgelegt, um sie in späteren Perioden verwenden zu können. Umgekehrt werden in der laufenden Periode auch Geldbeträge verwendet, die in früheren Perioden angesammelt worden sind. Namentlich bei den Ersparnissen und Versicherungsgeldern handelt es sich um solche Geldbeträge, die in der Gegenwart für künftige Bedarfsfälle zurückgelegt werden.

Wenn in der Masse der Wirtschaftseinheiten sich Vermögensaufbau und Vermögensabbau unterschiedlich und gleichzeitig nebeneinander vollziehen, so ergibt innerhalb einer wachsenden Volkswirtschaft der Saldo eine Zunahme der Realvermögensbestände und Geldvermögensbestände von Periode zu Periode, in dem weniger häufigen Fall der schrumpfenden Volkswirtschaft eine laufende Verminderung. Der gegenwärtige Wirtschaftskreislauf steht in Zusammenhang mit der Änderung der Vermögensbestände, und im Wirtschaftsprozeß finden wir außer den Umsätzen der laufend erzeugten Güter auch Umsätze (Käufe und Verkäufe) an den Vermögenskomplexen. Neben der Einkommensstruktur bzw. ihrer Änderung spielen die viel kompliziertere **Vermögensstruktur** und deren Änderung eine erhebliche, von der Wissenschaft noch nicht ausreichend gewürdigte Rolle.

Graphisch ließen sich bei jeder unserer Gruppen von Wirtschaftseinheiten — das Bewertungsproblem als gelöst vorausgesetzt — die realen und nominalen Änderungen der Vermögensbestände aufzeichnen, über die die betreffende Gruppe verfügt. Man kann auch die Änderungen der Vermögensbestände aller Wirtschaftseinheiten in einem volkswirtschaftlichen **Vermögensveränderungskonto** zusammenfassen und als einen besonderen Sektor einzeichnen, der nach den verschiedenen Gruppen der Wirtschaftseinheiten zu untergliedern wäre (vgl. die Abbildung auf S. 187). Dabei fallen die Kreditbeziehungen der inländischen Wirtschaftssubjekte untereinander heraus, da bei der Konsolidierung die Forderungen den Verbindlichkeiten gleich sind. Gleichgültig, welchen Weg man einschlägt, es können die Bahnen aufgezeigt werden, in denen reale und nominale Werte aus dem aktuellen Kreislauf in die Vermögensbestände und aus ihnen in den Kreislauf einfließen.

5. Die Versicherung im Kreislauf

In ausführlicheren, weniger abstrakten Kreislaufschemata oder in Schemata, die speziell die Rolle der Versicherungseinrichtungen aufzeigen sollen, ergibt sich das Problem, die Stellung der Versicherungseinrichtungen im volkswirtschaftlichen Kreislauf so festzuhalten, daß man deren Einflüsse auf die Geld- und Güterströme erkennen kann. Da über die ersten, lange zurückliegenden Ansätze hinaus die Kreislaufforschung erst in der Gegenwart das gesteigerte Interesse der Wissenschaft wiedergefunden hat, ist es verständlich, daß — vor allem in den statistisch-ökonomischen Modellen — die Rolle der Versicherungsinstitutionen bislang nur oberflächlich, ohne Berücksichtigung der Besonderheiten einzelner Zweige angedeutet wurde und viele einschlägige Fragen noch nicht zu Ende diskutiert sind. Die Schwierigkeit liegt darin, daß die Versicherung zum Teil immaterielle Auswirkungen zeigt, z. B. Vertrauen, Sicherheit erhöht, zum Teil nicht meßbare Effekte hervorruft, z. B. Ausbruch und Ausbreitung von Schäden, damit das Risiko mindert, die Produktivität steigert. Das Experiment, zwei im übrigen gleiche Kreisläufe, das eine Mal ohne, das andere Mal mit Versicherungseinrichtungen, hinsichtlich ihrer verschiedenen Stromgrößen miteinander zu vergleichen, läßt sich nicht ausführen. Das Problem erschwert sich weiter dadurch, daß die Versicherungseinrichtungen in ihrer Gesamtheit in bezug auf den volkswirtschaftlichen Kreislauf sehr unterschiedlich zu beurteilen sind. Die verschiedenen Versicherungseinrichtungen sind untereinander viel zu unterschiedlich, als daß sie in einer einzigen Gruppe zusammengefaßt werden könnten.

Im Verhältnis zu den sonst in den Kreislaufströmen fließenden Werten nehmen die **Sachversicherungsunternehmen** verhältnismäßig geringe Beträge als Prämien ein, die sie in derselben Periode den von Schäden betroffenen Wirtschaftseinheiten wieder zuleiten; die von ihnen gelegten Reserven sind relativ zu der insgesamt in den Kreislaufströmen bewegten Wertmasse gering. Welchen Wirtschaftseinheiten die eingehobenen Prämien als Ersatzleistungen zuströmen, bestimmen die zufällig angefallenen Schäden. Es liegt nicht im Entscheidungsbereich der Versicherungsunternehmung. Ähnlich steht es mit der Haftpflicht-, Unfall- und Krankenversicherung. Die Tätigkeit derartiger Versicherungsunternehmen ist nahezu kreislaufindifferent, handelt es sich dabei in der Regel doch nur um den Ausgleich des durch zufällige Ereignisse verursachten Vermögensverschleißes.

Die **Lebensversicherungsunternehmen** hingegen nehmen bei der vorwiegenden Form der Kapitalversicherung in den Prämien ersparte Einkommensteile der Haushalte (manchmal indirekt über die Unternehmungen) ein und leiten diese — soweit sie Deckungsreserven legen — in beachtlichen Beträgen gesammelt im Wege der Kreditgewährung wieder in den Kreislauf ein. Dabei bestimmen die Lebensversicherer mit ihrer Anlagepolitik die Verwendungsrichtung und den Verwendungssektor dieses Geldes in gewissem Umfang. Man wird — volkswirtschaftlich gesehen — diese Tätigkeit mit der Kreditvermittlung der Banken vergleichen und diese Versicherer im Kreislaufschema in der Nähe der Banken anordnen können.

Die Träger der **Sozialversicherung** wiederum besitzen ein der Besteuerung der Haushalte (Einkommensabzug), der Unternehmen, Banken usw. ähnliches hoheitliches Beitragseinzugsverfahren, das vor allem in der sozialen Renten- und Krankenversicherung sehr erhebliche Beträge gemäß den von politischen Instanzen getroffenen Richtlinien umleitet. Es dient u. a. auch der Transformierung der primären Einkommensverteilung in die sekundäre. In einem nicht unbeachtlichen Umfang wird durch die Träger der sozialen Rentenversicherung u. a. Kaufkraft der in den Konsumgüterindustrien Beschäftigten zu den ehemaligen Beschäftigten der Produktionsgüterindustrien umgeleitet. Was ihre Kreislauffunktion anlangt, lassen sich die Sozialversicherungsträger dem Sektor „Staat“ zuordnen. Die Verwendungsrichtung des bei ihnen zusammenfließenden Geldes ist zu einem Teil durch den Eintritt der Versicherungsfälle, zu einem Teil (u. a. in der Reserveanlage) durch Entscheidungen der politischen Körperschaften bestimmt.

II. Sozialprodukt

Die dauernde Beobachtung und periodische quantitative Erfassung dieser Güter- und Wertströme ist unerläßlich, wenn man den Ablauf des Wirtschaftsprozesses kontrollieren, seine Leistungsfähigkeit aufzeigen und feststellen will, ob und in welcher Weise sich wirtschaftspolitische Ziele erreichen lassen. Seitdem die Hebung des Massenwohlstandes als wirtschaftspolitisches Ziel angesehen wird und man die in der Vergangenheit aufgetretenen Funktionsstörungen des Wirtschaftskreislaufs (Krisen, Konjunkturschwankungen) nicht mehr als unentrinnbares Schicksal hinnehmen will, ist die laufende Kontrolle des Wirtschaftsprozesses und seines Ablaufs die bevorzugte Aufgabe der Wirtschaftsbeobachtung geworden. Für die Erfüllung dieser Aufgabe wurden neue Methoden entwickelt, und die Arbeit der statistischen Ämter geht heute auf die Beschaffung des für diese Aufgabe erforderlichen lückenlosen Materials aus. In internationaler Zusammenarbeit mußten Begriffe, Methoden und Verfahren auf einen Nenner gebracht, zumindest weitgehend einander angenähert werden, um einheitliche Verteilungsschlüssel für internationale Lasten, wie Verteidigungsaufwand, Entwicklungshilfe usw. zu bekommen, und um die Integrationsbewegung, Leistungsfähigkeit und das Funktionieren der einzelnen Volkswirtschaft vergleichend beobachten zu können. So haben internationale Organisationen wie die Vereinten Nationen und der Europäische Wirtschaftsrat diese Bestrebungen wesentlich gefördert.

Neben der schon seit längerer Zeit in Gang befindlichen Sozialprodukt- bzw. Volkseinkommensberechnung steht heute die Berechnung und Darstellung der Güter- und Wertströme innerhalb der Volkswirtschaft. Dabei kann die Berechnung der Größe des Sozialprodukts unabhängig von der Darstellung des quantitativen Kreislaufgeschehens erfolgen oder, was zu einer genaueren und besseren Aufgliederung führt, innerhalb der Kreislaufberechnungen.

1. Das Begriffssystem

Für die Gesamtheit der in einer Volkswirtschaft im Laufe einer Periode erstellten und damit zur Verfügung stehenden Güter und Dienste bzw. ihres Gesamtwertes wurden **verschiedene Benennungen** vorgeschlagen: *Adam Smith* sprach von dem Erzeugnis der jährlichen Arbeit eines Volkes, *Carl Rodbertus-Jagetzow* von Nationalprodukt und Nationaleinkommen, *Alfred Marshall* von Nationaler Dividende, seit Ende des vorigen Jahrhunderts wurden die Namen Sozialprodukt und Volkseinkommen gebräuchlich.

Als man sich anschickte, das Unbekannte, dem man einen Namen gegeben hatte, genauer zu untersuchen und in seinem Wert zu berechnen, zeigte sich, daß mit diesem Namen sehr verschiedene Vorstellungen verbunden werden konnten. Man mußte den Begriff Sozialprodukt in Unterbegriffe gliedern, diese gegeneinander abgrenzen und in Beziehung zueinander setzen. Um die internationale Vergleichbarkeit der Sozialprodukte der einzelnen Länder zu erleichtern, haben sich die den Vereinten Nationen angehörenden Staaten — bis auf die Sowjetunion und die Ostblockstaaten, die an einem eigenen System festhalten — auf ein **Standardsystem** geeinigt. Es wird auch in der Bundesrepublik Deutschland den Berechnungen zugrunde gelegt.

Zunächst ist auseinanderzuhalten, ob man unter der Gesamtleistung einer Volkswirtschaft die in ihrem Staatsgebiet oder die von seinen ständigen Bewohnern erbrachten Leistungen ermitteln will.

Das eine Mal ist der Begriff **regional** auf ein bestimmtes Staatsgebiet, das andere Mal **personell** auf die Tätigkeit seiner ständigen Bewohner (Inländer) abgestellt; die „Inländer" können ihre wirtschaftliche Tätigkeit sowohl im Inland als auch im Ausland ausüben — wie umgekehrt die „Ausländer".

Man definiert deswegen:

Inlandsprodukt (domestic product)

= Gesamtheit der innerhalb der Landesgrenzen von Inländern und Ausländern erbrachten wirtschaftlichen Leistungen;

Sozialprodukt (national product)

= Gesamtheit der verschiedenen Leistungen der Inländer einschließlich des Entgelts für Leistungen der Inländer aus Erwerbstätigkeit und Vermögensbesitz im Ausland.

Inlands- und Sozialprodukt unterscheiden sich um den Saldo aus Löhnen und Gehältern von Grenzgängern sowie aus Zinsen und Dividenden aus Auslandsbeteiligungen.

Sozialprodukt

= Inlandsprodukt ./. von Ausländern im Inland verdiente und transferierte Einkommen + von Inländern im Ausland verdiente und transferierte Einkommen.

Nach dieser Unterscheidung macht das Sozialprodukt eine Aussage über die wirtschaftliche Leistung der ständigen Bewohner eines Landes, das Inlandsprodukt über die wirtschaftliche Leistungskraft eines Gebietes.

Im Mittelpunkt des Interesses steht aus verschiedenen Gründen das Sozialprodukt.

a) Definitionen

aa) Bruttosozialprodukt (gross national product)

= Summe aller von inländischen Unternehmen, Staat (Gebietskörperschaften und Sozialversicherungen), inländischen Organisationen ohne Erwerbscharakter (Kirchen, Parteien, Gewerkschaften, caritative Organisationen wie Krankenhäuser u. dgl., Vereine) und inländischen privaten Haushalten innerhalb eines Zeitraumes erbrachten wirtschaftlichen Leistungen an Gütern und Diensten.

Im Bruttosozialprodukt sind alle im Laufe einer Periode (z. B. eines Jahres) von den Inländern im Inland und im Ausland erstellten Güter und Dienstleistungen enthalten, gleichgültig ob sie der Investition oder dem Verbraucher dienen.

bb) Nettosozialprodukt zu Marktpreisen (net national product)

= Bruttosozialprodukt ./. verbrauchsbedingte, zu Wiederbeschaffungskosten bewertete, sog. „normale" Abschreibungen.

Vom Bruttosozialprodukt werden also die Güter und Leistungen abgesetzt, die der Wiederinstandsetzung des während der Periode am Produktionsapparat eingetretenen Verschleißes (Ersatzinvestitionen, Reininvestitionen), der Erhaltung des anfänglichen Vermögensbestandes gedient haben. Das Nettosozialprodukt ist der Gesamtwert an Gütern und Leistungen, die den Inländern — ohne am Vermögensbestand zu verarmen — für Verbrauch und Neuinvestitionen (Erweiterung des Produktionsapparates) zur Verfügung stehen.

cc) Nettosozialprodukt zu Faktorkosten (national income, Volkseinkommen)

= Nettosozialprodukt zu Marktpreisen ./. (indirekte Steuern ./. Subventionen).

In den Marktpreisen der Güter und Dienste sind die von den Unternehmungen im Preis mit erhobenen, an den Staat abzuführenden sog. „indirekten" Steuern (Mehrwertsteuer, Verbrauchssteuern und Zölle) enthalten. Umgekehrt erhalten einige Wirtschaftszweige (z. B. Landwirtschaft, Wohnungsbau) vom Staat einmalige oder laufende Zuschüsse, damit sie aus wirtschafts- oder sozialpolitischen Gründen ihre Güter und Dienste unter dem Kostenpreis absetzen können; solche Unternehmen erlösen über den Marktpreis ihrer Leistungen hinaus noch die Zuschüsse (Subventionen) des Staates.

Indem man von dem Nettosozialprodukt zu Marktpreisen die an den Staat abzuführenden indirekten Steuern absetzt und die vom Staat gezahlten Subventionen dazuzählt, erhält man die Größe, die in der Volkswirtschaft für Einkommenszahlungen im weitesten Sinne zur Verfügung steht. Deswegen faßt man diese Größe auch als **„Volkseinkommen"** auf. Aus dieser Größe behalten die leistungserstellenden Wirtschaftseinheiten einen Teil für Betriebszwecke zurück (unverteilte Gewinne), zahlen sie die Arbeitgeberbeiträge zur Sozialversicherung und die sie treffende Körperschafts- und Gewerbesteuer; der größte Teil wird als Dividenden, Zinsen, Löhne und Gehälter ausgezahlt (verteilte Faktoreinkommen). Das Nettosozialprodukt zu Faktorkosten ist der Gesamtbetrag der den „Inländern" zugeflossenen Erwerbs- und Vermögenseinkommen, die Summe der an die Produktionsfaktoren für ihre Mitwirkung im Wirtschaftsprozeß bezahlten Entgelte; es mißt die Höhe der durch die Produktion entstandenen Einkommen (originäre Einkommen).

In seiner Größe wird das Nettosozialprodukt zu Faktorkosten davon berührt, in welchem Umfang der Staat indirekte Steuern erhebt und Subventionen gewährt. Dies ist bekanntlich von Staat zu Staat verschieden.

dd) Persönliche Einkommen (personal income)

= **Nettosozialprodukt zu Faktorkosten ./. (Unternehmerbeiträge zur Sozialversicherung + Körperschafts- und Gewerbesteuern + unverteilte Gewinne) + Transfereinkommen.**

Während das Nettosozialprodukt zu Faktorkosten oder Volkseinkommen das von den aktiv am Wirtschaftsprozeß Beteiligten erarbeitete Einkommen darstellt, mißt die Summe der persönlichen Einkommen das allen Inländern — auch den nicht mehr aktiv Beteiligten — zufließende Einkommen. Vom Nettosozialprodukt zu Faktorkosten bleiben also nur die verteilten Faktoreinkommen (Dividenden, Zinsen, Löhne und Gehälter) übrig, denn die unverteilten Gewinne, die Arbeitgeberbeiträge zur Sozialversicherung, die Körperschafts- und Gewerbesteuern fließen den aktiv am Wirtschaftsprozeß beteiligten Personen nicht zu. Dafür erhalten eine Reihe von Personen, die nicht mehr oder noch nicht aktiv sind, vom Staat oder den Sozialversicherungsträgern Pensionen, Renten und Unterstützungen. Man nennt diese Einkommen **Transfereinkommen,** weil sie aus den von den Aktiven erarbeiteten Einkommen abgezweigt und übertragen sind auf diejenigen, die überhaupt kein Einkommen oder nur ein unzulängliches Einkommen erarbeiten. Das Nettosozialprodukt zu Faktorkosten zeigt die Verteilung der Einkommen so, wie sie aus dem Wirtschaftsprozeß hervorgehen; die Summe der persönlichen Einkommen so, wie sie sich nach der vom Staat und den Sozialversicherungsträgern bewirkten **Umverteilung** nach vorwiegend sozialpolitischen Gesichtspunkten ergibt.

ee) Persönlich verfügbare Einkommen (disposable income)

= **persönliche Einkommen ./. (direkte Steuern + Arbeitnehmerbeiträge zur Sozialversicherung).**

Von den den Haushalten zufließenden sog. Bruttoeinkommen haben sie die direkten Steuern (Lohnsteuer, Einkommensteuer) an den Staat und die Arbeitnehmerbeiträge zur Sozialversicherung an deren Träger zu bezahlen. Der Rest stellt das Einkommen (Summe der Nettoeinkommen) dar, über den die Haushalte entscheiden können, wie sie ihn verwenden wollen: zum Konsum oder zur Ersparnis. Die Summe der persönlich verfügbaren Einkommen ist die für den Konsum und die Ersparnisbildung der Einkommensbezieher charakteristische Globalgröße. Infolge der Progression der Lohn- und Einkommensteuer weicht die Verteilung dieser Einkommen von der Verteilung der persönlichen Einkommen wiederum ab.

Ein Vergleich mit dem Nettosozialprodukt zu Faktorkosten zeigt: Je nachdem wie ein Staat seine Steuerlast auf indirekte und direkte Steuern verteilt, wird das Nettosozialprodukt zu Faktorkosten größer, die Summe der persönlichen Einkommen kleiner — und umgekehrt.

b) Erläuterungen

Durch fortlaufende Abzüge hat sich die Ausgangsgröße des Bruttosozialprodukts immer mehr bis zu der Summe der persönlich verfügbaren Einkommen verkleinert.

Diese Abzüge sammeln sich in zwei Bereichen:

1. **in den Betrieben.** Hier sind es die Reinvestitions-(Abschreibungs-)beträge und die unverteilten Gewinne, die der Neuinvestition zugeführt werden,

2. **beim Staat** (einschließlich der Sozialversicherungsträger). Hier fließen die indirekten und direkten Steuern und die Sozialversicherungsbeiträge von Arbeitgebern und Arbeitnehmern zusammen und werden für Subventionen, Transfereinkommen und für Staatszwecke (Staatskonsum und staatliche Investitionen) verwendet.

Nimmt man zu der Verwendung der persönlich verfügbaren Einkommen die Verwendung dieser bislang ausgeschiedenen Beträge wieder hinzu, so erhält man die Ausgangsgröße des Bruttosozialprodukts, diesmal aufgegliedert in seine Verwendung nach Investition (staatliche und private Reinvestition und Neuinvestition), privaten Konsum und Staatskonsum.

Diese Übereinstimmung gilt jedoch nur unter der Voraussetzung einer geschlossenen Volkswirtschaft oder im Falle einer offenen Volkswirtschaft bei ausgeglichener Handelsbilanz; somit tritt ein Unterschied in der Höhe der sog. Außenbeiträge (Export ./. Import) auf. Vorausgesetzt ist weiter, daß die gesamte persönliche Ersparnis der Neuinvestition zugeleitet, also nicht gehortet wird.

Die (schematische) Zeichnung auf der folgenden Seite soll das Verhältnis der verschiedenen Sozialprodukt- bzw. Einkommensbegriffe zueinander verdeutlichen, und sie soll veranschaulichen, wie die Beträge schließlich verwendet werden.

Welches der Sozialprodukte man wählt — vorausgesetzt, sie sind alle berechnet worden —, hängt von dem jeweiligen Untersuchungszweck ab. Die von einer Volkswirtschaft in einer Periode vollbrachte Gesamtleistung wird durch das Bruttosozialprodukt gemessen. Ohne zu verarmen, ohne einen Realkapitalschwund zu erleiden, steht

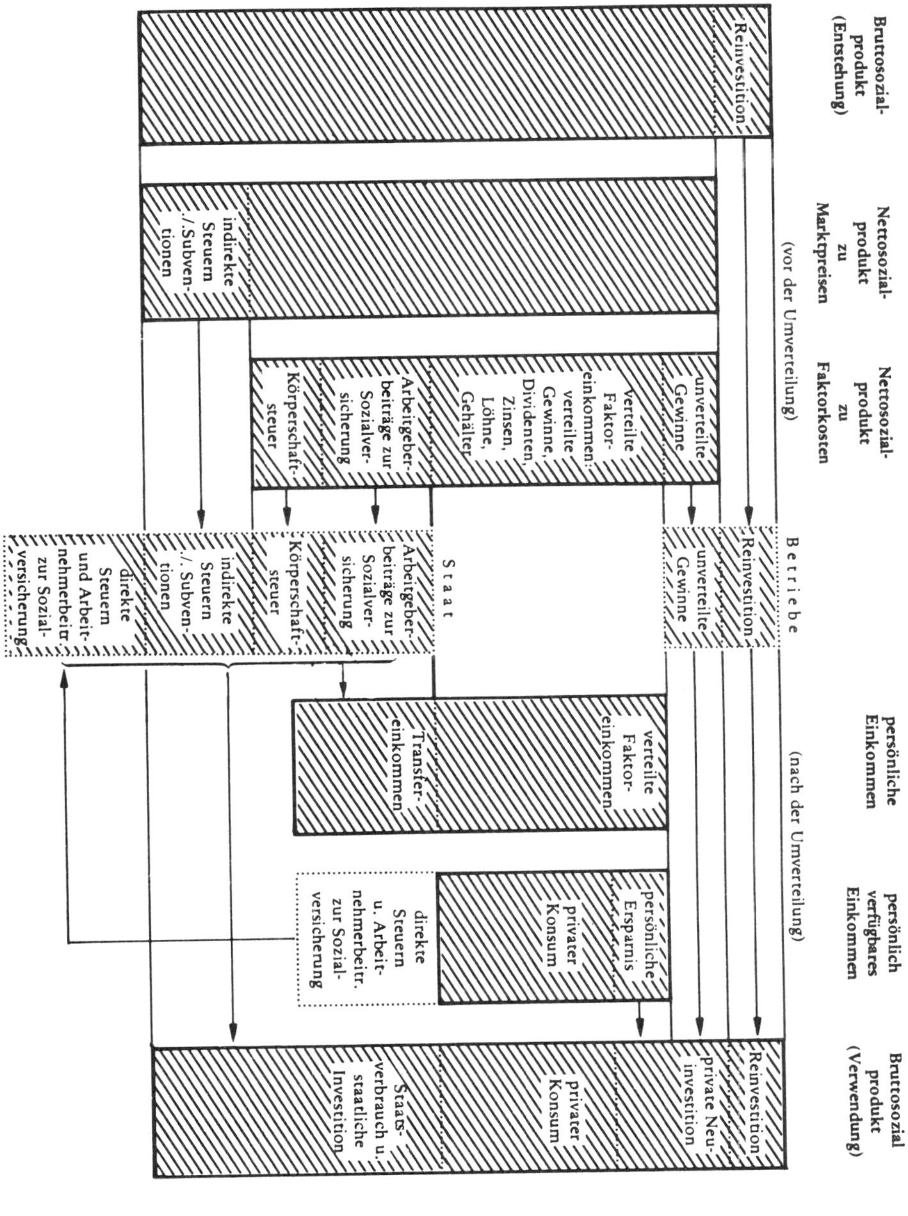

Schema der Sozialprodukt- und Einkommensbegriffe

innerhalb einer Volkswirtschaft nur das Nettosozialprodukt zu Marktpreisen für Erweiterungsinvestitionen (Wachstum!), individuellen und kollektiven Verbrauch zur Verfügung. Nach Abzug des Saldos (indirekte Steuern ./. Subventionen) verbleibt das Nettosozialprodukt zu Faktorkosten als Summe der Bruttoeinkommen der Produktionsfaktoren **(funktionale Einkommensverteilung)**. Der Umverteilungsvorgang bewirkt, daß den im Wirtschaftsprozeß aktiv Beteiligten zwar nur ein Teil des von ihnen erarbeiteten Einkommens zufließt, dafür aber auch die nicht mehr Aktiven die Transfereinkommen erhalten: Das von den Aktiven erarbeitete Einkommen wird auf alle Personen der Volkswirtschaft („Inländer"), also auf Aktive und Inaktive umverteilt **(personelle Einkommensverteilung)**. Wie die Möglichkeiten des Zugriffs der Wirtschaftssubjekte auf den Güter- und Leistungsfonds der Volkswirtschaft verteilt wird, zeigt erst die Gliederung der persönlich verfügbaren Einkommen nach den verschiedenen Einkommensgruppen: Die Verteilung der persönlich verfügbaren Einkommen ist viel ausgeglichener als die Verteilung der persönlichen Einkommen.

Um den Fortschritt einer Volkswirtschaft, ihr Wachstumspotential und damit ihre Leistungsfähigkeit für internationale Aufgaben (Rüstung, Entwicklungshilfe und dgl.) — umgekehrt auch ihre Unterstützungsbedürftigkeit (Marshallplan!) zu charakterisieren, nahm man in der Regel eines der Nettosozialprodukte zum Maß. Die Nettosozialprodukte sind jedoch das *„Ergebnis einer am Bruttosozialprodukt vorgenommenen Berichtigung" (Richard Ruggles)* und damit unsicher wegen des nur vage schätzbaren Wertes der verbrauchten Kapitalgüter („normale Abschreibungen"), ja sogar manipulierbar durch andere Verteilung der Steuerlast auf direkte und indirekte Steuern. An der Verwendung der Nettosozialprodukte für die genannten Zwecke sind deswegen in letzter Zeit vielfach Zweifel aufgetaucht. Die internationalen Organisationen scheinen aus den gleichen Gründen neuerdings das Bruttosozialprodukt als am wenigsten fehlerhaft zu bevorzugen; der Anteil der westlichen Industriestaaten an der Entwicklungshilfe soll nach dem Bruttosozialprodukt verteilt werden.

2. Die Berechnungsmöglichkeiten

Zur Berechnung der Sozialprodukte bieten sich **drei Wege**, die theoretisch zu demselben Ergebnis führen müßten:

1. **über die Wertschöpfung der Wirtschaftseinheiten (Entstehungsrechnung),**
2. **über die Einkommen der Produktionsfaktoren (Verteilungsrechnung),**
3. **über Verbrauch und Investition (Verwendungsrechnung).**

Praktisch gelangt man auf diesen drei Wegen — sofern sie überhaupt nebeneinander angewandt werden — zu abweichenden Zahlenangaben, weil die statistischen Unterlagen nicht überall vollständig und gleich gut vorhanden sind. Dennoch können auch die unterschiedlichen Ergebnisse für die gegenseitige Kontrolle der errechneten Werte gute Dienste leisten.

a) Entstehungsrechnung (reale Methode)

Das Bruttosozialprodukt erhält man durch Addition der Wertschöpfung aller Wirtschaftseinheiten (Unternehmen, Staat, Organisationen ohne Erwerbscharakter, Haushalte) während der Beobachtungsperiode (i. d. R. während eines Jahres).

Wertschöpfung einer Wirtschaftseinheit ist ihr Beitrag zum Sozialprodukt, die Summe der Güter und Dienste, die sie zum Gesamtprodukt beisteuert.

Wollte man die Werte der von den einzelnen Wirtschaftseinheiten erstellten Güter und Dienste einfach addieren, erhielte man infolge von Doppel- und Mehrfachzählungen derselben Leistung einen viel zu hohen Gesamtwert. Infolge der stufenweisen Gliederung des Produktionsprozesses ist, um nur ein Beispiel zu nennen, in dem Wert der von einer Automobilfabrik erstellten Kraftfahrzeuge ein Teil des Gesamtproduktionswertes der Kohlen- und Erzbergwerke, der Eisen- und Stahlwerke sowie des Produktionswertes aller anderen Zulieferungsindustrien enthalten. Um die Wertschöpfung einer Wirtschaftseinheit zu ermitteln, darf man nur den Teil des Wertes ihrer Gesamtproduktion nehmen, den sie durch ihre Leistung dem Wert der von anderen Wirtschaftseinheiten bezogenen Rohstoffe, Materialien usw. hinzugefügt hat **(value added).**

Mit anderen Worten: Man muß bei den einzelnen Produktionsstätten die sog. **Nettoproduktion** erfassen nach der Formel:

Wert der Nettoproduktion = Wert der Bruttoproduktion ./. Vorleistungen anderer Produktionsstätten.

Die Wertschöpfung, der *value added* oder die Nettoproduktion einer Wirtschaftseinheit, ihr Beitrag zum Bruttosozialprodukt ist dann identisch mit der in ihrem Bereich entstandenen Einkommen aus Erwerbstätigkeit und Vermögen (Löhne, Gehälter, Fremdkapitalzinsen, Nettomieten und -pachten, Betriebsgewinn). Indem man von allen Betrieben durch alle Produktionsstufen hindurch diese Nettoproduktionswerte zusammenzählt, erhält man den Wert der Produkte im Endzustand, ohne doppelte oder mehrfache Zählungen derselben Leistungen.

Für Betriebe, die keine Waren umsetzen, wie z. B. **Banken** und **Versicherungen,** ist in Anpassung an die vorstehende Methode der Bruttoproduktionswert, von dem die benötigten Vorleistungen abzuziehen sind, wie folgt festgelegt.

1. Den Bruttoproduktionswert der **Banken** bilden die tatsächlichen Einnahmen aus Gebühren und Provisionen sowie der Unterschied zwischen den vereinbarten Ertragszinsen (Sollzinsen) und den bezahlten Aufwandszinsen (Habenzinsen).

2. Als Bruttoproduktionswert der **Privatversicherungen** gilt das in den Bruttoprämien enthaltene Entgelt für die Dienstleistungen der Versicherungen, also nicht der Risikoanteil und Sparanteil der Prämieneinnahme.

Die value-added-Methode läßt sich praktisch nur auf die Unternehmungen und Betriebe anwenden, die die von ihnen erstellten Güter und Dienste verkaufen. Um für die Wirtschaftseinheiten, die Güter und Dienste leisten, die keinen Marktwert (Preis) haben, wie Staat, Organisationen ohne Erwerbscharakter, einen vergleichbaren Bruttoproduktionswert zu bekommen, nimmt man

1. für **Staat** und **Organisationen ohne Erwerbscharakter** die gezahlten Löhne und Gehälter einschließlich der Sozialleistungen, die Nettomiete für die benutzten Gebäude und die üblichen Abschreibungsquoten;

2. für die **privaten Haushalte** nur die Löhne und Gehälter (einschl. Sozialleistungen) der beschäftigten Hausangestellten. In die Wertschöpfung der privaten Haushalte geht demnach die Tätigkeit der Hausfrauen nicht ein; für sie gibt es keinen meßbaren Wert.

Soweit Güter und Dienste keinen Marktpreis haben, wird also als Ersatz das den Erstellern zufließende Einkommen genommen. Der Bewertung liegt kein einheitlicher Maßstab zugrunde.

Das so — mit sehr viel Schätzungen — errechnete Bruttosozialprodukt läßt sich aufteilen:

1. **nach einzelnen Wirtschaftsbereichen,** Sektoren, wodurch man den Beitrag des betreffenden Bereichs, Wirtschaftszweiges u. dgl. bekommt;

2. **regional,** wodurch man die Bedeutung einzelner Länder, Provinzen usw. messen und ihre Entwicklung verfolgen kann;

3. **saisonal** nach Monaten, Quartalen oder Halbjahren, soweit für diese kürzeren Perioden Zahlen beschaffbar sind. Etwas schwierig ist dabei die Verrechnung der nicht kontinuierlichen Erzeugung (Ernte!) auf die einzelnen Monate, Quartale, Halbjahre. In der Regel erweist sich das Sozialprodukt der zweiten Jahreshälfte größer als das der ersten.

Um aus dem Bruttosozialprodukt das Nettosozialprodukt zu Marktpreisen zu errechnen, müssen die Güter und Dienste abgesetzt werden, die den produktionsbedingten Verschleiß der Produktionsanlagen ausgleichen. Da sich der tatsächlich vorgenommene Umfang dieser Ersatz-(Re-)investitionen nicht erfassen läßt, begnügt man sich an ihrer Stelle mit einem geschätzten Betrag für „normale“ verbrauchsbedingte Abschreibungen; die von den bilanzierenden Unternehmen in ihre Erfolgsrechnung eingesetzten Abschreibungen, weichen, da sie vorwiegend kalkulatorischer Natur sind, davon ab. Je nachdem wie man diesen für die gesamte Volkswirtschaft nur vage schätzbaren Abschreibungsbetrag ansetzt, erscheint dann das Nettosozialprodukt zu Marktpreisen kleiner oder größer.

Den für die Ermittlung des Nettosozialprodukts zu Faktorkosten erforderlichen Betrag an indirekten Steuern und Subventionen kann man der Finanzstatistik der öffentlichen Körperschaften entnehmen.

b) Verteilungsrechnung (personale Methode)

Sie ermittelt die von den „inländischen" Einkommensempfängern empfangenen Einkommen aus Erwerbstätigkeit und Vermögen. Sie führt, wenn man

1. zu den statistisch erfaßbaren **Bruttoeinkommen** (originären Einkommen) der im Wirtschaftsprozeß Tätigen die unverteilten Gewinne, die Arbeitgeberbeiträge zur Sozialversicherung und die Körperschafts- sowie Gewerbesteuer hinzunimmt, zum Nettosozialprodukt zu Faktorkosten;

2. zu den ausbezahlten originären Einkommen (verteilten Faktoreinkommen) die abgeleiteten **Transfereinkommen** hinzunimmt, also die Bruttoeinkommen aller aktiven und inaktiven Personen erfaßt, zur Summe aller persönlichen Einkommen;

3. hiervon die Lohn- und Einkommensteuer **(direkte Steuern)** und die Arbeitnehmeranteile der Sozialversicherungs**beiträge** abzieht, zur Summe der persönlich verfügbaren Einkommen.

Die Verteilungsrechnung gibt damit Aufschluß, wie die im Nettosozialprodukt zu Faktorkosten gegebene primäre Einkommensverteilung zu der in den persönlichen bzw. persönlich verfügbaren Einkommen gegebenen sekundären Einkommensverteilung umgeformt wird.

Das Nettosozialprodukt zu Faktorkosten (Volkseinkommen) gliedert sich in

1. **Einkommen aus unselbständiger Arbeit** (Bruttolohn- und -gehaltssummen zuzüglich der Arbeitgeberbeiträge zur Sozialversicherung);

2. **Einkommen aus Unternehmertätigkeit,** d. h. aus selbständiger Arbeit, einschl. der in den Betrieben zurückgehaltenen Gewinne und der bezahlten Körperschaftsteuer;

3. **Einkommen aus Vermögens-(Kapital-)besitz** wie Zinsen, Pachten, Mieten usw.

Der Anteil der Einkommen aus unselbständiger Arbeit am Nettosozialprodukt zu Faktorkosten (Volkseinkommen), die sog. **Lohnquote,** ist in der Bundesrepublik Deutschland von 58,6 % im Jahre 1950 auf 67,3 % im Jahre 1967 und weiter auf 73,4 % im Jahre 1982 gestiegen. Sie zeigt damit die auch anderwärts beobachtete Tendenz langfristigen Ansteigens unter geringfügigen Schwankungen entgegengesetzt zum Anteil der Einkommen aus Unternehmertätigkeit am Volkseinkommen (antizyklische Bewegung der Lohnquote).

c) Verwendungsrechnung

Zum Bruttosozialprodukt gelangt man wieder, wenn man die folgenden Posten erfaßt und addiert:

1. den **privaten Verbrauch,** d. h. die von inländischen privaten Haushalten und privaten Organisationen ohne Erwerbscharakter für den privaten Endverbrauch gekauften Waren und Dienstleistungen;

2. den **Staatsverbrauch,** d. h. die laufenden Käufe des Staates zur Erfüllung seiner Regierungs- und Verwaltungsaufgaben, errechnet aus den von ihm bezahlten Löhnen und Gehältern (einschl. der Sozialleistungen), den von ihm gekauften Waren und Diensten, der Bruttomiete der von ihm benutzten Gebäude und den Abschreibungen auf das bewegliche Sachvermögen. Beim Staatsverbrauch werden unterschieden: Aufwendungen für zivile Zwecke und Aufwendungen für Verteidigungszwecke;

3. **die Investitionen,** und zwar

   Anlageinvestitionen = gesamte private und staatliche Käufe (einschl. der Selbstherstellung) von dauerhaften Produktionsmitteln ohne die militärischen Bauten, die zum Staatsverbrauch gezählt werden. Die Anlageinvestitionen werden wieder unterschieden in Ausrüstungsinvestitionen und Bauinvestitionen,

   Vorratsveränderungen = Veränderung des Bestandes aller Vorräte von Vorprodukten, halbfertigen und fertigen Erzeugnissen, Handelsware der Wirtschaftseinheiten am Ende der Berichtsperiode gegenüber dem Bestand am Anfang der Periode. Dieser als Saldo gedachte Posten kann nur annähernd errechnet werden;

4. den **Außenbeitrag** = Differenz zwischen der Ausfuhr und Einfuhr von Waren und Dienstleistungen. Überwiegen die Ausfuhren die Einfuhren (positiver Saldo der Handelsbilanz), ist der Außenbeitrag positiv, dann stehen Güter und Dienste im Werte dieses Saldos aus dem Bruttosozialprodukt für inländischen Verbrauch und inländische Investitionen nicht zur Verfügung. Übersteigen die Einfuhren die Ausfuhren (negativer Saldo der Handelsbilanz) — negativer Außenbeitrag —, dann stehen für die genannten Zwecke mehr Güter und Dienste zur Verfügung, als im inländischen Bruttosozialprodukt erstellt sind.

Alle Berechnungen der Sozialprodukte lassen sich nur durchführen, wenn man erhebliche Fehlergrenzen in Kauf nimmt; die gewonnenen Zahlenwerte geben nur annähernd die Größen und ihre Relationen wieder.

Da der Bewertung die Marktpreise bzw. Einkommen zugrunde gelegt sind, ist die absolute Höhe der Sozialprodukte von Geldwertänderungen abhängig: im zeitlichen Vergleich, von Jahr zu Jahr, spiegelt das Sozialprodukt nicht nur Mengenänderungen, sondern auch Preis- und Einkommensänderungen wider. Um den Einfluß der Geldwertänderungen zu erkennen bzw. auszuschalten, berechnet man das Sozialprodukt einmal zu laufenden Preisen und einmal zu konstanten Preisen bzw. Einkommen, d. h. in den Preisen und Einkommen einer Basisperiode (in der Bundesrepublik Deutschland z. B. zur Zeit in Preisen von 1976). Unterschiedliche Bevölkerungsgrößen von Jahr zu Jahr und im internationalen Vergleich schaltet man aus, indem man Sozialprodukte pro Kopf der Bevölkerung oder je durchschnittlich beschäftigten Arbeitnehmer errechnet. Die Sozialproduktberechnung liefert keine eindeutige Aussage über die Qualität der Güter und Leistungen und auch nicht über den tatsächlichen Wohlhabenheitsgrad in einer Volkswirtschaft, wohl aber — wie *Pigou* annimmt — einen Hinweis darauf.

3. Sozialprodukt als Wohlfahrtsindikator

Traditionell werden Sozialproduktgrößen als **Indikatoren** der **Wohlfahrt** oder des **Lebensstandards** sowie als Indikatoren des Wirtschaftspotentials einer Volkswirtschaft aufgefaßt. Sie zeigen das Versorgungsniveau einer Volkswirtschaft mit Gütern und Dienstleistungen an.

Derartige globale Angaben sind jedoch zwei grundsätzlichen Einwendungen ausgesetzt:

— Dem Wachstum des Sozialprodukts kann ein Wachstum der Bevölkerung gegenüber stehen; ein gestiegenes Sozialprodukt wäre damit auf eine möglicherweise noch stärker gestiegene Zahl von Einwohnern zu verteilen. Ein diesen Einwand berücksichtigender Indikator ist dann das **Volkseinkommen pro Kopf** der Bevölkerung.

  Aber auch hier handelt es sich noch um eine Durchschnittsgröße (1971: 9.645 DM; 1978: 16.268 DM; 1983: 20.799 DM). Die Frage also, ob alle Einwohner von dieser Entwicklung profitiert haben, läßt sich nur beantworten, wenn man die zeitliche Entwicklung der **personellen Einkommensverteilung** betrachtet.

— Ein zweiter Einwand gegen die einfache Übertragung des Sozialprodukts als Wohlstandsmaß richtet sich auf die Preisentwicklung.

  Da in der Sozialproduktberechnung die einzelnen Mengen mit ihren Marktpreisen (bzw. mit den entstandenen Kosten) bewertet werden, kann ein Anstieg des Sozialprodukts schon dadurch zustande kommen, daß nicht die Mengen, sondern die Preise (bzw. Kosten) von Periode zu Periode steigen. In einem solchen Fall stehen aber **real** (d. h. mengenmäßig) nicht mehr Güter und Dienstleistungen zur Verfügung. Durch die Verwendung eines Preisindizes ist die Umrechnung von nominalen in reale Größen möglich:

$$\text{Realwert} = \frac{\text{Nominalwert}}{\text{Preisindex}} \cdot 100.$$

Bevor man aber das (reale) Sozialprodukt (insgesamt oder pro Kopf) als Wohlstandsindikator verwendet, muß man noch auf eine Reihe von Begrenzungen der Aussagefähigkeit hinweisen:

— Das Wachstum des Sozialprodukts kann bei mehr oder weniger Freizeit und Muße, bei höherer Arbeitsbelastung für die Bevölkerung realisiert werden.

— Das Sozialproduktwachstum kann die „Produktion" von Gütern und Dienstleistungen umfassen, die erst durch den Wachstumsprozeß selbst erforderlich werden (wie Beseitigung von Luft-, Wasser- und Bodenverschmutzung, erhöhte Pendlerkosten für die Beschäftigten u. a.).

— Im Verlaufe des Wachstums kann sich die Zusammensetzung des Sozialprodukts ändern (höherer Export- und Investitionsanteil, gestiegener Anteil der Militärausgaben und dgl.).

— Wohlfahrt ist eine subjektive Größe und wird durch die Spanne bestimmt, die zwischen den Erwartungen über eine gewünschte und der tatsächlichen Versorgung besteht.

4. Ergebnisse der Sozialproduktberechnungen

Das Statistische Bundesamt berechnet laufend das Sozialprodukt für die Bundesrepublik Deutschland. Die Ergebnisse sind im *„Statistischen Jahrbuch für die Bundesrepublik Deutschland"* und in der Zeitschrift *„Wirtschaft und Statistik"* veröffentlicht. In den *„Internationalen Übersichten"* des Statistischen Jahrbuchs sind auch die Zahlen für andere Staaten zu finden. Aus den umfangreichen Tabellen werden hier für die Bundesrepublik Deutschland nur die wichtigsten Zahlen angeführt (vgl. Seite 206 und 207).

5. Der Beitrag der Individualversicherung zum Bruttoinlandsprodukt

Der Beitrag der Individualversicherung zum Bruttoinlandsprodukt wird vom Statistischen Bundesamt vorläufig nur zusammen mit dem der Kreditinstitute ausgewiesen. Der Bereich „Kreditinstitute und Versicherungsgewerbe" hat nicht nur mit der allgemeinen Zunahme des Bruttoinlandsproduktes Schritt gehalten, was wegen des engen Gleichschritts von Gütererzeugung, Kreditgewährung und Versicherungsbedarf zu erwarten ist; dieser Bereich hat seinen Anteil am Bruttoinlandsprodukt überproportional vergrößert. Wieviel dazu die Versicherungsunternehmungen allein beigetragen haben, läßt sich schwer sagen, doch ist die Annahme nicht unbegründet, daß die Leistung der Versicherungsunternehmungen nicht geringer als die der Banken gewesen sein dürfte. Die Bedeutungszunahme erklärt sich bei den Banken aus der steigenden Kreditbedürftigkeit unserer Wirtschaft, bei den Versicherungen aus der mit wachsendem Wohlstand steigenden Bedachtnahme auf Zukunftsvorsorge und aus den wachsenden Vermögenswerten.

Wie oben angeführt (vgl. F.II.2a), ist der Beitrag der Banken durch die von ihnen vereinnahmten Gebühren, Provisionen und die Differenz zwischen Soll- und Habenzinsen gemessen, der Beitrag der Versicherungen durch den sog. Verwaltungskostenanteil der Prämieneinnahme. Da die für den Betrieb des Versicherungsgeschäfts benötigten „Vorleistungen anderer Produktionsstätten" verhältnismäßig gering sind (im Vergleich etwa mit denen des „verarbeitenden Gewerbes"), ist der Beitrag der Versicherungsunternehmungen zum Bruttoinlandsprodukt in der Hauptsache durch das Einkommen aller in der Versicherungswirtschaft Tätigen zuzüglich der einbehaltenen Gewinne gemessen. Nun scheint in der Gegenwart das in der Versicherungswirtschaft bezahlte Einkommen nicht mehr derselbe Gradmesser ihrer effektiven Leistung zu sein wie früher. Im Versicherungsgewerbe wird, wie übrigens in nahezu allen tertiären Wirtschaftsbereichen, im Augenblick ein technischer Fortschritt nachgeholt (Automatisierung!), dem in anderer Weise der sekundäre und primäre Sektor schon früher unterworfen waren. Mehr noch als bei den Banken dürfte sich die Automation der Büroarbeiten bei den Versicherungsgesellschaften derzeit auswirken. Der Ausstoß an Versicherungsleistungen im weitesten Sinne dürfte deswegen vermutlich stärker zugenommen haben als die dafür aufgewendeten Arbeitskosten (Gehälter).

Das von der Versicherungswirtschaft erbrachte Mehr an effektiven Leistungen für die Volkswirtschaft geht über das Mehr an Einkommen der in ihr Tätigen hinaus.

Von den 1983 im Kredit- und Versicherungsgewerbe insgesamt beschäftigt gewesenen 787 200 Personen entfielen 564 400 = 71 % auf die Banken und 224 800 = 29 % auf die Versicherungsunternehmungen. Da die durchschnittlichen Monatsverdienste der Bankangestellten und Versicherungsangestellten annähernd gleich hoch waren, begeht man wohl keinen zu großen Fehler, wenn man den Anteil der Individualversicherung an dem Wirtschaftsbereich „Kreditinstitute und Versicherungsgewerbe" mit etwas mehr als ein Drittel annimmt.

Daraus folgt: **Der Beitrag der Individualversicherung allein zur Entstehung des Bruttoinlandsproduktes in der Bundesrepublik Deutschland dürfte nach dem letzten Stand etwa 1,8 % ausmachen.**

Das ist eine für manche überraschend niedrige Quote, wenn man an die Bedeutung denkt, die der Individualversicherung im modernen Wirtschaftsleben beigemessen wird.

Ehe man sich vorschnell über dieses Ergebnis entrüstet, sollte man sein Zustandekommen beachten:

1. **Die Angabe bezieht sich nur auf die Individualversicherung,** denn sie wird in der Sozialproduktberechnung von der Sozialversicherung abgetrennt, obwohl sich beide an einigen Stellen (Krankenversicherung, Arbeitnehmer-Pensionsversicherung) eng

Sozialprodukt für das Jahr 1982 (in Mio. DM)
(vorläufiges Ergebnis)

		und in Preisen von 1976
Bruttoproduktionswert	4.129.040	
— Vorleistungen	2.644.670	
= Bruttowertschöpfung	1.484.370	1.168.810
+ nichtabzugsfähige Umsatzsteuer	101.320	65.670
+ Einfuhrabgaben	14.160	14.300
= Brutto-Inlandsprodukt zu Marktpreisen (BIP_M)	1.600.300	1.248.780
— Abschreibungen	200.310	154.390
= Netto-Inlandsprodukt	1.399.990	1.094.390
zu Marktpreisen (NIP_M)		
— indirekte Steuern abzüglich Subventionen	172.650	
= Netto-Inlandsprodukt zu Faktorkosten (NIP_F) oder Nettowertschöpfung	1.227.340	
BIP_M	1.600.300	1.248.780
Saldo der Erwerbs- und Vermögenseinkommen zw. Inländern und der übrigen Welt	1.400	1.280
= Brutto-Sozialprodukt zu Marktpreisen (BSP_M)	1.598.900	1.247.500
— Abschreibungen	200.310	154.390
= Netto-Sozialprodukt zu Marktpreisen (NSP_M)	1.398.590	1.093.110
— indirekte Steuern abzüglich Subventionen	172.650	
= Netto-Sozialprodukt zu Faktorkosten (NSP_F)	1.225.940	

Quelle: Statistisches Jahrbuch 1984, S. 537 und 539

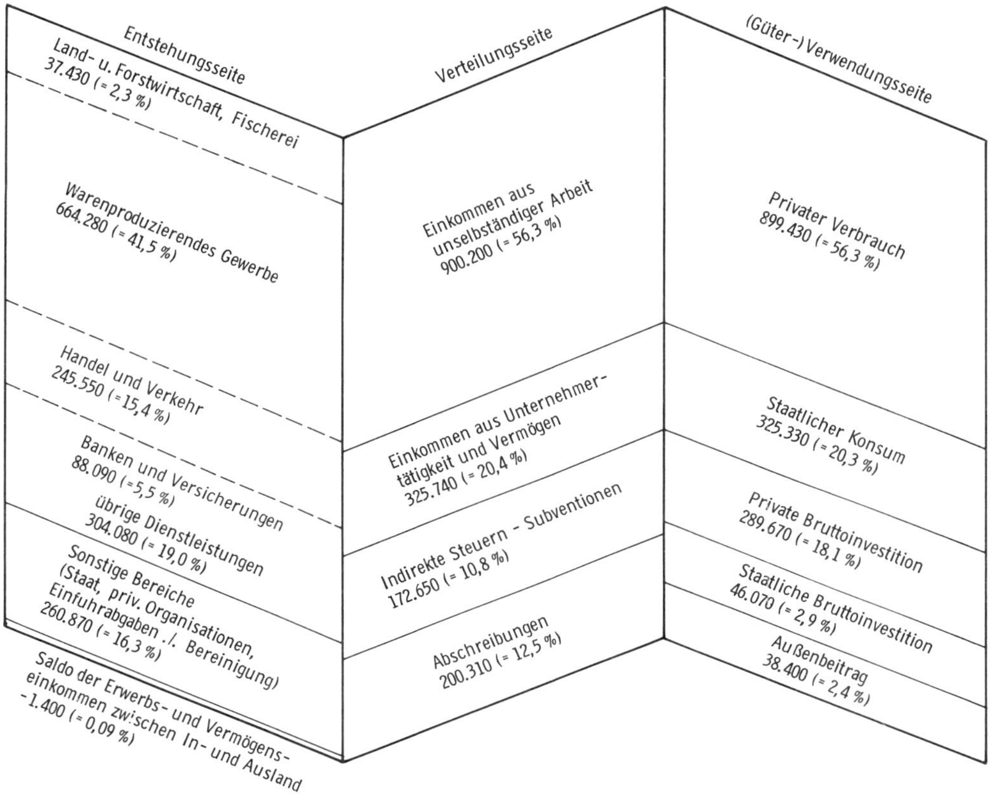

Quelle: Statistisches Jahrbuch 1984, S. 542 ff. (DM-Beträge in Mio. und Prozentanteile am BSP_M)

berühren. Je nachdem, ob der Versicherungscharakter der Sozialversicherung bejaht oder verneint wird, wird dieses Vorgehen Bedenken oder Zustimmung auslösen. Als Begründung seines Vorgehens führt das Statistische Bundesamt an: Die Versicherungsunternehmungen zählen zu denjenigen wirtschaftlichen Institutionen, *„die vorwiegend Waren und Dienstleistungen produzieren (bzw. erbringen) und diese gegen spezielles Entgelt verkaufen, das in der Regel Überschüsse abwirft oder mindestens die Kosten deckt“*, wohingegen die Einrichtungen und Tätigkeiten der Sozialversicherung in besonders starkem Maße gesetzlich geregelt und in ihrem Charakter den Gebietskörperschaften (Staat) sehr ähnlich sind; während in der Individualversicherung die Versicherungsnahme durch eigene Entscheidung der Wirtschaftseinheiten zustande kommt, die Prämien mit den sonstigen Preisen vieles gemein haben und die Versicherungsunternehmungen die Kostendeckung durch Erlöse aus Umsätzen anstreben müssen, werden in der Sozialversicherung die Mittel durch Zwangsbeiträge aufgebracht, sind (wie bei den direkten Steuern) die Beiträge weniger nach den Leistungen als nach der Leistungsfähigkeit der Versicherten abgestuft und ist der Zusammenhang zwischen Versicherungsleistungen und Beitragszahlungen durch zum Teil beträchtliche staatliche Zuschüsse gelockert. Dazu kommt, daß das Schwergewicht der Tätigkeit der Sozialversicherung (Rentenversicherungen!) in der Einkommensverteilung zwischen Aktiven und Inaktiven liegt.

2. **Die von den Individualversicherungsunternehmungen erbrachten Dienstleistungen sind nach dem aus der Prämieneinnahme ausgegliederten Verwaltungskostenanteil bewertet.** Die in den Bruttoprämien mitenthaltenen Risiko- und Sparanteile werden bei der Bemessung des Wertes der Dienstleistung einer Versicherungsunternehmung nicht berücksichtigt, denn sie sind Leistungen, die andere Wirtschaftseinheiten, nämlich die Versicherten, aufgebracht haben. Die in den Versicherungsprämien enthaltenen Risikoanteile stammen aus dem Einkommen oder den Erträgen der Versicherten und werden den vom Versicherungsfall betroffenen Wirtschaftseinheiten als sog. Versicherungsleistung (Entschädigung) zugeleitet; die Sparanteile in den Prämien (Lebensversicherung!) sind von den Wirtschaftseinheiten der Versicherten gemachte Ersparnisse. Die organisatorische Leistung, die die Versicherungsunternehmen zu diesen Vorgängen beitragen, drückt sich in dem dafür bezahlten Entgelt, eben im Verwaltungskostenanteil der Prämieneinnahme aus. Es ist also nicht die Gesamtprämieneinnahme, die den Anteil der Versicherungsunternehmungen am Bruttoinlandsprodukt charakterisiert, sondern nur der nach den vorliegenden Bilanzen geschätzte Verwaltungskostenanteil an der Gesamtprämieneinnahme. Daraus wird die geringe Quote von 1,8 % verständlich.

Rechnerisch dürfte sich, abgesehen von den unvermeidlichen statistischen Fehlern, kaum etwas gegen diese Methode einwenden lassen. Die volkswirtschaftliche Leistung der Individualversicherung läßt sich leicht beschreiben; man kann ihre Bedeutung durch die vielen betriebswirtschaftlichen und volkswirtschaftlichen Nachteile unterstreichen, die entstünden, wenn es die Individualversicherung nicht gäbe, und man kann auf die bedeutsamen Vorteile hinweisen, die ihre Existenz den einzelnen und der Gesamtwirtschaft bringt. All das läßt sich — man muß sagen: leider — in keiner Zahl fixieren. Die Individualversicherung teilt in ihrer Stellung in der Sozialproduktberechnung das Schicksal der anderen Dienstleistungsgewerbe und all derjenigen, die immaterielle und geistige Leistungen vollbringen, daß eben nur die erzielten Erwerbs- und Vermögenseinkommen eine **meßbare Größe** abgeben.

Dennoch darf die etwas paradoxe Situation nicht übersehen werden, in die die Versicherungsunternehmen durch diese Behandlung geraten. Je höher der Verwaltungskostenanteil ist, desto höher errechnet sich der Anteil der Versicherungsunternehmungen am Zustandekommen des Inlands- bzw. Sozialprodukts, und umgekehrt. Je mehr sich die Versicherungsunternehmungen anstrengen, die Verwaltungskosten zu senken, desto mehr verringert sich ihr Beitrag zu der Entstehung der genannten Produkte; je weniger sie es tun, mit einer desto höheren Quote sind sie beteiligt. Solange niemand einen anderen Weg aufzeigen kann, sollte man sich hüten, die ganze Sozialproduktberechnung solcher paradoxen Zusammenhänge wegen, die sich übrigens auch in anderen Wirtschaftsbereichen einstellen, zu verwerfen. Mit Fehlern behaftete, aber annähernd richtige Zahlen sind besser als gar keine; es besteht Grund zu der Vermutung, daß die Verzerrung des Gesamtbildes nicht erheblich ist.

G. Gesamtwirtschaftliche Entwicklung: Wachstum und Konjunktur

I. Ein Überblick

Betrachtet man die zeitliche Entwicklung wichtiger Gesamtgrößen (Makrogrößen) wie Sozialprodukt und Volkseinkommen, privater Konsum und Investitionen, Beschäftigung, Preisniveau und Saldo der Zahlungsbilanz, so zeigt der Entwicklungsprozeß marktwirtschaftlich organisierter Volkswirtschaften in der Regel mehr oder weniger starke Schwankungen dieser Globalgrößen auf. Dabei sind die typischerweise wiederkehrenden **Konjunkturschwankungen** von den kürzeren und im jahreszeitlichen Rhythmus auftretenden **saisonalen Schwankungen** zu unterscheiden.

Die konjunkturelle Entwicklung wird in verschiedene Phasen eingeteilt, für die jeweils gewisse Begleiterscheinungen typisch sind. Ein stilisierter Verlauf wird wie folgt beschrieben:

— **Aufschwungsphase** (Nachfrage, Produktion und Gewinne steigen, die Arbeitslosigkeit geht bei stabilen Löhnen und Preisen zurück, optimistische Erwartungen);

— **Hochkonjunktur** und **oberer Wendepunkt** (Arbeitskräftemangel und Engpässe tauchen auf, Löhne und Preise steigen) **(Boom);**

— **Abschwungsphase** (Nachfrage und Gewinne gehen zurück, unausgelastete Kapazitäten und Arbeitslosigkeit treten auf, pessimistische Erwartungen) **(Rezession);**

— **Depression** und **unterer Wendepunkt** (erhebliche Arbeitslosigkeit, Preise steigen nicht mehr und sinken vielfach).

Eine vollständige Welle von unterem Wendepunkt zu unterem Wendepunkt z. B. wird als **Konjunkturzyklus** bezeichnet. Mit den Konjunkturschwankungen geht in der Re-

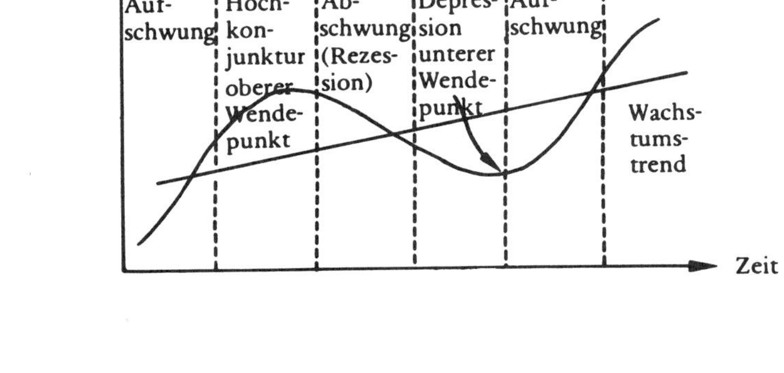

gel ein ständiges **Wachstum,** eine Vergrößerung des Sozialprodukts einer Volkswirtschaft einher, so daß immer mehr Güter und Dienstleistungen für den Konsum und andere Zwecke zur Verfügung stehen. Insofern ist es heute üblich geworden, die gesamtwirtschaftliche Entwicklung durch höhere und niedrigere Wachstumsraten, in Ausnahmefällen auch durch negative Wachstumsraten („Schrumpfung" der Wirtschaft) zu kennzeichnen. Man spricht deshalb auch von **Wachstumszyklen.**

II. Die Entwicklung ausgewählter Indikatoren

Wir wollen uns hier auf die Darstellung der zeitlichen Entwicklung von **vier** zentralen **Indikatoren** (Makrogrößen) beschränken, die zugleich wichtige wirtschaftspolitische Zielgrößen sind: Preisniveau, Beschäftigungsstand, außenwirtschaftliches Gleichgewicht und stetiges Wirtschaftswachstum (§ 1 StabG). Dabei wird die Betrachtung auf die jüngere Vergangenheit beschränkt. (Quellen: Jahresgutachten 1984/85 des Sachverständigenrates und Monatsberichte der Deutschen Bundesbank.)

1. Sozialprodukt

Zwei Arten der Darstellung werden gewählt: einmal die Entwicklung in absoluten Zahlen, zum anderen in Prozentzahlen (Wachstumsraten), wobei man hier deutlich die Schwankungen der Wachstumsraten, die Wachstumszyklen, sieht. Eine absolute Verringerung des Bruttosozialproduktes (vgl. oben F) hat es in der Bundesrepublik nur 1975 und 1981/82 (und geringfügig 1967) gegeben.

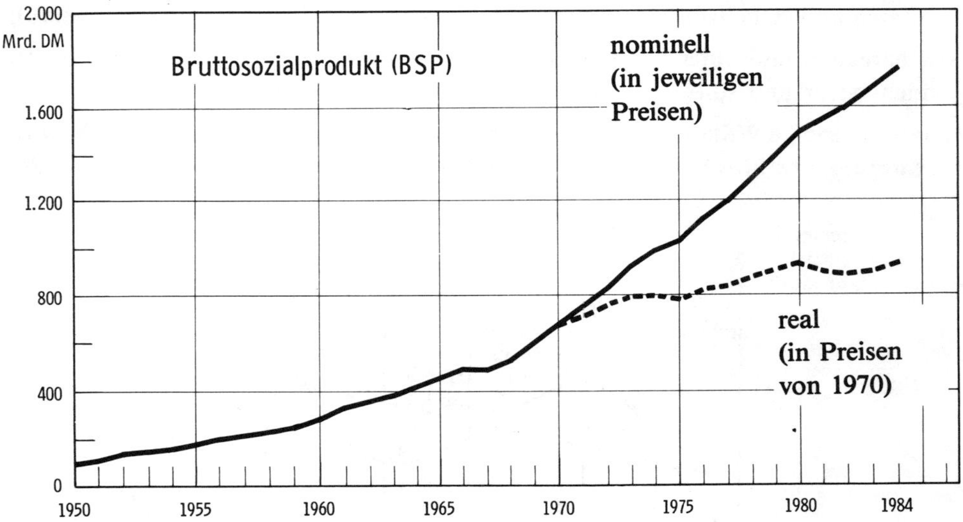

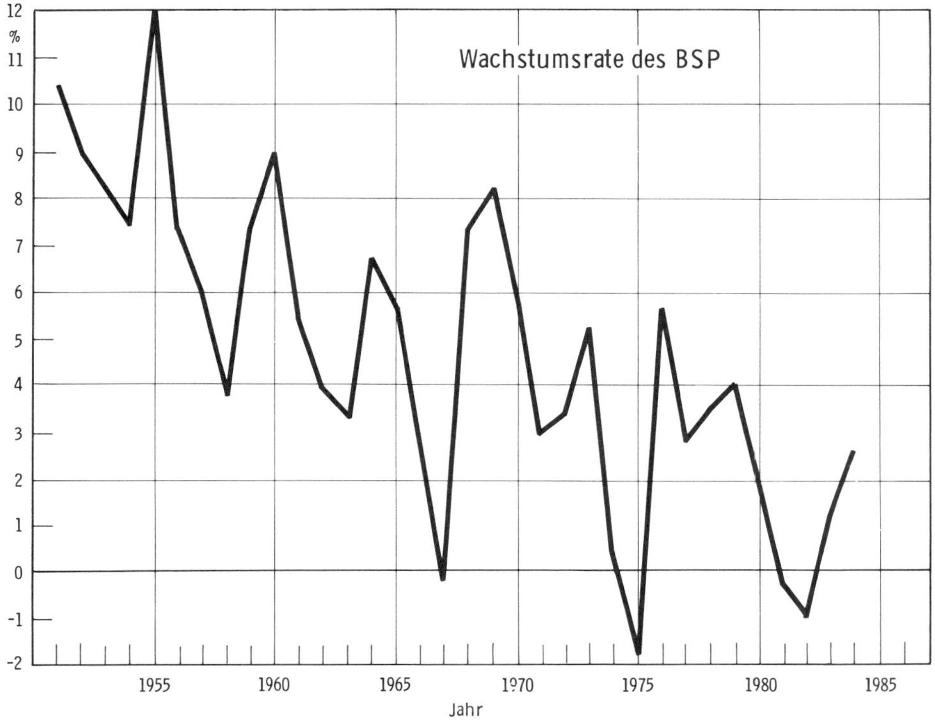

(Prozentuale Veränderung des Bruttosozialprodukts gegenüber dem Vorjahr zu konstanten Preisen von 1962; ab 1974 in Preisen von 1976)

2. Preisniveau

Auch hier sind zwei Darstellungsarten gewählt worden: zum einen die Entwicklung des Preisindex der Lebenshaltung (eines 4-Personen-Arbeitnehmerhaushaltes) über die Zeit, zum anderen die jährlichen Veränderungsraten dieses Preisindex. Preisniveaustabilität hat es, abgesehen von 1954, nicht gegeben. Auffallend sind auch die Beschleunigung des Preisanstiegs seit 1971 und die Senkung in den Jahren 1982 bis 1984.

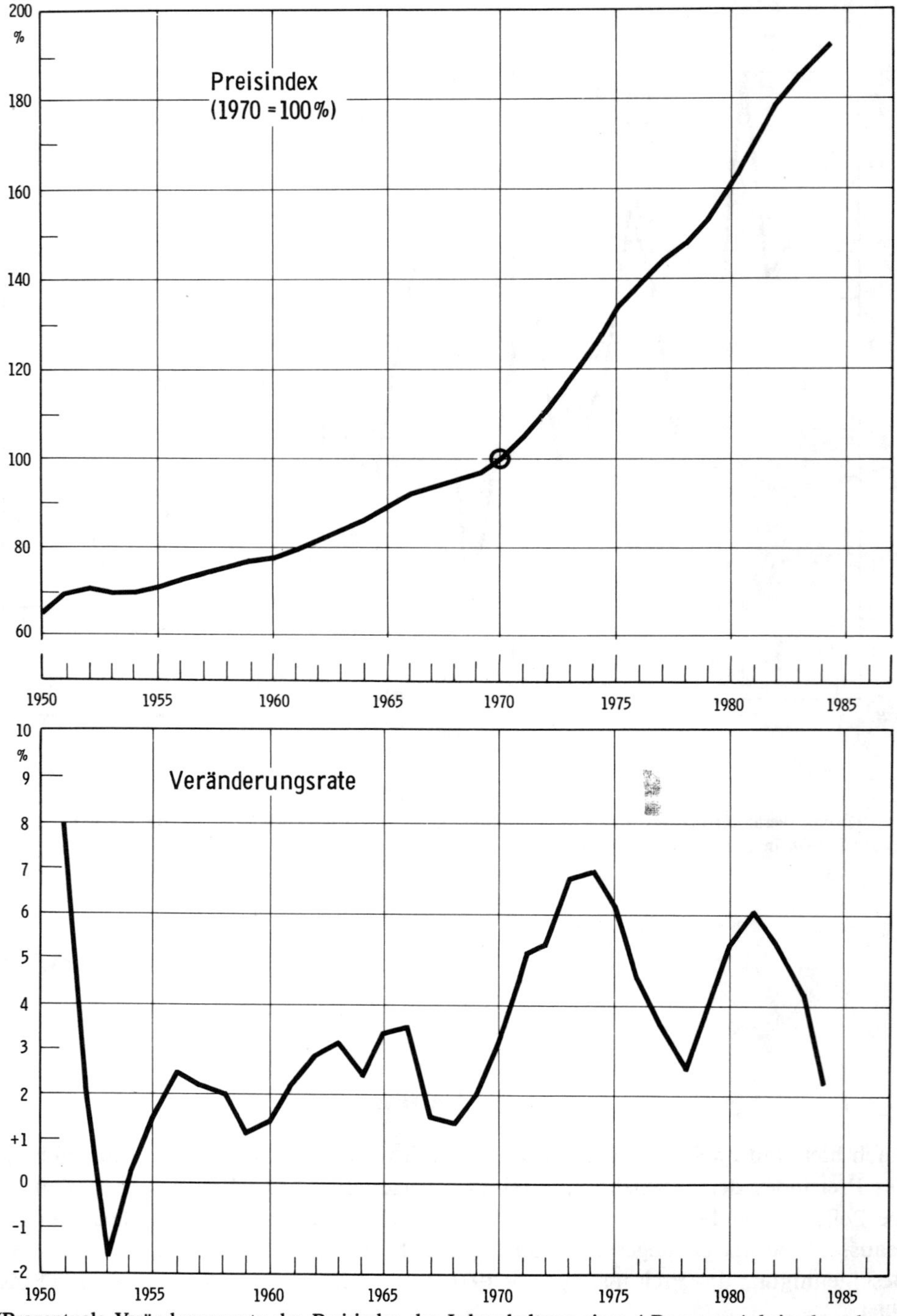

(Prozentuale Veränderungsrate des Preisindex der Lebenshaltung eines 4-Personen-Arbeitnehmerhaushaltes gegenüber dem Vorjahr)

3. Beschäftigung

Den ausgeprägten Schwankungen der Sozialproduktsentwicklung entsprechen gegenläufige Entwicklungen im Beschäftigungsgrad. Als Indikator für Vollbeschäftigung greift man häufig auf die Arbeitslosenquote zurück. Sie ist definiert als prozentualer Anteil der registrierten Arbeitslosen an der Zahl der abhängigen Erwerbspersonen. Ergänzt wird dieser Indikator in der Regel, da er sich nur auf die bei den Arbeitsämtern registrierten Arbeitslosen bezieht, durch die Zahl der Kurzarbeiter (hier

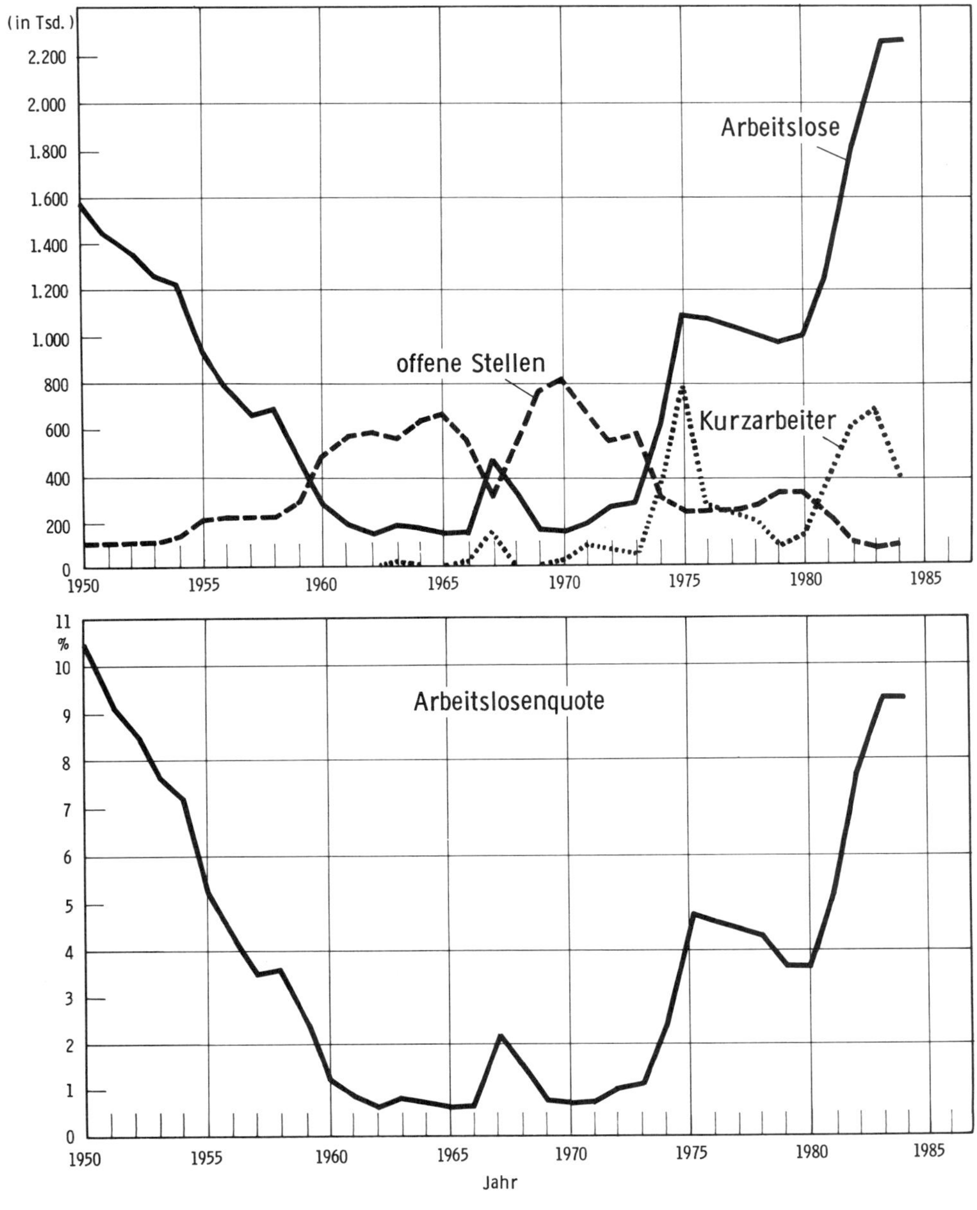

handelt es sich um Arbeitnehmer, die nicht entlassen sind, sondern — nur vorübergehend — Teilzeitarbeit verrichten) und die Zahl der offenen Stellen. Alle drei Reihen sollen die Anspannung auf dem Arbeitsmarkt ausdrücken, da eine Arbeitslosenquote von 0 % wegen der zu beobachtenden Fluktuation nicht realisiert werden kann. Auffallend ist hier die Zunahme der Arbeitslosigkeit seit der Rezession 1974/75 und das seither anhaltend hohe Niveau.

4. Saldo der Devisenbilanz

Als Indikator des außenwirtschaftlichen Gleichgewichts wird der Saldo der Devisenbilanz gewählt, da man davon ausgehen kann, daß die Devisenbilanz ausgeglichen ist, wenn Angebot und Nachfrage auf dem Devisenmarkt bei Kursen übereinstimmen, die innerhalb der Interventionspunkte (vgl. E.II) liegen und somit kein Eingriff der Währungsbehörde eines Landes erforderlich ist. Von außenwirtschaftlichem Gleichgewicht kann dann nur gesprochen werden, wenn dieser Saldo null ist. In der Devisenbilanz schlagen sich alle Salden der anderen **Teilbilanzen** (Leistungsbilanz, bestehend aus Handelsbilanz, Dienstleistungsbilanz, Übertragungsbilanz, und Kapitalbilanz) der Zahlungsbilanz nieder.

Bis 1958 führten ständige Überschüsse in der Devisenbilanz zu einem stetigen Wachstum der Devisenreserven; 1960 sprangen sie um 8 Mrd. DM auf den bis dahin höch-

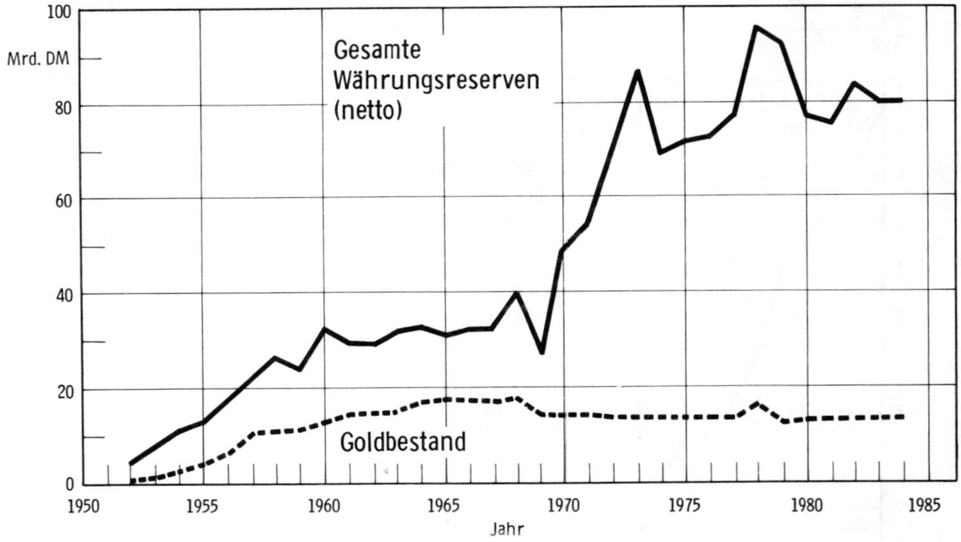

sten Jahresendstand. Seit 1968 schwanken sie in bisher nicht bekanntem Ausmaß, teilweise bedingt durch die Veränderungen des Wechselkurses (jeweils Jahresendstand).

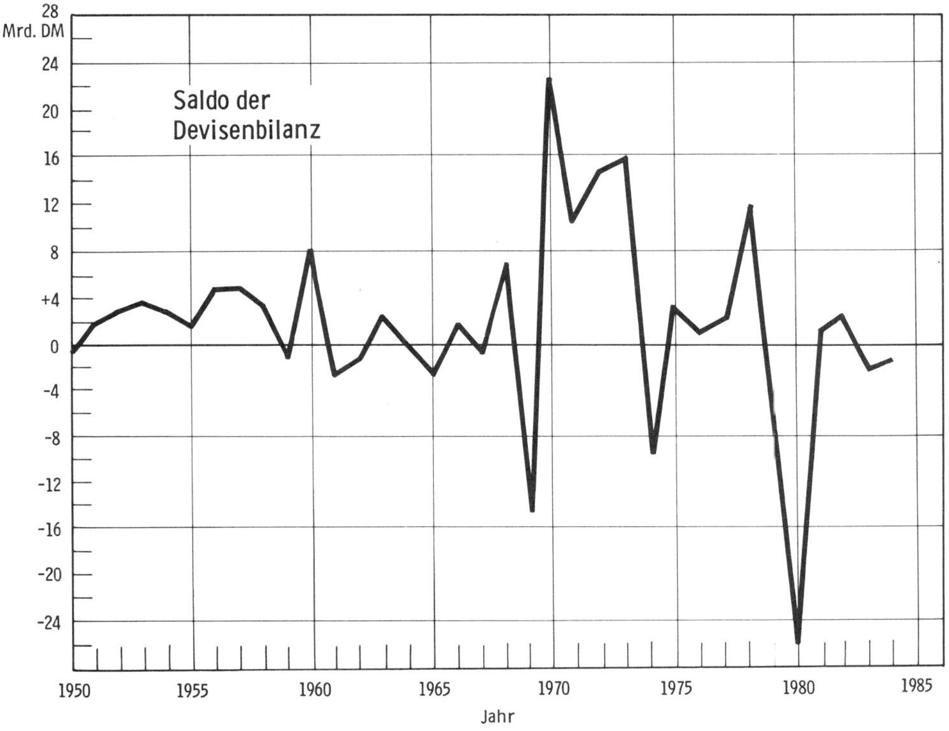

III. Wirtschaftliches Wachstum

Wachstum, also Vergrößerung der Produktion von Gütern und Dienstleistungen, ist grundsätzlich auf zweierlei Art und Weise möglich:

— durch eine **mengenmäßige** Ausweitung der Produktionsfaktoren und/oder

— durch eine Steigerung der Produktion bei gegebenem Faktoreinsatz, d. h. durch eine Erhöhung der Faktorproduktivität, die im wesentlichen als das Ergebnis der Durchsetzung des **technischen Fortschritts** angesehen werden muß.

Will man die Ursachen wirtschaftlichen Wachstums erkennen, so muß man nach den Bestimmungsgründen für die Veränderung dieser Größen im Zeitablauf fragen.

In der Realität sind aber beide Wege häufig untrennbar verwoben. Werden in einer Volkswirtschaft durch zusätzliche Investitionen, die über den in den Abschreibungen berücksichtigten Verschleiß hinausgehen, mehr Maschinen und Produktionsanlagen in der Produktion eingesetzt (Netto-Investitionen = Brutto-Investitionen — Re-Investitionen), so handelt es sich in der Regel um leistungsfähigere Anlagen, d. h. um solche, die eine höhere Stückzahl zu produzieren, geringere Materialaufwendungen erfordern oder bessere Güterqualitäten herzustellen erlauben. Dies gilt auch für die Re-Investitionen, die dem Ersatz des Verschleißes dienen. Auch hier werden häufig nicht einfach dieselben Maschinen oder Anlagen ersetzt, sondern bessere, leistungsfähigere an ihrer Stelle angeschafft. Ebenso wird in entwickelten Volkswirtschaften die landwirtschaftliche Produktion nicht mehr durch Ausdehnung der landwirtschaftlich genutzten Bodenfläche, sondern durch intensivere Bearbeitung, durch verstärkten Einsatz von Dünger und Landmaschinen erhöht. Auch der Beitrag der Arbeit zu erhöhtem Wachstum verschiebt sich von der natürlichen Bevölkerungsvermehrung und der Erhöhung der Erwerbstätigkeit (Erwerbsquote) und der Ausdehnung der Arbeitszeit der Erwerbstätigen hin zu besserer Ausbildung, Spezialisierung und erhöhter Mobilität.

Ein nachhaltiges Wachtum des Sozialprodukts pro Kopf hängt im wesentlichen von dieser **qualitativen** Komponente ab, der Durchsetzung technischer Fortschritte. Generell gilt jedoch, daß der technische Fortschritt nicht „vom Himmel fällt“, sondern zunächst einmal in einer Volkswirtschaft erzeugt, finanziert und durchgesetzt werden muß. Die aktive Rolle kommt hier den **Pionier-Unternehmern** *(Schumpeter)* zu. Dabei kann der technische Fortschritt in unterschiedlichen Formen realisiert werden: durch die Einführung neuer **Produktionsverfahren,** die eine kostengünstigere Produktion bekannter Produkte erlauben (etwa durch die Verringerung des Energieeinsatzes pro Produktmengeneinheit, durch die Erschließung neuer, billigerer Rohstoffquellen, durch eine längere Nutzungsdauer oder größere Kapazität je Zeiteinheit der Nutzungsdauer); durch die Entwicklung **neuer Produkte** oder qualitative Änderung bestehender Güter (dabei ist die Abgrenzung zum obengenannten Prinzip der minimalen Produktdifferenzierung allerdings schwer zu bestimmen), gekoppelt mit der Erschließung eines neuen oder der Erweiterung eines schon bestehenden Absatzmarktes; durch bessere Ausbildung der Arbeitskräfte **(Bildung von Humankapital)** oder durch bessere **Arbeitsteilung** und **Organisation** der Produktionsabläufe und der Markttransaktionen. Alle diese unterschiedlichen Erscheinungsformen des technischen Fortschritts werden ihrerseits wieder durch verschiedene Faktoren bestimmt. An erster Stelle sind hier die Aufwendungen für **Forschung & Entwicklung** (F&E), für den Kauf ausländischer Lizenzen und für die Verbesserung des **Bildungs- und Gesundheitswesens** zu nennen. Von besonderer Bedeutung ist ferner, daß der technische Fortschritt in engem Zusammenhang mit der Kapitalbildung, den Investitionen, steht und teilweise nur durch sie realisiert werden kann (**investitionsgebundener** technischer Fortschritt). Daneben ist dann der **arbeits-gebundene** technische Fortschritt zu unterscheiden, der sich im erhöhten Wissen und Können der Arbeiter zeigt, wobei dem Lernen am Arbeitsplatz („learning-by-doing") eine wichtige Rolle zukommt.

Begleitet ist das Wachstum von einem ausgeprägten **Strukturwandel,** wie er sich deutlich an der Verschiebung der Produktionsanteile und der Beschäftigung in den drei Sektoren (vgl. C.II) zeigt. Strukturwandel ist dabei einerseits das Ergebnis der *„Durchsetzung neuer Kombinationen der Produktionsfaktoren" (Schumpeter)* auf der Angebotsseite. Andererseits bewegt sich die Ausweitung der Nachfrage aufgrund gestiegener Einkommen nach den Produkten einzelner Betriebe, Industrien oder Sektoren im allgemeinen nicht im Gleichschritt mit der Steigerung der Produktion dieser Betriebe, Industrien oder Sektoren. Er stellt vor allem an die Mobilität und Anpassungsfähigkeit der Arbeitnehmer hohe Anforderungen.

So setzt der Strukturwandel gleichzeitig Produktionsfaktoren in den schrumpfenden Branchen frei, die in den expandierenden Branchen beschäftigt werden (können). Seit der Krise 1974 ist aber wieder verstärkt ein Pessimismus hinsichtlich der „Kompensation" (der Wiederbeschäftigung der freigesetzten Arbeitskräfte) aufgetaucht, der früher im ausgehenden 19. Jh. und während der Großen Depression zu Beginn der 30er Jahre dieses Jahrhunderts weit verbreitet war: So setze der technische Fortschritt (beispielsweise die Einführung der Mikroprozessoren) immer mehr Arbeitskräfte frei („technologische Arbeitslosigkeit"), die nicht mehr an anderen Stellen beschäftigt werden könnten, da es langfristig an neuen Erfindungen und „neuen Kombinationen" mangele und die Wirtschaft unweigerlich in eine **säkulare Stagnation** gerate. Inwieweit die *„Grenzen des Wachstums"* im fehlenden technischen Fortschritt oder in anderen Faktoren wie begrenzten Ressourcen (insbesondere Energieträger) zu suchen sind, ist heute allerdings offen. Jedoch, so meinen die Optimisten, sei es der Wirtschaft immer noch gelungen, akute Mängel und Knappheiten durch Einsatz neuer oder anderer Produktionsfaktoren (Substitution) zu beseitigen.

IV. Konjunkturelle Entwicklung

Der typische Ablauf der wirtschaftlichen Entwicklung zeigt, daß ein kräftiges Wachstum durch Perioden schwächeren Wachstums oder gar Schrumpfung abgelöst wird und umgekehrt. Dies kann zum einen darauf beruhen, daß die Produktionsmöglichkeiten durch mehr und bessere Maschinen und Anlagen, technischen Fortschritt und Entwicklung des Produktionsfaktors Arbeit in einzelnen Jahren einmal mehr einmal weniger ausgeweitet werden. So treten insbesondere die großen Erfindungen (Eisenbahn, Automobil, Transistoren usw.) nicht gleichmäßig, sondern in „Wellen" auf. Es kann aber auch daran liegen, daß die vorhandenen Produktionskapazitäten stärker oder geringer genutzt werden (wechselnder **Auslastungsgrad**).

Während in der Wachstumsanalyse die mittel- und langfristige Entwicklung des Produktions**potentials** im Vordergrund steht, versucht die Konjunkturanalyse die Bestimmungsgründe für die kurzfristigen (von Periode zu Periode) wechselnden Schwankungen des Auslastungsgrades dieses Potentials aufzuzeigen.

An Versuchen, diese **konjunkturellen Schwankungen** zu erklären, besteht kein Mangel. Will man etwas Ordnung in diese Fülle bringen, so kann man folgende zwei Gruppen von Theorien unterscheiden: Neben **exogenen** Erklärungen, die außenwirtschaftliche Vorgänge für die Konjunkturen verantwortlich machen, sind es **endogene** Erklärungen, die für das Zustandekommen dieser zyklischen Schwankungen immanente Kräfte des volkswirtschaftlichen Güter- und Geldkreislaufes, aber auch psychische Prozesse verantwortlich machen.

So geht beispielsweise die um 1878 von *W. St. Jevons* entwickelte **exogene** *„Sonnenfleckentheorie"* davon aus, daß die periodisch auftretenden Sonnenflecken das Wetter und damit indirekt die Ernten und Preise beeinflussen und somit der *„Sonnenzyklus"* dem Konjunkturzyklus zugrunde liegt. Andere sehen in periodisch wiederkehrenden kosmischen Einflüssen — verursacht durch die Bahn des Planeten Venus um die Sonne — die Ursache konjunktureller Schwankungen. Aus den Ernteschwankungen entwickelt sich ein Konjunkturzyklus, da gute Ernten nicht nur auf die Landwirtschaft und die dort Beschäftigten wirken. Über die Verschiebung des Konsums und der Produktion auf andere Wirtschaftsbereiche (Müllereien, Spinnereien, Textilindustrie) führt das Mehreinkommen zu erhöhter Beschäftigung und vermehrter Investition in der Gesamtwirtschaft. Es breitet sich eine „optimistische Stimmung" aus, die den Abschwung schon in sich trägt. Kommt es wieder zu normalen oder gar Mißernten, setzt ein „Rückbildungsprozeß" mit Arbeiterentlassungen und verringerten Investitionen ein, der Abschwung ist eingeleitet.

Änderungen der Verhaltensweisen und Einstellungen der Wirtschaftssubjekte werden auch in den **modernen endogenen Konjunkturtheorien** berücksichtigt. Im Mittelpunkt stehen aber wie in der Wachstumsanalyse die **Investitionen.** So werden ja die Entscheidungen über Güternachfrage und Güterproduktion von einer Vielzahl von Wirtschaftseinheiten aufgrund verschiedener Bestimmungsfaktoren getroffen. Obwohl jede Wirtschaftseinheit in ihrem Wirtschaftsplan auf die vermuteten Absichten und Pläne anderer Wirtschaftseinheiten eingehen muß, ist nicht zu erwarten, daß die Konsum- und Sparpläne der Haushalte mit den Produktions- und Investitionsplänen der Unternehmen und diese wieder untereinander in jeder Periode übereinstimmen. Im Gegenteil werden die Wirtschaftseinheiten Überraschungen erleben, wenn sie ihre Pläne realisieren wollen; dies führt zu **Anpassungsprozessen** mit dem Ziel, das Ungleichgewicht zu beseitigen.

Verfolgt man einen Konjunkturzyklus mit seiner typischen Entwicklung in den oben unterschiedenen vier Phasen, so werden die Rolle dieser Ungleichgewichte und Anpassungsprozesse als Grundlage der Konjunkturerklärung deutlich. Dabei können Konjunkturanstöße von vielen Ursachen ausgehen: Erfindungen, Entdeckungen, neuen Märkten, neuen Rohstoff- und Energiequellen, Zinssenkungen usw.

Nehmen wir als Ausgangspunkt den Fall einer Erhöhung der Konsumgüternachfrage von seiten des Auslandes. Dieser **Nachfrageimpuls** kann zunächst durch eine Verkleinerung der Lagerbestände an Fertigwaren befriedigt werden. Sind in der Ausgangssituation nicht alle Produktionskapazitäten ausgelastet, ergibt sich hieraus ein Anreiz, mehr zu produzieren, Kurzarbeit ab- und Überstunden aufzubauen und eventuell — wenn diese Mehrnachfrage von den Unternehmen als andauernd eingeschätzt wird — zusätzliche Arbeitskräfte einzustellen. Dies führt zu erhöhten Arbeitnehmereinkommen, die zum großen Teil ausgegeben werden und so die Nachfrage auf den Konsumgütermärkten vergrößern. Die steigende Güternachfrage bei zunächst noch konstanten Preisen und Löhnen erhöht die Kapazitätsauslastung und führt — da der Fixkostenanteil nun auf eine größere Produktmenge aufgeteilt wird — zu einer Steigerung der Gewinne. Die steigende Kapazitätsauslastung und die erhöhten Gewinne führen in Verbindung mit günstigen Kreditaufnahmemöglichkeiten und optimistischen Zukunftsaussichten zu verstärkten Investitionen.

Die steigende Konsumgüternachfrage erzeugt damit einen Nachfrageimpuls in der Investitionsgüterindustrie, der zu neuen Einkommen und weiterer Nachfragesteigerung auf den Konsumgütermärkten, dort zu neuen Einkommen usw. führt.

Die Investitionen führen zunächst nur zu einer Erhöhung der Einkommen der in diesen Wirtschaftsbereichen Beschäftigten **(Einkommenseffekt);** die vergrößerte Produktionskapazität wird erst wirksam, wenn die neuen Anlagen und Maschinen fertiggestellt und in Betrieb genommen sind **(Kapazitätseffekt).** Da zwischen beiden Effekten einige Zeit verstreicht, stößt die infolge des Einkommenseffektes wachsende Gesamtnachfrage auf ein vorerst noch begrenztes Angebot, das sich erst einige Zeit später, nach Wirksamwerden des Kapazitätseffektes, vergrößert. In der Zwischenzeit sind Verlängerung der Lieferfristen und Preissteigerungen die Folge. Mit den steigenden Preisen erhöhen sich auch die Gewinne weiter, die bei den kommenden Tarifverhandlungen zu höheren Lohnforderungen und sehr wahrscheinlich zu höheren Lohnabschlüssen führen.

Die steigenden Gewinne und Einkommen vergrößern die Nachfrage weiter und dies ermöglicht, daß von der Angebotsseite her, Kostensteigerungen über die Preise weitergegeben werden können. Dadurch wird aber gleichzeitig der Anreiz verstärkt, die aufgetretenen Engpässe durch Vergrößerung des Produktionsapparates, also durch Investitionen, zu beseitigen. Dies erhöht wiederum in der Investitionsgüterindustrie Beschäftigung und Einkommen, und führt von daher zu weiteren Nachfrage- und Preissteigerungen. Damit hat die anfängliche Nachfragesteigerung einen sich selbst aufschaukelnden Prozeß **(Multiplikatorprozeß)** in Gang gesetzt, den **Konjunkturaufschwung,** der in der **Hochkunjunkturphase** gipfelt.

Zu einem Umschwung der Entwicklung am **oberen Wendepunkt** kann es kommen, weil etwa die Zentralbank angesichts der Preissteigerungen das Ziel der Geldwertstabilität gefährdet sieht und deshalb ihre kreditpolitischen Instrumente (vgl. E.IV.) restriktiv einsetzt, die Kreditaufnahme durch Erhöhung des Diskontsatzes und der Mindestreservesätze einschränkt und zusätzlich durch Käufe am offenen Markt die

Zentralbankgeldmenge reduziert. Wegen der Preissteigerungen kann es auch zu einem Rückgang der Auslandsnachfrage bei gleichzeitiger Steigerung der Importe kommen. Steigende Zinsen und Rückgang der Exporte drücken auf die Investitionen, da die Investitionstätigkeit im Aufschwung zu Kapazitäten geführt hat, deren volle Auslastung jetzt nicht mehr gesichert erscheint. Damit sinken auch die Gewinne, da Kostenerhöhungen nicht mehr so leicht auf die Preise überwälzt werden können. Zunehmend pessimistische Erwartungen führen zu einem weiteren Rückgang der Investitionsnachfrage.

Dieser zunächst in der Investitionsgüterindustrie spürbare Nachfrageausfall zwingt die Produzenten zur Einschränkung des Produktion, zum Abbau von Überstunden, Einführung von Kurzarbeit und schließlich zu Entlassungen. Die Einkommen und damit die Konsumausgaben gehen zurück, ein sich selbst verstärkender **Konjunkturabschwung** ist eingeleitet. Die Rezession endet manchmal in der **Depression** mit erheblicher Arbeitslosigkeit.

Versuchen die Unternehmen die sich aufgrund des Nachfragerückganges ergebenden Gewinneinbußen durch stabile oder gar steigende Preise aufzufangen, ergibt sich die Situation einer **Stagflation,** bei der stagnierende Produktion und Arbeitslosigkeit und steigende Preise (Inflation) gleichzeitig auftreten.

Zum **unteren Wendepunkt,** zum Abstoppen des Abschwungs und zu einer Erholung kann es kommen, wenn der Staat zur Vermeidung von Arbeitslosigkeit eine expansive Wirtschaftspolitik ergreift, indem er beispielsweise die Einkommen- und Lohnsteuer senkt und damit bei den Haushalten und Unternehmen zu einer Erhöhung des verfügbaren Einkommens beiträgt. Eine Erholung kann aber auch dadurch ausgelöst werden, daß die Haushalte ihre Ausgaben nicht im selben Ausmaß der Einkommensreduktion senken, sondern weniger sparen und Sparguthaben auflösen. Eine wichtige Rolle spielen hier auch die Transferzahlungen, insbesondere die Arbeitslosenunterstützung. Kommen die Preissteigerungen im Abschwung zum Stillstand oder sinken einige Preise, verbessert sich auch wieder die Außenhandelssituation, die Exporte steigen, während die Importnachfrage wieder zurückgeht. Damit ist ein neuer **Konjunkturaufschwung** eingeleitet.

Dieser in groben Zügen geschilderte typische Konjunkturablauf macht **zwei Grundzüge** moderner Konjunkturerklärung deutlich: Zum einen die Nichtübereinstimmung zwischen Konsum- und Sparplänen der Haushalte einerseits und der Produktions- und Investitionspläne der Unternehmen andererseits; zum anderen das zeitliche und größenmäßige Auseinanderfallen von Einkommens- und Kapazitätseffekt der Investitionen. Diese Diskrepanz bewirkt, daß das Angebot nicht immer mit der Nachfrage übereinstimmt. So werden einerseits Einkommen nachfragewirksam, bevor die neu erstellten Produktionsanlagen eine Ausweitung des Angebots hervorrufen. Andererseits haben etwa im Ausland gekaufte Maschinen einen Kapazitätseffekt, dem aber keine inländischen Einkommen gegenüber stehen.

Handelt es sich bei diesem mehr um einen technisch-strukturellen Faktor, so bei jenem um ein psychisches Element, das dadurch in positiver oder negativer Richtung durch die Erwartungen, die subjektiven Einschätzungen der wirtschaftlichen Entwicklung verstärkend wirkt.

Ausgehend von verschiedenen **Impulsen** oder von außen kommenden Anstößen (hier wurde eine Veränderung der Nachfrage des Auslandes zugrunde gelegt) sind es **strukturelle Faktoren,** Eigenkräfte, die für den Verlauf der von diesen Impulsen in Gang gesetzten Konjunkturschwankungen maßgebend sind. Am bekannten Beispiel des **Schaukelstuhls** vom *G. Haberler* läßt sich das Zusammenspiel dieser beiden Kräfte deutlich machen: Die Eigenkräfte oder strukturellen Faktoren, die sich aus der Bauart des Schaukelstuhls ergeben, sind dafür verantwortlich, ob dieser nach einem Anstoß von außen entweder in allmählich sich verringernden („gedämpften") Schwingungen versetzt wird, oder ob *„ununterbrochen regelmäßige Schwingungen erfolgen, wenn er nach dem Anstoß sich selbst überlassen bleibt" (Haberler).*

Handelt es sich bei diesem mehr um einen technisch-strukturellen Faktor, so bei jenem um ein psychisches Element, das dadurch in positiver oder negativer Richtung durch die Erwartungen, die subjektiven Einschätzungen der wirtschaftlichen Entwicklung verstärkend wirkt.

Ausgehend von verschiedenen **Impulsen** oder von außen kommenden Anstößen (hier wurde eine Veränderung der Nachfrage des Auslandes zugrunde gelegt) sind es **strukturelle Faktoren,** Eigenkräfte, die für den Verlauf der von diesen Impulsen in Gang gesetzten Konjunkturschwankungen maßgebend sind. Am bekannten Beispiel des **Schaukelstuhls** vom *G. Haberler* läßt sich das Zusammenspiel dieser beiden Kräfte deutlich machen: Die Eigenkräfte oder strukturellen Faktoren, die sich aus der Bauart des Schaukelstuhls ergeben, sind dafür verantwortlich, ob dieser nach einem Anstoß von außen entweder in allmählich sich verringernden („gedämpften") Schwingungen versetzt wird, oder ob *„ununterbrochen regelmäßige Schwingungen erfolgen, wenn er nach dem Anstoß sich selbst überlassen bleibt" (Haberler).*

Literaturhinweise

Auf die Problematik einer Empfehlung weiterführender Literatur im Hinblick auf unterschiedliche Ansprüche an Breite, Tiefe und Schwierigkeitsgrad sowie Fremdsprachenkenntnisse sei eingangs hingewiesen. Dem Charakter dieser Einführung in die Volkswirtschaftslehre entsprechend sind die Hinweise nachfolgend in drei Bereiche gegliedert.

1. Weiterführende Literatur und vertiefende Analysen der theoretischen Fragestellungen bezüglich Ablauf und Ordnung der Wirtschaft

a) Zum allgemeinen Verständnis wirtschaftlicher Fragestellungen:

Helmstädter, E., Heubes, J., Krupp, R., Meyer, B., Wirtschaftskunde der Bundesrepublik Deutschland, Eugen Diedrichs Verlag, Düsseldorf und Köln 1975
Preiser, E., Nationalökonomie heute, Verlag C. H. Beck, München, 13. Auflage 1982

b) Statt auf weitere Lehrbücher hinzuweisen, soll **zu jedem Abschnitt** dieses Buches mindestens ein **weiterführendes Standardwerk** angegeben werden:

zu A: Wirtschaftsordnungen

Hedtkamp, G., Wirtschaftssysteme — Theorie und Vergleich, Vahlen Verlag, München 1974
Wagener, H. J., Zur Analyse von Wirtschaftssystemen, Springer Verlag, Berlin u. a. 1979

zu B: Haushaltswirtschaft

Streissler, M., Theorie des Haushalts, G. Fischer Verlag, Uni-Taschenbücher 369, Stuttgart 1974
Tschammer-Osten, B., Haushaltswirtschaft, G. Fischer Verlag, Uni-Taschenbücher 869, Stuttgart 1979

zu C: Produktionswirtschaft

Krelle, W., Produktionstheorie, Verlag J. C. B. Mohr, Tübingen 1969

zu D: Markt und Preis

Ott, A., Grundzüge der Preistheorie, Verlag Vandenhoeck & Ruprecht, Göttingen, 3. Auflage 1979

zu E: Geld und Kredit

Lipfert, H., Einführung in die Währungspolitik, C. H. Beck Verlag, Beck'sche Schwarze Reihe, Bd. 26, München, 8. Auflage 1974 zu F: Erfassung des gesamtwirtschaftlichen Ablaufs

Stobbe, A., Volkswirtschaftslehre I: Volkswirtschaftliches Rechnungswesen, Springer-Verlag, HTB 14, Berlin u. a., 5. Auflage 1980

zu G: Wachstum und Konjunktur

Kromphardt, J., Wachstum und Konjunktur, Verlag Vandenhoeck & Ruprecht, Göttingen, 2. Auflage 1977
Lewis, W., Die Theorie des wirtschaftlichen Wachstums, J. C. B. Mohr und Polygraphischer Verlag, Tübingen und Zürich 1956

c) Weitere Informationen findet man in den üblicherweise nach Stichworten geordneten **Handbüchern, Kompendien** und **Lexika** der Volkswirtschaftslehre oder Wirtschaftswissenschaft. Sie geben nach Stichworten geordnet in mehr oder weniger umfangreichen Artikeln eine Charakterisierung oder einen Überblick über das betreffende Stichwort oder Sachgebiet, häufig mit Hinweisen zu weiterführender Spezialliteratur.

Neben dem kleinen

Lexikon der Volkswirtschaft, herausgegeben von Geigant, F., Sobotka, D. und Westphal, H. M., Verlag moderne Industrie, Landsberg, 4. Auflage 1983

sei das umfangreiche

Handwörterbuch der Wirtschaftswissenschaften (HdWW), herausgegeben von Albers, W. u. a., Stuttgart u. a. 1977 ff.

genannt, die in den meisten Bibliotheken vorhanden sind.

d) **Aktuelle theoretische und wirtschaftspolitische Informationen** findet man vor allem in wissenschaftlichen **Zeitschriften.** Hier seien nur zwei, für Studenten besonders geeignete genannt:

WiSt (Wirtschaftswissenschaftliches Studium), erscheint bei den Verlagen C. H. Beck und F. Vahlen, München und Frankfurt

und

wisu (das wirtschaftsstudium), erscheint bei den Verlagen J. C. B. Mohr, Tübingen und Werner-Verlag, Düsseldorf

2. Ausführliche Informationen zu konkreten gesetzlichen und institutionellen Regelungen des wirtschaftlichen Geschehens in der Bundesrepublik

Guttmann, G., Klein, W., Parasewopoulos, S., Winter, H., Die Wirtschaftsverfassung der Bundesrepublik Deutschland, G. Fischer Verlag, UTB 427, Stuttgart, 2. Auflage 1979

Lampert, H., Die Wirtschafts- und Sozialordnung der Bundesrepublik Deutschland, Geschichte und Staat: Bd. 107/08, Olzog Verlag, München und Wien, 7. Auflage 1981

3. Quellen für aktuelle Zahlenangaben zu einzelnen wichtigen wirtschaftlichen Indikatoren

Solche Angaben — teilweise auch über die DDR und das europäische Ausland — geben die monatlich erscheinenden Hefte

Wirtschaft und Statistik

sowie das jährlich erscheinende

Statistische Jahrbuch . . . für die Bundesrepublik,

beide werden herausgegeben vom Statistischen Bundesamt und erscheinen im Verlag W. Kohlhammer, Stuttgart und Mainz.

Weitere Informationen zur Wirtschaftslage und zur Einschätzung der wirtschaftlichen Entwicklung der näheren Zukunft sowie zur politischen Diskussion enthält das jährlich im Winter erscheinende

Jahresgutachten des Sachverständigenrates zur Begutachtung der gesamtwirtschaftlichen Entwicklung

das zuerst als (billigere) Bundestagsdrucksache, später in Buchform beim Verlag W. Kohlhammer, Stuttgart und Mainz, veröffentlicht wird.

Über die monetäre und konjunkturelle Entwicklung unter besonderer Berücksichtigung der außenwirtschaftlichen Situation unterrichten auch die von der Deutschen Bundesbank veröffentlichten

Monatsberichte der Deutschen Bundesbank

und der jährlich erscheinende

Geschäftsbericht der Deutschen Bundesbank.

Stichwortverzeichnis

H

R

S

T